당진일기

당진일기

지은이 | 엄정식

펴낸이 | 조현주

펴낸곳 | 도서출판 하늘재

표지 및 디자인 | 엄유진

1판 1쇄 펴낸날 | 2001년 2월 20일

1판 2쇄 펴낸날 | 2001년 5월 20일

등록 | 1999년 2월 5일 제20-140호

주소 | 서울시 양천구 목4동 798-8 2층(158-054)

전화 | (02)2644-0656

팩스 | (02)2644-0657

E-mail | haneuljae@lycos.co.kr

ISBN 89-950193-6-0 03810

값 9,500원

ⓒ 2001, 엄정식

* 잘못된 책은 바꾸어 드립니다.

당진일기

나 자신을 찾아서

엄정식 지음

하늘재

책머리에

이 책은 계간 《철학과 현실》에 연재되었던 '철학자의 일기'를 약간의 수정을 거쳐 묶은 것이다. 여기에는 낯선 산골 마을에 홀로 찾아들어가서 적응하며 생활하는, 그리고 느끼며 사유하는 삶의 모습이 여과 없이 기록되어 있다.

이번에 산골 마을에서 틈틈이 찍어서 모아두었던 정다운 사진들을 글과 함께 나누게 되어서 무엇보다 기쁘다.

그동안 물심양면으로 도움을 베풀어준 은곡마을의 박씨와 최씨를 비롯한 여러 주민들에게 깊이 감사드린다. 그리고 이 누추한 산골을 찾아주어 자연을 음미하고 철학적 담소를 즐겼을 뿐만 아니라 농작물 가꾸기와 집수리, 장작 패기 등 궂은 일을 도와준 여러 철학자들과 친지들에게도 진심으로 고마운 마음을 전한다.

이 책을 내도록 격려해준 아내 우애령과 디자인을 맡아준 외동딸 엄유진, 그리고 어려운 여건 속에서도 흔쾌히 출판을 허락해준 하늘재의 조현주 님에게 특별한 감사의 마음을 표하고 싶다.

2001년 2월
충남 당진 은곡재에서
엄정식

차례
당진일기

다이몬을 찾아서 —— 9

1. 겨울 산촌에서 —— 15
   영원의 관점에서

2. 산촌의 봄맞이 —— 33
   소크라테스적인 관심

3. 한여름을 산촌에서 —— 51
   나는 그것을 돌려주었다

4. 우수와 결실의 계절 —— 69
   관념론자의 귀향

5. 군불을 때며 —— 87
   나 자신을 태우기 위하여

6. 산촌의 자연과 문화 —— 105
   나무를 심으며

7. 은곡재의 한여름 —— 123
   은곡을 찾아온 사람들

8. 개방화에 버려진 농촌 —— 143
   삶의 터전에 관한 단상

9. 한 줄기 연기처럼 —— *161*
　　행복한 사람

10. 부서지는 농심 —— *179*
　　자화상을 그리며

11. 나 자신을 찾아서 —— *197*
　　나는 도대체 누구인가

12. 모여 사는 갈대들 —— *215*
　　철학자의 인술

13. 한 줌의 재가 될 때까지 —— *233*
　　아버지의 지혜

14. 자연이란 무엇인가 —— *253*
　　다이몬에게 보낸 편지

15. 재해가 남긴 것 —— *275*
　　'정상'과 '이상'의 경계

16. 내가 나에게 —— *295*
　　나는 지금 어디쯤 서 있는가

17. 은곡을 잠시 떠나며 —— *311*
　　영원한 고향

다이몬을 찾아서

젊은 시절 언제부터인가 나에게 이상한 버릇이 생기기 시작하였다. 틈만 나면 나 자신과 대화를 하는 버릇이 그것이었다. 처음에는 어떤 문제에 대해 깊이 생각해보는 정도였지만 점차 이것이 습관화되면서 실제로는 내 안에 있는 또 하나의 나와 대화를 나누는 형식을 취하게 되었다. 도덕적 결단이나 실존적 고뇌에 부딪힐 때면 그 상태가 더욱 뚜렷한 모습을 띠고 다가왔다. 마침내 어느 날 내 안에 있는 또 하나의 나에게 '님'이라는 이름을 붙여주고 거의 매일 일기를 노트에 기록하는 형식으로 대화를 계속해나갔다. 대화를 거듭하고 그것을 기록한 노트가 두터워질수록 님은 더욱 구체화되고 그 윤곽은 점점 더 선명해졌다. 나는 님에게 무엇이든지 다 이야기하였다. 친구 사이에 생긴 사소한 문제에서부터 불안한 정치적 상황이나 형이상학적 논제에 이르기까지 모든 문제를 논의하였던 것이다. 도대체 내가 나에게 무엇을 숨긴단 말인가. 더구나 순수한 우리말인 '님'의 어감이 불러볼수록 더욱 정답고 감칠맛 나는 것 아닌가.

그러다가 어느 날 '님에의 서(書)'라고 이름 붙인 그 두터운 노트가 누군가에 의해 공개되고 그것이 연정의 기록 정도로 오해를 받게 되자 갑자기 '님'이라는 이름이 내게서 그 빛을 잃었다. 바로 그 무렵 나는 소크라테스가 내부로부터 들었다는 그 음성의 주인공인 '다이몬(Daimon)'을 만났다. 그 이래로 나는 분화되고 승화된 나의 자아를 '다이몬'이라고 불러온 것이다. 젊은 시절 나는 외로웠고 쓸쓸했으며 괴로운 순간들을 홀로 견디어 냈다. 나는 운신의 폭을 조금이라도 넓혀 보려고 사유의 빛줄기를 좇아 몸부림치듯 진정한 나 자신을 찾아서 그렇게 헤매었던 것이다. 나는 대학시절 '다이몬과의 방황'이라는 글에서 이렇게 나의 이야기를 끝맺었다고 기억된다.

"나는 물려받은 전통도 없고 창조할 능력도 없다. 나는 믿을 종교도 없고 사랑할 여인도 없고 다정한 친구도 없다. 내 육신이 밥과 김치를 먹고 자랐다면 내 영혼은 다이몬을 씹으며 커온 것이다… 그러므로 다이몬을 부르는 내 목청은 비통할 수밖에 없다. 그러나 나는 방황을 지속할 것이다. 다이몬과의 이 외롭고도 숭고한 방황을, 탄타로스의 운명처럼."

지금은 더이상 '다이몬'이란 이름으로 나의 내부 깊숙한 곳에 있는 또 하나의 '나'를 부르지는 않는다. 그러나 여전히 나는 다양한 방식으로 '나 자신을 찾아서' 끊임없이 방황을 계속하고 있는 셈이다. 그런데 곰곰이 생각해보면 이러한 방황은 '님' 혹은 '다이몬'과의 대화를 나누기 훨씬 전부터 싹터 있었음을 알 수 있다. 나는 네 살 적에 아버지를 여의었는데, 사춘기 초반에 들어 그 그리움이 더욱 절실해 졌고 이것이 내 안에서 점차 하나의 추상적 대상으로 형상화되어 '님'이라는 형태로 나타났기 때문이다. 그리고 이러한 생각이 표면화되자 새삼스럽게 오래 전에 작고한, 희미한 흑백 사진 한 장으로밖에 그 모습을 확인할 방법이 없는 선친에 대한 그리움이 용솟음치듯 분출하는 것이었다. 이것이 처음으로 선친의 고향인 당진을 찾아간 이유였다. 지금부터 14년 전의 일이다.

비록 나는 아버지가 살던 바로 그 고장을 찾지는 못하였으나 마치 그 영혼에 이끌리듯 어느 한적한 산골 마을을 찾아가 150년 가까이 된 농가를 한 채 마련할 수가 있었다. 이렇게 해서 나는 백여 년 만에 아버지에게 고향을 찾아드렸다고 믿고 있다. 그러나 이보다 더 중요한 것은 틈틈이 이곳에 올 때마다 내가 나 자신으로 돌아와 있다는 것을 실감한다는 사실이다. 그 경험이 때로는 너무도 즐겁고 황홀하며, 때로는 너무도 놀랍고 충만하여 홀로 그것을 감당하기 어려울 때가 많았다. 이것을 차분히 가라앉히기 위해 1993년부터 3년여에 걸쳐 계간 《철학과 현실》에 글을 연재하였고 약간의 수정을 거쳐 이번에 출간하게 된 것이다.

나는 많은 시간을 이 산골 마을에서 보내는 동안 잃은 것도 있지만 얻은 것도 결코 적지 않다. 잃은 것 중에 역시 중요한 것은 교수로서 혹은 학자로서 충분히 할애했어야 할 그 숱한 시간들이었다. 나는 좀더 많은 시간을 철학적 주제들의 체계화와 학생 및 동료 교수들과의 인간관계를 위해 활용했어야 했지만 그렇게 할 수 없었던 것은 매우 유감스러운 일이다. 그 대신 얻은 것은 이루 다 열거하기 어려울 정도로 많다.

우선 나는 도회지의 각종 모임에 참석하여 고담준론을 즐길 기회가 적었지만 그 대신 박씨나 최씨를 비롯해서 이곳 농민들과 자주 만나 소박하고 구체적인 이야기들을 나눌 수 있었다. 그렇게 함으로써 추상적이고 개념적인 사유의 성격과 그 한계를 실감할 수 있었고 그동안 포착할 수 없었던 인간 본성에 숨겨진 진실과 대면할 수 있었다. 그렇게 해서 동서고금의 고전이나 살아 있는 석학들의 논설을 통해서 얻을 수 없었던 이면의 세계에 어느 정도 진입할 수 있게 된 것이다.

그 다음으로 얻은 것이 있다면 자연에 관한 새로운 인식이다. 자연에는 분명히 두 종류가 있다. 하나는 추상화된 관조의 대상으로서의 자연이고, 다른 하나는 생활화된 실천의 광장으로서의 자연이다. 그 어느 경우이든 있는 그대로의 자연은 아니며, 말하자면 자연은 모두 경험된 혹은 이데올로기화된 자연일 뿐이다. 그러므로 자연이 우리로부터 자유로울 수 없는 것처럼 우리도 자연으로부터 초연할 수 없다. 우리는 어떤 형태로든 자연과 관계를 맺지 않을 수 없다는 사실을 실감하게 된 것이다. 모든 인간관계가 그렇듯이 자연과의 관계도 좀더 성숙해 질 것을 우리에게 요구한다. 성숙한 관계란 너무 맹목적이거나 이해관계에 얽매이지 않은 관계이다. 그것은 조급하지 않고 근시안적이지 않으며 무관심에 가까울 정도로 담담한 관계이어야 한다. 그러므로 우리는 자연을 생활의 도구로 비하하거나 신앙의 대상으로 우상화해서는 안 된다. 자연은 그냥 자연일 뿐이다. 그러한 자연을 만난 것이 나로서는 이곳에서 얻은 가장 큰 수확 중에 하나다.

끝으로 이 산골 마을에서 얻는 것은 나 자신과의 새로운 만남이다. 일기를 쓰면서 새삼스럽게 느낀 것인데, 나는 비록 다이몬을 부르지 않고 또 그토록 절박한 심정이 되어 있지도 않지만 그 형식이나 내용에 있어서 대학 시절에 쓰던 '다이몬과의 대화'와 매우 유사한 형태의 글을 쓰고 있다는 사실에 놀라지 않을 수 없다. 나의 관심은 여전히 나 자신이며 가장 중요한 철학적 주제 역시 나에게는 소크라테스적 자아의 인식인 것이다. 그런 의미로 이곳은 이제 선친의 고향일 뿐 아니라 내 영혼의 안식처이자 진정한 자아의 거주지가 되었다. 앞으로는 어떤 모습으로 '나 자신을 찾아' 나서게 될지 모르지만 한 가지 분명한 것은 이 산골 마을이야말로 계속 이어질 방황의 거점이 될 것이라는 점이다.

지금까지의 모습과 다소 달라질 변수가 있다면 최근에 서해대교가 개통되어서 좀더 자주 이곳에 올 수 있게 되었다는 점과 얼마 전 막내인 성우가 철학과에 입학해서 함께 올 날이 많아지리라는 점이다.

앞으로 이 산골 마을과 나 자신은 어떤 모습으로 변모될지 궁금한 일이다. 무엇보다 아버지로서의 나 자신은 어떤 형상으로 비추어질지 알고 싶다. 두 아들과 외동딸에게 나는 추상화된 대화의 상대가 아니라 극복되어야 될 대상일 뿐인지도 모른다. 아무쪼록 내가 도달한 지점에서 그들이 출발할 수 있도록 돕고 싶다.

바다를 가로질러 놓인 그 장중한 서해대교는 나에게 특별한 의미를 지닌다. 서울의 목동과 당진의 은곡 사이를 시간적으로 단축시키는 생활상의 의미만큼 현실적인 나와 이상적인 나, 욕구로서의 나와 강위로서의 나, 혹은 구체적인 나와 추상적인 나 사이의 괴리를 훨씬 좁혀줄 것이 분명하다. 나는 결국 하나이며 또 하나이어야 하지 않겠는가. 이것은 이 산골마을에 농촌의 자연과 도시의 문화가 공존할 수 있게 될 때 가능하리라고 믿는다. 그렇게 오랫동안 대립되어 있던 두 측면의 나를 잇는 거대한 내면의 다리도 어느 날 갑자기 개통될 수 있기를 염원해 본다.

1. 겨울 산촌에서

영원의 관점에서

어느 해 초여름,
무작정 당진행 버스에 몸을 실었다.
그리고 이 흙집을 마련하였다.
그렇게 해서 나는 아버지의 고향을 다시 찾아드린 셈이다.

1월 19일

여기는 충청남도 당진읍에서 야산을 끼고 15분쯤 차로 달리면 나타나는 작은 산골 마을이다. 워낙 막다른 산골짜기에 집이 서너 채밖에 없는 마을이라 이곳 사람들은 '숨은 골' 혹은 '은곡(隱谷)'이라고 부른다. 나는 틈만 나면 이곳에 와서 6년 전에 마련해둔 빈 농가에 머물면서 책도 읽고 글도 쓰며 여러 생각에 잠기기도 한다. 이곳에 와서야 비로소 나는 한 사람의 '사색인'이 된 느낌이 든다. 무엇보다도 전화나 텔레비전 같은 문명의 이기와 멀리 떨어져 있고 여러 사람들과 어울려 지내지 않기 때문에 생각의 골을 어느 정도 깊이 파내려 갈 수 있기 때문이다.

그러나 이곳에 올 때면 늘 걱정이 앞서는 것도 사실이다. 물론 옛 친구를 만나러 가는 것처럼 대부분의 경우 즐겁고 흐뭇하며 때로는 다소 들뜬 기분에 젖게 되지만, 그 집을 늘 비워두기 때문에 그동안 전혀 안부를 전하지 못했던 연인을 찾아갈 때처럼 미안하기도 하고 또 염려가 되는 것은 어쩔 수 없다. 어떤 때는 농가가 훼손되어 지붕이 새기도 하고, 심한 바람에 창호지가 찢겨 있는가 하면 마당에 발을 들여놓기가 어려울 정도로 잡초가 자라나 있을 때가 있으며 낙엽이나 눈이 수북하게 쌓여 있을 때도 있다.

잠시 삽교천에 들렀다가 세 시간 만에 이곳에 도착하였다. 장식처럼 형식적으로 걸어놓은 자물쇠를 열고 텅 빈 뜰 안으로 들어섰다. 다행히 모든 것은 한 달 전 떠날 때의 모습 그대로다. 조금 변한 것이 있다면 마당에 낙엽이 조금 더 쌓여 있고 사이사이로 잔설이 눈에 띄는 점뿐이다.

그러나 이상하게도 오늘따라 산골 마을이 무서울 정도로 정적에 싸여 있다. 웬일일까. 심지어 개 짖는 소리도 들려오지 않는다. 최씨네며 박씨네, 그리고 언덕 아래 김씨 할아버지네도 아무 인기척이 없다. 모두 읍에 나간 것일까. 오늘은 장날도 아닐 터인데…….

정말 모든 것은 그냥 사라져갈 뿐이다.
바로 이 사실 하나만 현실로 남아 있다.
그 외에는 모두 우리 인간들이 의미를 부여한 것에 지나지 않는다.

나는 집을 대강 정리하고 청소를 한 다음 주위를 둘러보았다. 원두막 옆에 한 50년은 되었을 듯한 밤나무가 베어져 있었다. 일부는 장작으로 쪼개져 있고 또 일부는 거대한 기둥의 모습을 한 채로 길거리에 나뒹굴어져 있었다. 이 광경에 충격을 받았다. 그러나 당황하지 않으려고 애썼다. 나는 집 근처에 있는 나무를 베지 않는다는 원칙을 세웠으나 그러한 원칙을 지킨다는 것이 쉬운 일이 아니고 또 때로는 바람직한 일도 아니다. 가령 이 밤나무의 경우만 하더라도 나는 그대로 두고 싶었으나 실제로 농사를 짓는 사람의 입장에서 보면 반드시 없애야 하는 장애물인지도 모를 일이다. 아무리 그렇더라도 그토록 크고 탐스러운 나무를 편의만 생각해서 베어버리다니…….

겨울이라 해가 짧았고 또 저녁에는 날씨가 매우 추워서 안채에 잔뜩 군불을 때었다. 오래간만에 불을 지피기 때문인지 불길이 잘 일지 않았다. 덕분에 날짜가 지난 신문지 두 상자를 거의 다 불살랐다. 신문이란 정말 이상한 물건이다. 그것이 기다려질 때에는 몹시 소중하게 생각되지만 하루만 지나면 지면의 대부분이 휴지가 되어버리고 만다. 더구나 이러한 벽촌에 있으면 그것은 한낱 문명인들의 유희에 지나지 않는 것으로 느껴진다. 신문의 굵직한 헤드라인과 저명 인사들의 주먹만한 사진들이 휴지조각이 되어 불길 속으로 휩싸여 들어가는 것을 보고 있노라면 나는 이상하고도 착잡한 상념에 젖는다. 그 당시에는 그토록 중대하고 절박했던 사건들이 불과 몇 달이 지나기 전에 이처럼 대수롭지 않은 일이 되고, 또 어떤 사건은 우스꽝스럽게 여겨지기까지 한다. 오늘 신문에 보도된 사건도, 아니 앞으로 생길 모든 일에 대해서도 그러한 인식을 가질 수 있다면 그것이야말로 철학적 달관(達觀)의 경지가 아닐까. 나는 계속 신문지 더미를 태우는 동안 아궁이라는 블랙 홀 속으로 불길이라는 시간에 휩싸여 모든 사건이 사라져갈 뿐인 현상을 지켜보면서 밤이 깊은 줄을 몰랐다. 정말 모든 것은 그냥 사라져갈 뿐이다. 바로 이 사실 하나만 영원한 현실로 남아 있다. 그 외에는 모두 우리 인간들이 의미를 부여한 것에 지나지 않는다. 스피노자(B. Spinoza)가 말하는 '영원의 관점에서(sub specie aeternitatis)'가 진정으로 무슨 뜻이겠는지 밤늦게까지 생각해보다가 잠이 들었다.

1월 22일

아침에 이름 모를 새들의 지저귐을 들으며 눈을 떠보니 9시가 가까웠다. 여기서는 잠을 자라고 말할 사람도 없지만 깨워주는 사람도 없다. 별빛을 바라보면서 잠이 들었다가 새소리에 일어날 뿐이다. 나는 반사적으로 자리에서 뛰쳐 일어나 죽도(竹刀)를 들고 뒷산으로 올라갔다. 그동안 얼어붙은 땅을 파헤쳐서 옆을 돋우어 평지를 만들고 낡은 타이어를 얻어다가 소나무 기둥에 붙잡아매어서 간이 검도 수련장을 만들어놓았다. 여기서 나는 이제 어떤 의미로도 젊었다고 말할 수 없는 내 신체를 단련하고 정신의 집중력을 강화하기 위하여 대학 시절에 틈틈이 익혀둔 검도의 기본 동작들을 연습해보려는 것이다.

"야압!" 하는 기합 소리와 함께 정신을 한 군데 모아 목표를 향해 죽도를 날리면 어느 순간은 우주와 내가 하나가 되는 무아(無我)의 경지를 맛보는 것이 이 수련의 진정한 목표이다. 나는 30여 분 동안 몸에 땀이 스며들도록 운동을 한 다음 뒤뜰에서 뿜어 나오는 찬 샘물로 몸과 마음을 흥건히 적셨다. 빵에 치즈와 햄, 그리고 오이 한 개로 아침식사를 마쳤다.

식사 후 산책길에서 박씨네 아주머니를 만났다. 안부를 물으니 다 무고하지만 건너 마을의 길가 집에 초상이 났다고 전해주었다. 그 집 부인이 환갑이 채 안 되었으나 위암으로 세상을 떠났다는 것이다. 어제 이 마을이 텅 비어 있었던 것도 모두 아침부터 그 집에 가서 일을 도왔기 때문이었다고 한다. 아주머니는 얼굴에 근심스러운 표정을 지으며 요즈음 이 작은 마을에서 너무도 자주 초상을 치른다고 걱정을 하였다. 나는 여러 가지 이유를 들어서 설명을 하고 또 위로도 해보았으나 별로 설득력이 없는 것 같았다.

날씨가 몹시 춥고 바람까지 세차게 불었으므로 낮에는 방이 틀어박혀서 주로 '한·러 철학 세미나'에서 발표할 논문을 손질하였다. 이 달 30일과 31일 사이에 서울대학교 철학사상 연구소의 주최로 개최될 이 세미나에서 나는 '현대적 상황에서의 자아 정체성 문제'라는 제목으로 논문을 발표하도록 되어 있다. 이번 세미나는 우리 나라와 러시아 사이에 처음으로 시도되는 철학자들의 모임이므로 그 의의가 매우 크고 여기에 발표자로 나서게 되었다는 것은 영광스러운 일이 아닐 수 없다. 최선을 다하지 않으면 안 된다. 그러나 아무래도 결론 부분에 좀 문제가 있는 것 같다.

다소 의도적인 데가 있는 것 같지만 나는 이 논문에서 '신비'의 개념을 도입하고 그 중요성을 강조하고 싶다. 서양 철학은 인식의 한계상황에 대해서 독단과 회의라는 이분법으로 일관하는 경향이 있다. 모르는 부분에 대해서 함부로 말하든가 혹은 너무 소극적이고 비관적인 태도를 취해온 것이다. 그러나 나의 '신비' 개념은 동양화에서의 여백과 같이 그것을 그대로 두고 또 그것과 함께 공존함으로써 오히려 그 한계를 극복할 수 있다는 것이다. 이것은 칸트의 비판철학을 자연스럽게 수용

여기서는 잠을 자라고 말할 사람도 없지만 깨워주는 사람도 없다.
별빛을 바라보면서 잠이 들었다가 새소리에 일어날 뿐이다.

하고 확장시키려는 시도이기도 한 것이다. 그러한 시도가 어느 정도의 설득력을 지닐지, 그리고 얼마나 효과적으로 그것을 표현할 수 있을지 의문이다. 그렇게 하기 위해서는 무엇보다도 나 자신을 설득할 수 있도록 개념을 분명히 하지 않으면 안 되겠다.

  날이 어두워지자 낮에 박씨 아주머니의 이야기가 생각나서인지 공연히 적막감이 엄습해 오고 심지어 음산한 느낌마저 들었다. 사실 내가 생각하기에도 이 손바닥만한 산골 마을에 요즈음 흉사가 너무 자주 일어나는 편이다. 지난 2년 사이에 내가 기억하는 것만 해도 병이나 사고로 죽은 사람이 여섯 명이나 되니 말이다. 두 사람은 읍에서 교통사고로, 또 세 사람은 암으로 사망하였으며 한 사람은 부인을 여읜 후 실의 끝에 농약을 마시고 자살하였다. 이와 같이 갑작스러운 죽음은 일찍이 없었던 일이고 그렇기 때문에 이곳 사람들에게는 분명히 흉사로 여겨질 수밖에 없을 것이다.

  그동안 나는 기회가 있을 때마다 왜 그러한 일이 특히 최근에 이 고장에서 일어날 수밖에 없는지를 설명해보려고 애썼다. 나의 이른바 객관적 견지에서의 '합리적 설명'이라는 것은 우선 그것이 이 마을에만 국한된 흉사가 아니라는 점을 강조하는 일이다. 물론 정확한 통계를 가지고 있는 것은 아니지만 우리 나라에 교통사고가 급증하고 있는 것은 널리 알려진 사실이고, 그 중에서도 인구비례로 보아서 읍에서 사망률이 높은 편이라는 것도 이해하기 어려운 일이 아니다. 아마 얼마 전까지 논두렁에서 소를 몰던 태도로 운전자들이 차를 몰고 좁은 길을 질주하는 데 그 중요 원인이 있는 듯하며, 행인들도 자동차라는 것이 때로는 얼마나 무서운 흉기인지를 인식하지 못함으로써 사고를 자초한다고 볼 수도 있다.

그러나 교통사고는 우리 나라의 급격한 산업화와 농촌의 근대화 과정에서 일어나는 여러 징후 중 극히 일부에 지나지 않는다. 젊은이들은 앞을 다투어 도시로 빠져 나가고 노부부들만 농토를 지키면서 힘겹게 농사일을 지탱해가고 있다. 이러한 상황에서 남자들은 격무를 이기지 못해 술과 담배로 울화증을 풀다가 혈압으로 쓰러지며 부인들은 내색도 못하고 속으로만 삭이다가 암을 얻어 결국 목숨을 잃는다. 더구나 이러한 흉사는 겉으로 드러난 현상에 불과하고 잠재적인 사건들이 읍 주변의 여러 마을을 뒤덮고 있을 뿐만 아니라 주민들은 막연한 불안감과 위기의식에 사로잡혀 있는 실정이다.

물론 내가 이번에 발표할 논문에서도 강조하려고 하지만 이러한 식으로 모든 것을 설명해버릴 수는 없다. 여기에도 역시 신비의 영역은 있다. 그러므로 이 마을 사람들이 표현하듯이 "악귀가 이 마을에 있다"고 믿으며 고사를 지낼 수도 있다. 그러나 그러한 주장은 우리가 합리적으로 이해할 수 있는 부분을 모두 이해하고, 또 그렇게 이해된 부분에 대하여 우리가 할 수 있는 일을 다 해본 다음에 받아들여도 늦지 않으리라.

그러나 흉사가 빈번한 이 산골 마을이 다시 한번 칠흑 같은 어두움 속에 파묻히자 내가 마을 사람들에게 누누이 강조하고 거듭하던 그 '합리적 설명'이 나 자신조차 받아들이기 어려운 '이론'임이 드러났다. 웬일인지 오늘따라 정신을 집중시키기가 어렵고 갑자기 공포라고 할까, 두려움 같은 것이 엄습해온다. 고독감이나 적막감 같은 것은 잘 견딜 수 있으나 이렇게 온몸이 오싹하는 기분은 좀처럼 익숙하지 않은 경험이다. 원래 인적이 드문 이 마을에는 유난히 묘소들이 군데군데 많이 있어서 밤이 되면 마치 공동묘지의 한가운데에 움막을 짓고 들어앉아 있는 기분이다. 더구나 밤에 산 사람들이 모두 쉬거나 잠에 떨어지면 죽은 사람들이 활동을 시작하는 마을이 되는 것 같은 느낌도 든다. 이러한 현상을 철학적 관점에서 나는 어떻게 이해하고 또 해명할 수 있을 것인가.

도대체 삶과 죽음의 차이는 무엇인가. 죽은 후의 우리들은 무엇이며 또 누구로서 남아 있을 것인가. 자연과 인간의 관계는 무엇인가. 인간은 자연의 일부인가, 혹은 자연이 인간의 도구에 불과한 것인가. 이러한 문제들에 대해서 종교적 태도를 지닌다는 것은 정당하며 또 바람직한 것인가. 우선 정신을 가다듬고 담력을 기른 다음 합리적 사고와 논증을 통해서 이러한 문제들에 관해 어떤 입장을 견지하기로 하자. 그렇게 하기 위해서 나는 이렇게 '철학의 현장'으로 뛰어든 것이 아닌가. "공포는 무지에서 온다"는 로마의 스토아 철학자 에픽테투스(Epictetus)의 말을 차분히 음미해보면서 잠자리에 들었다.

1월 25일

김승옥은 《무진기행》에서, "아침에 일어나니 안개가 적군처럼 진주해 있었다"라고 썼다. 참으로 아름다운 표현이다. 오늘 아침 은곡에도 그렇게 안개가 끼어서 마치 등선(登仙)하는 기분이었다. 다만 차이가 있다면 내게는 그 안개가 '아군'처럼 느껴졌다는 점뿐이다. 겨울 날씨가 갑자기 포근해졌기 때문일 것이다.

나는 버릇처럼 뒷산으로 올라가서 기합 소리도 힘차게 죽도를 휘두르고 내려와서는 카메라를 들고 나와 새벽 안개 속에 파묻혀서 막 햇살을 받기 시작하는 마을을 구석구석 찍어두었다. 카메라의 렌즈를 통해서 보았을 때 사물들은 더욱 선명하게 그 실체를 드러내는 것 같았다.

아침식사를 마지막 남은 빵과 햄으로 간단히 마치고, 날씨도 매우 좋기 때문에 "바람 좀 쏘이러" 읍에 나가볼 계획을 세웠다. 음식도 남은 것이라고는 김치와 라면, 마른 반찬 몇 가지, 그리고 쌀 반 말 정도가 있을 뿐이다. 읍에 가서 통조림도 몇 통 사고 곰탕이나 육개장으로 푸짐하게 점심도 들며, 아무라도 붙들고 실컷 이야기를 나누고 싶다. 지난 3일 동안 나는 한 번도 누구와 말을 건네본 적이 없지 않은가.

그러나 막상 이렇게 결심을 하자 갑자기 읍에 가고 싶은 마음이 사라져버렸다. 아마 너무도 가고 싶기 때문에 삼가지 않으면 안 된다는 의지가 작용했다고 설명할 수도 있으리라. 또 실제로 곰곰이 생각해보면 반드시 가야 할 이유도 없다. 음식이 충분한 것은 아니지만 그렇다고 해서 먹을 것이 모자라는 정도는 아니다. 다소 입맛에 맞지 않고 또 영양가도 넉넉하지 않다고 하지만 이곳에 진수성찬을 차려서 포식하려고 온 것도 아니지 않은가. 오히려 스피노자가 말했듯이 "자연이 많은 것을 요구하지 않으므로 나도 그렇게 살리라"는 정신을 몸소 실천해볼 수 있는 절호의 기회가 아닌가.

사실 다른 사람들과 담소하고 싶은 욕구도 있었지만 나는 서울에 있는 동안 혼자 지낼 수 있는 시간을 얼마나 목마르게 기다려왔던가. 모처럼 혼자 있으면서 깊이 생각하고 중요한 논문들을 정독할 시간을 겨우 얻었는데 벌써 지루해서 사람을 찾아 나서다니. 나는 결국 베이컨(F. Bacon)이 말하는 '시장의 우상'에서 희생물로 전락한 패거리에 지나지 않는다는 말인가. 실제로 나는 그동안 나 자신과의 대화를 통해서, 그리고 여러 논문들을 읽고 그 저자들과의 진지한 논쟁을 통해서, 계속 언어를 구사해왔으며, 오히려 그 어느 때보다도 가장 진지하게 언어 그 자체에 대해서 사색해오지 않았던가.

생각이 여기에 미치자 읍에 다녀오고 싶은 생각이 말끔히 가셨고, 갑자기 마음의 평온 같은 것을 느낄 수 있었다. 한 가지 더 얻은 것이 있다면 상황을 파악함에 있어서 객관적인 사실보다는 주관적 판단이 훨씬 더 큰 비중을 차지한다는 것을 깨달았다는 점이라고나 할까.

여하튼 나는 오늘 집에 머물며 이것저것 잡일을 하면서 소일하기로 하였다. 그동안 밀린 설거지도 몰아서 하고 뒷산에 올라가 나무를 구해서 장작을 마련하기도 했으며, 구석구석 찾아다니며 찢어진 창호지를 바르는가 하면 새로이 문풍지를 만들어서 붙이기도 하였다. 모처럼 한 구석에 처박아두었던 내복들을 꺼내어 빨래를 했고, 녹아 내리는 마당 한 모퉁이의 잔설을 대나무 빗자루로 쓸어버렸으며, 그동안 까맣게 그을린 석유 난로를 청소하면서 심지를 고르게 잘라주기도 하였다. 이렇게 하니 하루가 눈 깜짝할 사이에 지나가버렸다. 오늘은 이곳에서 살아남기 위한 준비를 하느라고 하루를 보낸 셈이다. 결국 사람은 제대로 살아보기 위한 준비만을 하다가, 언젠가는 잘살게 될 것이라고 벼르기만 하다가 삶을 마무리하게 마련 아닌가.

1월 27일

아침에 일어나서 아침 체조에 이어 죽도를 몇 번 휘두른 다음 식사를 준비하였다. 빵과 우유도 떨어져서 이제는 주로 라면만 끓여 먹으면서 지낼 수밖에 없게 되었다. 아침에는 컵라면이고 점심에는 안성탕면이고 저녁에는 '신'라면이다. 구도자(求道者)에게 필요한 것은 비바람을 피할 집과 추위를 면할 옷 몇 가지, 그리고 굶어죽지 않을 정도의 음식만 있으면 된다는 말이 있다. 나는 그러한 마음의 자세를 갖추고 집을 떠나 이곳에 와 있는 것이 아닌가. 더구나 한 열흘 정도를 못 견딜 이유가 어디 있는가. 그러나 얼마 전에 받은 신체검사에서 이제 나이가 있으니 콜레스테롤과 혈당을 조심하라는 주의를 받았다. 당분간이나마 라면과 같은 가공식품만을 상식하는 것은 이러한 병에 좋지 않다고 하는데, 그렇다면 나는 육체적 건강과 정신적 단련 중에서 어느 것을 더 소중하게 생각해야 하는가. 몸은 부모로부터 물려받은 것이니 소중히 다루어야 한다는 말도 있는데, 두 개의 의무 중에 하나를 선택해야 할 경우 그것을 정당화하는 철학적 근거는 무엇인가.

낮에는 저녁에 땔 나무를 집 뒤의 야산에서 구해다가 잔뜩 쌓아놓고는 《삼국유사(三國遺事)》를 뒤적거렸다. 그 중에 특히 '원효불패(元曉不敗)'라는 이야기가 몹시 충격적으로 느껴졌다. 원효가 파란만장한 생애를 살고 입적하자 아들인 설총이 그 유골을 빻아서 아버님 모습으로 소상(塑像)을 만든 다음 이것을 분황사에 모셨다. 그런데 어느 날 설총이 찾아뵙자 그 소상이 홱 돌아다보았는데, 저자인 일연(一然)은 "지금까지도 돌아본 채로 있다"고 기록한 것이다. 이 이야기는 오래 전부터 알고 있었지만, 그러나 오늘 여기서 유달리 큰 충격을 주고 새삼스럽게 아버지에 대한 그리움을 복받치게 하는 이유가 무엇일까.

나는 6년 전 초여름, 아무 연고도 없는 이곳 당진에 무조건 찾아왔었다. 삶이 너무 힘에 겨웠던 시절이었다. 그 당시 나는 학생 지도의 임무를 띠고 전국을 순방하며 구속된 학생들의 부모들과 문제의 실마리를 찾고자 고심하고 있었다. 대전까지 와서 서울로 가는 버스를 기다리던 중 문득 당진으로 가는 시간표를 목격하게 되었다. 그 순간 사진으로만 기억하고 있던 아버지의 초상이 눈앞에 크게 다가왔다. 나는 무작정 당

나는 구도자이기를 자처하지만 수도승은 아니다.
나에게는 좀더 구체적인 현실이 있다.
여기서 보낸 시간과 철학적 사유의 의미를 묻고 또 확인할 현실이 필요한 것이다.

진행 버스에 몸을 실었고 해가 기울 무렵에야 그곳에 닿을 수가 있었다. 이것이 야산자락에 매어 달린 이 흙집을 마련하게 된 직접적 동기이다. 내가 네 살 때 여읜 아버지가 열세 살 되던 해에 떠나버린 고장이 바로 여기다. 말하자면 나는 그렇게 해서 아버지의 고향을 다시 찾아드린 셈이다. 원효가 한때 살던 혈사(穴寺)의 곁에 설총의 집터가 있었다고 전해진다. 어떠한 이유인지 자세히는 모르겠지만 자기의 연고를 찾고 부친에 대한 효성과 그리움이 사무친 나머지 그곳에 은신처를 마련했다면 나로서는 충분히 이해할 수 있는 일이다.

너무도 오래되어서 관념적으로밖에는 형상화할 도리가 없는 아버지를 생각하고 또 그리워하며 하루를 보내었다. 저녁에는 찬바람이 뼛속까지 스며드는 듯하였으나, 그래서인지 별들이 유난히 총총해 보였다. 그것은 이 세상에 존재하는 그 어떠한 사물들보다도 실재성(實在性)이 더 높아 보였다. 너무도 실감나는 존재들이었으므로 어느 순간 한꺼번에 우박처럼 내게로 쏟아지는 것이 아닌가 하는 걱정이 생길 정도였다. 별들의 반짝임들이 때로는 청각화되어 수많은 어린이들의 재잘거림같이 들려오기도 하고, 또 때로는 군중들의 함성같이 위협적으로 느껴지기도 하였다. 이러한 생각 때문인지 나는 우주의 미아가 된 듯한 착각에 빠져보기도 하였다. 매서운 추위가 옷깃을 파고들었다.

1월 29일

이번에는 이곳에 꽤 오래 있었다는 느낌이 든다. 며칠 만인가. 아침에 일찍 일어났으므로 무척 상쾌한 기분이다. 아직 날이 채 밝지 않았고 또 다시 포근한 날씨에 짙은 안개까지 끼어서 마치 내가 구름 속을 헤매고 있는 것 같은 착각을 일으키게 한다. 죽도를 움켜쥐고 뒷산으로 올라가서 잠시 심신을 푼 다음 뼛속까지 파고드는 듯한 샘물로 갈증을 덜었다.

　대강 짐을 챙기고 안개 속을 헤치며 조용히 산골 마을을 빠져 나오는데, 마치 구름을 벗어나 대지를 향해 발을 내딛는 느낌이 든다. 나는 다시 현실로 돌아가고 있는 것이다. 그렇다. 나는 간다. 그곳이 내 삶의 현장이니까. 나는 구도자이기를 자처하지만 수도승은 아니다. 나에게는 좀더 구체적인 현실이 있다. 여기서 보낸 시간과 철학적 사유의 의미를 묻고 또 확인할 현실이 필요한 것이다. 그 현실로 돌아가기 위해서 나는 그동안 여기에 머물러 있었던 것이다. 자. 그럼 다시 올 때까지 안녕히… 나는 은곡이 완전히 안개 속에 파묻혀서 보이지 않을 때까지 계속 앞을 향해 나아갔다.

2. 산촌의 봄맞이

소크라테스적인 관심

나 자신의 행방이 묘연해지면
느닷없이 정신을 가다듬고 이곳에 글려온다.
이곳에서 나는 비로소 산골 마을과
아늑한 자연의 품 속에 안기는 나 자신을 만난다.

3월 22일

새 학기가 시작된 지 3주가 지났다. 그동안 강의를 준비하고 학생들과 어울리며 밀린 논문들을 정리하느라고 무척이나 바빴다. 철학을 하는 것과 철학을 가르치는 것은 정말 별개의 것임을 자주 실감하게 된다. 칸트는 철학을 가르칠 수는 없고 '철학하는 것(philosophieren)'을 가르칠 수 있을 뿐이라고 하여 양자를 구분한 바 있다. 비트겐슈타인은 철학을 가르치는 것이 철학을 하는 데 전혀 도움이 되지 않는다고 하여 대학의 강단을 떠나 어촌 구석이나 산골 마을에 몇 해 동안이나 파묻혀 있었다. 구태여 그것을 흉내내려는 것은 아니지만 그야말로 숨 좀 돌리러 오늘 나는 이곳 은곡에 다시 왔다. 나는 가끔씩이라도 철학을 가르치는 것이 아니라 진지하게 '철학' 그 자체와 대면하고 싶다.

이 마을 어느 구석에도 이제 겨울의 흔적은 남아 있지 않으나 아직 봄이 찾아와준 것은 아니다. 겨울철처럼 앙상하고 삭막한 분위기는 아니지만 새싹이 돋아났다든지 봄의 전령인 진달래나 개나리가 여기저기에 눈에 뜨이지는 않는다. 무엇이 끝났다고 해서 반드시 새로운 것이 시작되는 것은 아닌가 보다. 겨울과 봄의 구분은 역시 개념적인 데가 있는 것이 사실이다. 나는 오늘 여기서 겨울과 봄 사이의 진공 상태 같은 것을 실감할 수 있기 때문이다. 이 순간의 계절을 무엇이라고 불러야 좋을까. 겨울이라기에는 너무나 봄 내음이 짙고 초봄이라고 하기에는 아직도 겨울의 그림자가 드리워져 있다.

이웃집 최씨와 박씨네 들러서 인사를 하자 몹시 반가워하며 저녁을 함께 하자고 서로 잡아끌었다. 나는 순간적으로 가슴이 뭉클해졌다. 어느덧 나는 이곳 마을의 주민이 되어 있음을 느꼈다. 결국 최씨네로 끌려가다시피 하여 주안상을 받았고 집에서 담근 찹쌀 막걸리를 취하도

나는 왜 이곳에 오는 것일까.
왜 허둥대며 자꾸 이곳으로 달려오는가…
나의 진정한 관심은 말하자면 소크라테스적 혹은 키에르케고어적인 것이다.
한마디로 나는 나 자신에 관심이 있어서 이곳에 온다.

록 마셨다. 취기가 돌아서인지 어머니의 품에 안기듯이 산골 마을에 포근히 안겨드는 것 같은 기분이다. 도대체 나는 이곳에 왜 오는 것일까. 왜 허둥대며 자꾸 이곳으로 달려오는가. 이 안락함과 아늑함을 경험하러 오는 것일까. 최씨나 박씨, 혹은 김씨네의 다정함이 그리워서 오는 것일까. 그렇다면 그들과 함께 이곳에서 농사로 여생을 바친다고 해도 나는 만족할 수 있을까. 그것이 나의 '철학함'과 무슨 관계가 있는 것일까.

사실 나는 이 농민들을 만나서 어울려 지낸다든가 그들의 생활과 생각에 흥미가 있어서 그것을 연구하러 오는 것이 아니다. 농촌을 이해하거나 농사를 배우러 이곳에 오는 것도 아니다. 그렇다고 해서 마가렛 미드나 레비 스트로스처럼 인류의 생태나 인간의 본성을 규명하려는 것도 아니다. 칼 마르크스나 막스 베버처럼 인간의 소외 현상이나 인간성의 상실을 고발하고자 하는 것도 아니다. 그렇다면 융이나 프로이드처럼 인간의 심성을 해명하러 이곳에 오는 것인가. 그것도 아니다. 그렇다면 나는 무엇을 하러 여기에 온다는 말인가. 물론 나는 이 모든 것에 어느 정도 흥미가 있다. 그러나 그러한 것에 관심이 있어서 여기에 와 있는 것은 아니다. 나의 진정한 관심은 말하자면 소크라테스적 혹은 키에르케고어적인 것이다. 한마디로 나는 나 자신에 관심이 있어서 이곳에 온다. 나는 사람들과 어울려 있으면 곧잘 나 자신을 잃어버리게 된다. 그들 속에 흡수되어 나는 아무데도 없게 되어버린다. 나는 내가 없는 삶을 견디어낼 도리가 없다. 작은 물건 하나라도 없어지면 당황하게 되는데, 어떻게 나 자신을 잃어버린 채로 살아갈 수 있다는 말인가. 그리하여 나는 나 자신의 행방이 묘연해지면 느닷없이 정신을 가다듬고 이곳에 달려오는 것이다. 이곳에 오면 비로소 나는 산골 마을과 아늦한 자연의 품속에 안기는 나 자신을 만난다.

　내가 잠시라도 외면할 수가 없고 잊어버릴 도리도 없는 대상이 있다면 그것은 바로 나 자신이다. 나는 그 나에 대한 관심 때문에 이곳에 온다. 나는 이곳 주민들과 만나서 담소하고 환대를 받으며, 또 농사일을 돕고 배우기도 하는 나 자신에 대해서 흥미가 있다. 이곳에 오면 나는 하나의 뚜렷한 윤곽을 그리며 선명한 모습으로 존재함을 느낀다. 그리하여 이곳에서는 다른 사람들과 인류가, 혹은 사회와 국가가, 아니 모든 존재가 나와의 관계 속에서 새롭게 그 모습을 드러낸다.

　나는 축축한 아궁이에 군불을 때며 줄곧 나 자신에 대하여 생각하였다. 그리고 비트겐슈타인이 《논리철학 논고》에서 말하는 '철학적 자아'가 무엇이겠는지 가늠하려고 애썼다. 그는 거기서, "철학적 자아는 인간, 혹은 인간의 육체나 심리학에서 다루는 인간의 정신이 아니라 형이상학적 주체, 즉 세계의 일부가 아니라 그 한계이다"라고 했던 것이다. 그것은 경험적으로 파악될 수 있는 대상은 아니지만 분명히 존재하는 그 무엇이다.

4월 17일

　마침 중간고사와 부활절 휴가가 겹쳐서 충분한 시간적 여유를 가지고 은곡에 다시 올 수 있게 되었다. 이번에는 철학적 사색에 젖는다든가 무슨 논문을 구상하기 위해서가 아니라 집을 수리하고 주변을 정리하러 온 것이다. 집을 수리한다고 해도 대대적인 보수공사를 하는 것이 아니고 지난 겨울에 무너진 흙벽을 브로크로 메우고 언제인가부터 없어진 툇마루의 기둥 하나를 버티어 넣으려는 것이다. 집이 워낙 낡아서 이것을 제대로 고치려면 차라리 새로 짓는 것이 낫다는 것이 이곳 주민들의 의견이다. 정확히 알 수는 없어도 팔순에 접어든 김씨에 의하면 이 흙집이 약 150년은 되었을 것이라고 한다.

나는 최씨가 소개한 목수 한 사람의 도움을 얻어 작업을 시작하였다. 소나무 기둥은 최씨와 내가 뒷산에서 베어 온 것이다. 목수인 김씨는 잭도 없이 지렛대를 써서 나무 기둥으로 내려앉은 처마 끝을 들어올리고 버팀목을 끼워 넣었다. 그것이 우리 조상들이 즐겨 사용하던 전통적인 방법이라고 김씨가 일러주었다. 비록 비능률적이기는 하였으나 150년 전에, 혹은 그보다 훨씬 더 오래 전에 우리의 조상들이 집을 짓는 모습을 직접 목격하는 것 같아서 매우 흥미로웠다. 그러나 여하튼 낡아빠진 집에 기둥 하나를 끼워 넣는데 하루 해가 꼬박 저문다는 것은 아무래도 개선해야 할 점이 아닐까.

나는 공사를 돕는 한편 틈틈이 마당 한구석에 무너져내린 축대를 쌓아올리기도 하고 뒤뜰의 샘물이 흘러가는 것을 막고 웅덩이를 파서 작은 연못을 만들기도 하였다. 또 앞으로 비가 많이 내리면 생길 수도 있는 산사태에 대비하여 미리 물길을 파놓기도 하였다. 이러한 일들은 아파트 생활에서는 좀처럼 맛볼 수 없는 육체적 노동의 독특한 쾌감을 느끼게 한다. 인부들이 공사를 끝낸 후에도 나는 거의 자정이 넘도록 칠흑 같은 마을에 외등을 환하게 켜놓고 공사를 계속하였다. 자주 올 수 없는 이곳에서 봄맞이 준비를 한다는 것은 즐겁지만 또 외롭고 고달픈 일이다. 한 시경에야 자기가 손수 지은 움막에서 몸을 쉬는 토착민의 기분으로 잠자리에 누웠다.

4월 21일

오늘은 이 작은 산골 마을에서 모판 작업이 시작되었다. 마침 날씨도 쾌청하여 이 작업을 하기에는 안성맞춤이고 동리 사람들이 모두 활기에 차 있었다. 물론 나도 합세하여 서투르나마 일손을 돕고자 애썼다. 일년 중에서 가장 큰 행사인 벼를 심는 일에 모두 합심하여 서로 돕는 모습은 바람직할 뿐 아니라 아름답기까지 하였다. 그것은 인간이 사회적 동물로서 그 면모를 과시한 최초의 광경이었을지도 모른다. 남녀노소가 문자 그대로 식량을 마련하기 위하여 모두 논두렁에 모여서 일을 하는 것이다. 이렇게 모였다는 것은 인간의 경우 자기가 먹을 양식은 스스로 마련해야 하고, 그러나 그것은 독자적인 개인의 힘만으로는 불가능하다는 것을 의미한다.

모판 작업은 모내기와는 다르다. 그동안 볍씨를 플라스틱으로 만들어진 틀 속에 뿌려서 싹이 튼 것을 잘 길러 곱게 다듬어진 논바닥에 배치하는 작업이다. 이것이 다시 한 달 정도 이곳에서 적응하여 자라난 다음에야 비로소 모내기를 할 수 있다. 그러므로 이 작업은 인간에게 아동기를 시작하는 초등학교 입학식 행사나 마찬가지로 중요한 일이다. 이 작업이 제대로 진행되어야 모를 낼 수 있도록 어린 벼가 순조롭게 자라나기 때문이다. 그렇기 때문에 이곳 주민들은 철없는 어린이를 다루듯 매우 조심스럽게 모판을 다루고 이것을 질서정연하게 배치한 다음 비닐로 정성껏 지붕을 만들어 씌운다. 여기서 나는 우리가 일시적으로 무심하게 먹어치우는 쌀 한 톨이 얼마나 소중한 존재인가를 새삼스럽게 실감했다. 그리고 이것을 생산하는 작업에 조금이나마 참여할 수 있었던 것이 무척 자랑스러웠다.

아침식사 후 점심을 들기 전에 먹는 '새참' 시간은 언제나 매우 즐겁

여기서 나는 우리가 일시적으로 무심하게 먹어치우는 쌀 한 톨이
얼마나 소중한 존재인지를 새삼스럽게 실감했다.
그리고 이것을 생산하는 작업에
조금이나마 참여할 수 있었던 것이 무척 자랑스러웠다.

고 흥미있다. 이 시간에는 뜨거운 밥과 고추장, 김치 외에 각종 산나물과 막걸리까지 곁들이는데, 그것은 노동이 단순히 보람있는 일일 뿐만 아니라 즐겁고 흥겨운 일이기도 하다는 것을 체험할 수 있는 순간이다. 활짝 핀 복숭아꽃과 자두꽃이 어우러진 나무 아래서 파릇파릇하게 솟아나는 새싹의 언덕을 바라보고 술잔을 돌려가며 땀의 의미를 체험하는 것은 분명히 소중한 경험임에 틀림없다. 이 시간에 농부들은 생활 주변의 가벼운 잡담을 나눌 뿐 아니라 해충의 피해를 걱정하기도 하고 추수의 환희를 미리 당겨서 맛보기도 하는 것이다. 참으로 노동의 진미를 맛본 사람만이 휴식의 즐거움을 경험할 수 있으며 더 나아가서는 인생의 의미를 진정으로 음미할 수 있을 것이라는 생각이 든다. 그리고 이것이 만약 사실이라면 노동은 로크(John Locke)가 생각했던 것보다는 훨씬 더 광범위하고 중요한 의미를 지닌다고 보아야 할 것이다.

로크에 의하면 노동은 자연을 가공하여 생존의 수단을 얻게 하는 작업이며, 이러한 작업을 통해서 개인의 소유를 정당화하는 근거가 되기도 한다. 그러나 실제로 사람들과 어울려서 진지하게 노동에 참여하다 보면 그것은 단순히 생존수단을 획득하는 방법이 아니라 마르크스(Karl Marx)가 주장하는 바와 같이 인간적 존재의 양식 그 자체임을 실감할 수 있다. 그는 인간이 노동을 통해서 원숭이로부터 진화해왔다고 지적하고 노동을 하면서 다른 사람들과 어울리는 동안 언어를 창출하게 되었으며, 언어에 의한 의사소통 과정에서 인간은 그 본질인 사회성을 형성하기에 이르렀다고 역설했던 것이다. 새참을 즐기는 동안 나는 다소 과장된 표현이기는 하지만 마르크스가 주장한 것처럼 인간의 본질은 노동이며 그 목표는 자아의 실현이라는 것을 체험할 수가 있었다.

이 마을 전체의 모판 작업은 오후 늦게야 마무리가 되었다. 나는 뒤

곁의 샘터에서 물을 길어다가 냉수마찰을 하였다. 온종일 땀을 많이 흘렸지만 아직 날씨가 쌀쌀하였으므로 바짝 긴장하지 않으면 안 되었다. 그러나 냉수마찰은 내가 대학시절 검도에 몹시 심취했을 때 익혀두었던 것이므로 아주 서툴지는 않았다. 다만 오래간만에 해보니 새삼스럽게 감회가 어릴 뿐이다.

저녁에는 베토벤의 〈전원교향곡〉을 들으며 밤늦게까지 노동의 개념에 관한 책을 뒤적거렸다. 특히 마르크스와 베버의 노동개념을 비교하는 것이 흥미로웠다.

4월 23일

오늘 아침에는 유난히 봄기운이 온 누리에 뻗쳐 있음을 느끼겠다. 어김없는 계절의 변화에 다만 숙연함을 표시할 뿐이다. 언 땅 속에 묻혀 있던 온갖 생명이 이제 활짝 기지개를 펴고 있다. 새싹들이 여기 저기에서 고개를 내밀고 이제 막 올챙이 신세를 벗어난 햇개구리들이 여기 저기에서 뛰논다.

낮에는 뒤뜰에서 꽃뱀 한 마리를 보았다. 아직 날씨가 쌀쌀한 탓인지 제대로 움직이지 못하였다. 나는 막대기로 그것을 조심스럽게 들어서 도랑 근처에다 옮겨놓았다. 그것이 앞으로 어떻게 될지 나로서는 알 수 없다. 다만 집 근처에서 얼씬거리지 말아주기를 바랄 뿐이다. 나도 저희들을 잡거나 해칠 용의가 없으니 저희들도 내 주위에서 사라져주기를 바란다는 것이다. 여하튼 나에게는 기분 좋은 존재가 아니니까.

사실 이곳 생활에서 가장 신경을 많이 쓰게 하는 것이 여기 저기에서 가끔씩 나타나는 뱀들이다. 처음 그것들을 목격했을 때 나는 솔직히 당황하지 않을 수 없었다. 아마 시골 생활을 해본 적이 없는 내가 뱀의 모습이나 생리에 익숙하지 못하기 때문일 것이다. 뱀은 언제 어디에서나 마구 나타날 것만 같았고, 아름다운 풍치를 감상하다가도 그 속에서 꿈틀거리는 뱀을 두리번거리며 찾는 것이 예사였다. 실제로 나는 뱀 그 자체보다는 뱀에 대한 나의 관념에 예속되어 있었고 실제로 있을 수 있는 뱀의 공격보다는 그 공격에 대한 공포에 완전히 속박되어 있었던 셈이다.

그렇다면 이곳 사람들은 뱀에 대하여 어떤 생각을 하는 것일까. 최씨에 따르면 자기는 별로 무서움을 느끼지 않는다고 한다. 오히려 눈에 띄면 잡아다가 보약을 만들고 싶은 충동을 느낀다고 한다. 그 이유로 우선 뱀은 이쪽에서 가만히 있을 경우 먼저 공격해 오지 않는다는 것이다. 어쩌다가 실수로 꽃뱀을 밟아서 발목을 물렸다고 해도 약간의 상처를 입을 정도니까 공포를 느낄 필요는 없다고 한다. 물론 독사는 위험한 동물이다. 그러나 이 근처에서 독사를 발견하기는 매우 드문 일이고 혹시 발견했다고 해도 조심스럽게 옆으로 피해 지나가면 그만이라는 것이다. 이러한 정도의 상식을 가지고 풀숲으로 들어갈 때 장화를 신고 조금만 조심하면 전혀 문제가 없다는 것이 최씨의 견해였다.

그러나 이러한 견해가 어느 정도 도움을 줄 수 있어도 뱀에 대한 공포를 완전히 해소시켜주지는 못한다. 그리하여 이곳에 올 때는 반드시 약방에 들러서 뱀과 상극이라는 백반을 여러 개 사다가 집 주위에 뿌려 놓지만 작년에만 해도 마당 한복판에까지 뱀이 기어 들어와서 혼이 난 적이 있다. 올 여름에도 뱀과 신경전을 벌이려니까 공연히 언짢아진다. 문득 저 노예 출신의 스토아 철학자 에픽테투스의 말을 생각하니 어느 정도 위안이 된다. 그는 이렇게 말한 적이 있다.

사람의 마음을 불안하게 하는 것은 사건들이 아니라 사건들에 관한 그들의 판단이다. 예를 들면 죽음이란 전혀 두려운 것이 아닐 뿐 아니라 그것은 마치 소크라테스가 생각했던 것과도 같은 것이다. 참으로 죽음에 관하여 두려운 것이 있다면 죽음이 두렵다고 하는 인간의 생각일 뿐이다.

그러나 꽃뱀 한 마리가 우연히 뒤뜰에서 눈에 띄었다고 해서 구태여 소크라테스의 비장한 철학적 순교까지 염두에 둘 필요는 없을 것이다. 스토아 학파의 철학자들이 자연과 사귀고 자기 자신을 자연의 일부로 자처함으로써 마침내 자연 그 자체와 일체감을 느끼려 했듯이 뱀을 극복하기 위하여 우선 뱀을 정확하게 이해하고 사귀어두지 않으면 안 될 것이다. 그렇게 함으로써 우선 뱀에 대한 공포로부터 벗어나는 일이 중요하다.

나는 날이 저물도록 뱀에 대한 자료를 이리 저리 찾아보았다. 그러나 그것은 뱀 연구가로서의 지적 탐구는 아니었다. 차라리 그것은 뱀에 대한 심미적 탐구에 가까웠다. 그 어떤 뱀에 대한 기록보다도 화가인 천경자(千鏡子) 씨의 〈사군도(蛇群圖)〉가 더욱 강한 인상을 심어주었다. 그것은 공포의 대상이라기보다는 아름답고 감히 접근하기 어려운 예지 같은 것을 담고 있는 것 같았기 때문이다. 실제로 그녀는 어느 대담에서, "나는 고독할 때마다 뱀을 그리고 싶었다. 뱀은 구상적으로는 징그럽지만 추상적으로는 아름답고, 또한 슬기롭다"고 말한 적이 있다. 어떻게 그 징그럽고 위험한 뱀이 한 송이의 꽃처럼 탐스럽고 아름다우며 슬기롭기조차 할 수 있는지 나로서는 아직 가늠하기 어렵다. 자연을 바라보는 한 예술가의 안목이 극히 파격적이고 또 탁월하다는 생각을 해본다. 예술가의 인식 능력은 어느 정도이며 예술 작품의 인식 기능은 어떤 성격을 지니고 있는 것일까.

    오후 늦게부터는 촉촉하게 봄비가 내렸다. 나는 그것이 대지를 적셔주고 만물의 소생을 촉진시켜줄 뿐만 아니라 얼어붙은 인간들의 심성을 녹여주고 경직된 사고의 체계에 생명력을 불어 넣는 기능도 동시에 수행해주기를 바랐다. 오늘 저녁에도 어둠과 함께 찾아온 막연한 적막감을 혼자 감당해내기가 무척 어렵다.

5월 15일

    이번 은곡행에는 집에서 그동안 기르던 애완용 강아지 '곰이'와 동반하였다. 이 개는 6개월 전에 산 발바리의 일종으로 그동안 아이들과 어울리며 한 식구 노릇을 충분히 해왔는데, 점점 자라나면서 아파트에서 생활하기가 부담스럽고 최근에는 너무 짖어대어서 이웃에 불편을 끼치기까지 하였다. 은곡에 혼자 있노라면 적적할 때가 많기 때문에 이곳에 데리고 오면 나에게도 좋고 곰이도 자연의 아름다움과 자유스러움을 실컷 만끽할 수 있으리라고 생각하였다. 과연 예상한 대로였다. 나도 심심치 않을 뿐 아니라 곰이도 야산 언덕이며 밭고랑 사이를 마음껏 뛰노는 것을 보니 한결 마음이 가벼워졌다. 그러나 그것은 잠시뿐이었다.

    곰이는 우선 염소와 맞대결을 벌였다. 염소는 묶여져 있는 상태이고 곰이는 자유롭게 사방에서 공격을 하니 싸움이 이쪽에 유리하게 전개되는 것은 당연하였다. 그러나 이 염소를 먹여서 새끼를 내어 생계를 유지해야 하는 이웃집 박씨에게는 결코 즐거운 일이 아니었다. 그뿐이 아니다. 곰이는 논두렁이며 밭고랑 사이를 마구 쏘다녔고 여러 곳의 농

나는 묶여 있는 곰이의 슬픈 눈을 바라보면서 충동과 자율이 어떻게 양립될 수 있는지를 궁리해보았다.

작물을 헤쳐놓는가 하면 순식간에 아랫집 김씨 노인의 중닭을 물어 죽였다. 이 모든 것이 서너 시간 사이에 일어났다. 내가 짐을 정리하고 집안을 청소한 다음 몇 자 들여다보는 동안이었다. 내가 곰이를 의식하고 찾아다녔을 때에는 이미 때가 늦었다. 어둑어둑해질 때에야 비로소 나는 이 개를 찾아서 붙잡아 매어둘 수가 있었다.

아파트에 가두어서 기르는 것이 가엾어서 은곡에 데리고 왔지만 불과 몇 시간 만에 쇠줄에 묶여서 갇혀 있을 수밖에 없게 되었다는 것은 곰이나 나 자신에게 매우 유감스러운 일이 아닐 수 없다. 그러나 그것은 곰이의 행태로 보아서 극히 당연한 일이기도 하였다. 곰이는 스스로 자기 자신의 속박을 자초한 셈이다. 만약 이 개가 바람직하게 행동해주었다면, 다시 말해서 다른 집 가축이나 농작물에 피해를 주지 않고 내 지시를 잘 따라주며 산책을 같이 즐길 수 있었다면 반경 2미터의 공간에 다시 갇혀버릴 이유가 없었을 것이다. 그러나 어떻게 한 마리의 개에게 완전한 자유와 책임을 기대할 수 있을 것인가.

나는 곰이가 수선을 떠는 바람에 오늘 하루 이 한적한 마을에서 조금도 심신을 쉴 수가 없었다. 그 개는 나의 외로움을 달래주고 자연의 아름다움을 서로 나눌 수 있는 동반자의 역할을 전혀 해내지 못하였을 뿐 아니라 이곳에서의 생활 리듬을 마구 헤쳐놓고 오히려 폭군으로서 내 위에 군림한 것이다. 그러나 정작 충격적인 것은 그렇게 함으로써 곰이는 나에게 사회철학적 주제에 관하여 오히려 많은 것을 실증적으로 가르쳐주었다는 점이다. 무엇보다도 '사회적 동물'로서의 인간은 본질적으로 동물의 일종이라는 사실을 실감하게 해주었다. 사람들은 곰이처럼 동물적 본능에 따라 행동함으로써 스스로 자유를 포기하고 자기를 노예화한다. 곰이가 염소나 닭들을 업신여기고 농작물을 마구 짓밟듯 다른 사람들을 무시하고 해침으로써 우리들은 스스로 자율성을 헌납하고 있는 것이 아닐까. 그리하여 곰이가 은곡마을을 헤집어놓듯이 우리는 우리의 사회와 자연환경을 황폐하게 만들고 있는지도 모른다.

하루를 온통 곰이에게 바쳤다고 생각하니 아쉬운 느낌이 들었다. 그러나 곰이의 행태를 통하여 인간의 조건에 관하여 많은 것을 배웠다고 생각하니 한편 고마운 마음도 들었다. 나는 묶여 있는 곰이의 슬픈 두 눈을 밤늦게까지 바라보면서 충동과 자율이 어떻게 양립될 수 있는지를 궁리해보았다.

3. 한여름을 산촌에서

나는 그것을 돌려주었다

광활한 바다가 어부들의 어획량만을 위해 존재하는 것이 아니고
아름다운 산천초목이 농부들의 농산물만을 위해 창조된 것이 아니라면,
어떤 의미로든 심미적 가치의 자율성은 존중되어야 한다.

7월 1일

대학에 근무하는 사람이라면 누구나 학기말이 다가올 때 무척 바쁘게 마련이다. 내 경우에도 학기말 시험을 치르고 그것을 채점하며 졸업논문을 지도해야 할 뿐 아니라 학회의 각종 모임도 이즈음에 한꺼번에 몰린다. 더구나 그동안 밀려 있던 논문들도 학기가 지나가기 전에 마무리해야 한다. 정말 눈코 뜰 새 없이 바쁜 나날들이었다. 어떻게 보면 그것은 철학을 하는 일과 아무 상관도 없는 세월들이었다는 생각을 하게 된다. 여하튼 나는 적지(敵地)에서 탈출해 나온 패잔병처럼 단숨에 이곳 산촌으로 달려왔다.

여기서 정작 나를 반갑게 맞이해준 것은 앞마당을 비롯해서 집 주위에 무성하게 자라나 있는 잡초들뿐이었다. 이곳 주민들은 한여름이 잡초와 싸우는 동안 속절없이 지나간다고들 하는데, 나는 이 집을 거의 한 달 가까이 비워두었으니 다니던 길을 알아보기가 어려울 정도로 잡초가 많이 퍼져 있는 것도 결코 무리가 아니다. 짐을 풀기가 무섭게 적군처럼 포위망을 좁혀 온 잡초와 문자 그대로 '전쟁'을 벌였다. 너무 무성하여 미처 접근하기가 어려운 부분은 먼저 괭이로 가지를 쳐낸 다음 낫을 사용할 수밖에 없었다. 아직 낫질이 서툴러서인지 공연히 힘만 많이 들고 별로 능률이 오르지 않았다. 풀숲에 숨어 있던 모기떼들이 달겨들어 팔뚝이며 얼굴, 목 등을 마구 물어뜯어서 작업하기가 더욱 곤란하였다. 개울가에서는 뱀도 조심하지 않으면 안 된다. 습기가 많은 곳에는 미리 백반 가루를 뿌린 다음 접근하였다. 뱀들이 나를 먼저 피해 주기를 바라기 때문이다.

제초작업에서 가장 어려운 점은 잡초밭이 되어버린 화단을 정리하는 일이다. 잡초의 넝쿨을 무차별로 제거하는 것은 오히려 어려운 작업이 아니지만 그 사이로 탐스럽게 피어오른 화초를 상하지 않도록 조심하노라면 시간과 노력이 훨씬 더 많이 소모되게 마련이다. 온갖 역경을 딛고 내가 올 때까지 기다려준 야생란이며 분꽃, 봉숭아, 해바라기, 옥잠화들이 무척 대견스럽게 여겨졌다. 이렇게 해서 거의 해가 기울 무렵에야 겨우 집 꼴을 다시 찾게 되었다.

땅거미가 짙어지자 땀과 먼지로 뒤범벅이 되고 벌레와 풀에 쏘여서 근질근질한 온몸에 시원한 샘물을 끼얹은 다음 저녁 준비를 하며 모기를 쫓기 위해 마당에다 모닥불을 피웠다. 이윽고 무럭무럭 피어오르는 연기를 바라보면서 나른한 몸을 마루에 눕힌 채 한동안 잡초에 관한 상념에 젖었다. 잡초란 무엇인가. 물론 거기에는 식물학적인 답변이 있을 것이다. 가령 무슨 과에 속하는 식물로서 번식력이 강하고 특히 습기가 많은 곳에서 잘 자란다는 등의 설명 말이다. 그러나 내가 알고 싶은 것은 그러한 종류의 답변이 아니다. '잡초'라는 어휘로써 우리가 일반적으로 말하고자 하는 것은 무엇인가. 왜 우리는 잡초를 항상 나쁜 것으로 여기고, 그렇기 때문에 그것은 반드시 제거되어야 하는 그 무엇이라고 생각하는가.

나는 여기 저기에 수북하게 쌓인 잡초 무더기를 바라보며 그것은 단순히 잡초이기 때문이 아니라 '잡초'라는 의미가 지니는 여러 가지 부정적인 측면 때문에 더욱 푸대접을 받는 것이 아닌가 하는 생각을 해보았다. 우선 잡초는 어디에서나 잘 번식한다는 특징이 있다. 그러나 그 자체로서는 나쁜 것도 아니고 좋은 것도 아니다. 어떤 것이 잘 번식한다고 해서 왜 반드시 나쁘다고 여겨야 하는가. 만약 잡초가 나쁜 뜻을 지닌다면 아마 그것이 너무 퍼져서 다른 식물들을 못 자라게 할 뿐 아니라 사람들에게도 불편을 끼치기 때문일 것이다. 그리고 그 '다른' 식풀이라는 것이 결국은 사람들에게 어떤 의미로는 이득을 가져다 주기 때문에 마침내 잡초는 '나쁜' 풀로 간주되기에 이르렀으리라. 이것이 사실이라면 잡초가 나쁜 풀이라는 생각은 오로지 인간과의 관계를 통해서만 의미를 지니는 셈이다. 스피노자(B. Spinoza)가 "자연 상태에서는 일반적 동의에 의해 선이나 악이라고 부를 수 있는 것은 존재할 수 없다"고 말한 것은 바로 잡초에도 적용될 수 있지 않을까. 그는 또 이렇게 말한다.

선과 악이라는 말은 그 자체에 있어서 고찰된 아무것도 적극적으로 지칭하지 않는다. …왜냐하면 동일한 사물이 동시에 선이 되고 악도 되며, 선도 악도 아닌 것이 될 수도 있다. 예를 들어, 음악은 우울증에는 선이 되고 애도자에게는 악이 되며 죽은 사람에게는 선도 악도 아니다.

사실 잡초가 그 자체로서 나쁜 것이 아니라면 마치 적군을 몰살시키듯이 제초제를 뿌리며 근원적으로 제거하려고 애쓸 필요는 없을 것이다. 다른 식물들이 자라는 데 방해가 되지 않을 정도로 가꾸어주고 사람들이 생활하는 데 불편하지 않을 정도로 다듬으면 충분할 것이기 때문이다. 그리고 이러한 제초의 원리를 교육의 이념에 적용해보면 많은 도움을 얻으리라고 생각된다.

우리는 흔히 바람직한 삶과 이상적인 인간형을 염두에 두고 교육이 어떤 방향으로 전개되어야 하는지를 궁리한다. 그러나 그러한 것을 지향한다는 것은 매우 어려운 일일 뿐만 아니라 실제로 그것이 무엇인지 가늠하기도 좀처럼 쉬운 일이 아니다. 특히 오늘날과 같이 교육이 많은 문제점을 노출하고 있는 이유도 바로 여기에 있을 것이다. 그렇다면 구체화하기도 어렵고 또 실현할 수도 없는 이상을 너무 의식하고 완벽주의로 나갈 것이 아니라 제초작업을 하듯 남을 해롭게 하는 인간이 되지 않도록 유도하기만 하면 되지 않을까. 다시 말해서 아직 자라나고 있는 청소년을 부모나 스승의 마음에 들도록 인위적으로 다듬으려 하지 말고 사회에 해독을 끼치지 않는 범위 안에서 한껏 이상을 펴고 자기를 실현하도록 돕는 것이 더욱 바람직하지 않을까. 나는 밤이 깊도록 계속 모닥불을 지피며 잡초의 존재가 우리의 삶과 교육에 함축하는 의미가 무엇인지 가늠하려고 애썼다.

7월 4일

오늘은 개울가의 60평 남짓한 밭에 고구마를 심는 일로 하루가 지나갔다. 나는 지난 몇 년 동안 이 밭에서는 누구의 도움도 빌리지 않고 나 자신의 힘으로만 농사짓기를 고집해왔다. 무엇보다도 나는 어떤 식물이 한 알의 씨앗으로부터 어떠한 과정을 거쳐 성장하며 마침내 성숙한 열매를 맺는지 관찰하고 또 그 성장을 힘이 자라는 한 도와주고 싶었다. 그리하여 밭고랑을 직접 파서 일구고 틈틈이 김을 매는가 하면 폭우가 쏟아진 다음에 쓰러진 것을 일으켜 세우고 가뭄에는 물을 길어다 부어주기도 했다. 그러나 이 모든 의욕과 노력은 결국 매년 수포로 돌아가고 말았다. 그것은 물론 내가 농사의 전문가가 아니기 때문이기도 하지만 현실적으로 농사일에만 전념할 수 없는 입장 때문이다. 보통 한 달에 한 번, 아주 빨라야 2주에 한 번 정도 이곳에 올 수가 있고, 그것도 책을 읽고 글을 쓰는 동안 틈을 내어 밭일을 보니까 뜻대로 될 리가 없다. 가령 작년에는 참외와 수박, 오이 등을 심었으나 비료도 못 주고 잡

온갖 역경을 딛고 내가 올 때까지 기다려준 야생란이며
분꽃, 봉숭아, 해바라기, 옥잠화들이 대견스럽게 여겨졌다.

초도 뽑아주지 못하였기 때문에 거두어들인 것이 거의 없었다. 이곳 주민들의 충고에 따라 고구마를 심게 된 것도 바로 그러한 사정 때문이었다. 시기를 놓쳐서 다른 것을 심을 수도 없거니와 고구마는 자주 돌보지 않아도 비교적 잘 번식하여 수확량이 높다는 것이었다.

나는 될 수 있는 대로 밭고랑을 깊게 파고 고구마 순을 촘촘히 심었다. 10월 중순께에는 팔뚝만한 고구마를 광주리에 가득 담아서 친척이며 친지들에게 나누어줄 것을 상상하니 공연히 신바람이 나서 힘든 줄도 몰랐다. 날이 몹시 가물었으므로 흠뻑 물을 주다가 보니 벌써 하루해가 저물고 말았다.

저녁에는 월간 《신동아》에서 청탁한 서평을 겨우 마무리할 수가 있었다. 그것은 서울대학교 철학과의 차인석 교수가 최근에 펴낸 《사회의 철학》을 검토하는 것으로서, 여러 군데 생소한 주제가 다루어져 있었으므로 이곳에 온 후 상당한 시간을 할애하여 나로서는 아주 신중하게 이 작업을 해왔다. 고심 끝에 마무리를 지으니 매우 홀가분해졌다. 더구나 이 책의 주제가 노동의 철학적 분석에 관한 것이므로 이곳에 와서 읽으니 더욱 실감이 난다. 오늘은 노동을 이론화하고 또 그 이론을 실천에 옮긴 셈이다.

7월 9일

어제 마무리한 서평을 《신동아》에 부치기 위해 오래간만에 읍에 나가보았다. 집의 일이 궁금하여 전화를 해보았는데, 별일이 없으니 안심하라는 것이 아내의 답변이었다. 맏이가 지금 대학 입시 준비에 한참 정신이 없을 터이니 그것 자체가 '별일'이 아닐 수 없으므로 나는 아버지로서의 소임을 다하지 못하는 것이 미안할 뿐이었다. 그러나 지금 단계에서는 수험생인 맏이를 위해서 내가 특별히 해야 할 일은 없다는 것이 아내의 말이었다. 아마 내가 항상 곁에서 관심을 쏟고 참견을 하면 오히려 강박관념이 생겨서 방해가 될 수도 있다는 뜻일까? 그러나 웬일인지 나는 그 말을 액면 그대로 받아들일 수가 없다. 이곳에 이렇게 오랫동안 혼자 와 있는 것이 아무래도 떳떳하지는 못하다. 타이티 섬으로 떠난 고갱은 어떠한 심정이었을까.

읍에서 돌아와서는 최씨의 가축 돌보는 일을 도왔다. 주로 소죽을 마련하는 일인데, 나는 서투르나마 그동안 쌓아둔 볏짚을 지게로 잔뜩 져다가 축사로 날랐다. 날씨가 무척 더웠으므로 체면을 차릴 겨를도 없이 옷을 활활 벗어젖히고 지게질을 할 수밖에 없었다. 어떤 의미로도 오늘 나는 한 사람의 '선비'가 아니었다. 폭염 속에서는 정신력이 저하되고 사고와 판단의 기능이 제 구실을 하지 못하므로 윤리적 기준도 어느 정도 낮아져야 할지 모른다는 생각을 해본다.

오늘 아침에 집에 전화를 했기 때문인지 저녁에는 식구들이 몹시 그립고 적막감이 그 어느 때보다도 강하게 엄습해왔다. 무더위와 모기떼들의 지속적인 공격도 나의 쓸쓸함을 해소하는 데 도움이 되지 못하였다. 나에게는 그리움이 필요하고 그리하여 누구인가를 구체적으로 그리워하기 위해서 이곳에 오는지도 모른다. 아내나 아이들뿐만 아니라 친구들과 학생들, 아니 나를 아는 모든 사람들을 그리워하기 위해서 나는 이 산골 마을에 파묻혀 있는지도 모르는 것이다.

이 산골 마을의 순박한 주민들도 해가 바뀔수록
눈에 띄게 상업주의에 물들어가고 있으며
수단과 방법을 가리지 않고 수확의 양을 증진시키기에만
여념이 없는 태도가 요즈음 아주 뚜렷해졌다.

7월 11일

　오늘은 이 마을 노인들이 이른바 '경로여행'을 가는 날이다. 버스를 한 대 대절하여 아산만을 거쳐서 온양이며 수덕사 등지를 돌아 올 계획이다. 나도 무엇인가 돕기 위하여 아침 일찍부터 짐을 나르고 관광 버스가 대기하고 있는 곳까지 은곡 사람들을 내 승용차로 태워다 주기도 하였다. 차가 떠나기 직전 책임을 맡은 노인에게 보조비 얼마를 쥐어주고 무사히 다녀오기를 기원하였다. 차창 밖으로 손을 내젓는 노인들 가운데서 나는 무의식적으로, 그러나 황급히 부모님의 모습을 찾고 있었다. 아직 철이 들기도 전에 여읜 그 분들의 모습을……

8월 9일

　어제는 밤늦게까지 이 달 19일과 20일에 개최될 국제 철학학술대회에 발표할 논문을 손질하느라고 밤잠을 설쳤다. 아침에 늦잠을 자고 일어나니 머리가 무거웠다. 나는 햄과 우유로 간단히 아침식사를 마친 다음 차로 약 20분 거리에 있는 바닷가로 갔다. '성구미'라고 불리는 이 작은 어촌은 서해안 고속도로가 완성되면 어로작업이 불가능해져 사실상 폐쇄될 운명에 놓여 있다고 한다. 이곳에 자주 올 시간은 없으나 은곡에서 아주 가까운 거리에 바닷가가 있다는 것은 다행스러운 일이므로 그 기능이 마비되지 않기를 바랄 뿐이다.

　나는 조금씩 내리는 안개비를 맞으며 바닷가를 따라 천천히 걸었다. 여전히 열흘 후에 발표할 논문의 주요 논변에 관해서 고심할 수밖에 없었다. 그것은 우리 나라에서 최초로 거행된 본격적인 철학학술회의로서 '인류 번영에로의 길 : 철학적 조망'이라는 주제로 네 분과로 나뉘어서 20여 개 나라에서 온 철학자들이 집중적인 토의를 벌이도록 되어 있다. 나는 '문화, 예술 및 이데올로기'를 주제로 하는 제3분과에서 〈현대적 상황에 있어서 삶의 심미적 측면〉이라는 논문을 발표하도록 예정되어 있다. 이 논문에서 나는 현대를 자본주의적 상업주의, 개인주의적 자유주의 및 기술주의적 과학주의로 규정짓고 이러한 시대적 특징은 우리를 비인간화와 자아의 상실의 상태로 몰아가는데, 그 이유는 주로 과학주의로 대표되는 인식적 가치가 공리주의적 사고와 결탁하여 가치의 불균형을 초래한 데서 찾을 수 있다고 주장하였다. 그러므로 사물이나 인간을 이해관계를 통한 유용성 위주로 평가할 것이 아니라 칸트가 지적했듯이 무관심성과 가상성을 강조하는 심미적 관점에서 바라볼 때 가치의 균형을 회복할 수 있음은 물론 현대인이 또 하나의 '암흑시대'로부터 헤어날 수도 있다는 결론에 도달한 것이다.

  사실 이러한 견해는 아주 오래 전부터 가지고 있었으나 이곳 은곡에 와서 더욱 확신을 갖게 되었다. 이 산골 마을의 순박한 주민들도 해가 바뀔수록 눈에 띄게 상업주의에 물들어가고 있으며 수단과 방법을 가리지 않고 수확의 양을 증진시키기에만 여념이 없는 태도가 요즈음 아주 뚜렷해졌다. 아름다운 산촌에서 살아가는 자신들의 특권을 잊은 채 농부로서의 자긍심을 저버리는 경향이 나타나고 있는 것이다. 그러나 이것은 현상을 있는 그대로 파악하는 태도가 아니며 자기의 삶을 극대화하는 자세도 아니다. 주민들과 어울릴 기회가 있을 때마다 인생에는 돈이나 재산보다 더 가치 있는 것이 얼마든지 있다는 것을 역설하였으나 별로 설득력이 없는 것 같았다. 여하튼 이번에 발표할 논문의 요지는 이 산골 마을에서 구체화되었고 그 결론은 농민들과의 대화를 통해서 더욱 확고해진 것이다.

나는 점심 때가 훨씬 지나서 산골 마을로 다시 돌아왔는데, 줄곧 내 머리를 꽉 채운 것은 심미적 가치의 자율성에 관한 것이었다. 그 광활한 바다가 어부들의 어획량만을 위해 존재하는 것이 아니고 그 아름다운 산천초목이 농부들의 농산물만을 위해 창조된 것이 아니라면 어떤 의미로든 심미적 가치의 자율성은 인정되고 또 존중되어야 한다는 생각이었다.

오늘 밤에는 아주 짙은 안개가 이 산골 마을 구석구석에 깔렸다. 때마침 중천에 솟아오른 달이 거의 만월에 가까워서 안개 속에 파묻힌 산촌의 풍치를 더욱 신비스럽게 비춰준다. 저녁에 최씨네서 대접한 찹쌀막걸리를 몇 잔 마셨기 때문인지 눈앞에 펼쳐진 경경이 도무지 실재하는 것으로 느껴지지 않는다. 이 산촌이 지니고 있는 본래의 모습은 어떤 것일까. 아니 그러한 것이 있을까. 그것을 지각하는 사람들과의 관계를 넘어선 객관적이고도 원초적인 이 산촌의 모습이 있을 수 있단 말인가. "존재한다는 것은 지각된다는 뜻이다"라고 주장한 버클리(G. Berkeley)의 말이 그 어느 때보다도 실감나는 밤이다. 여하튼 안개는 평상시에도 '관념적'이라는 말을 자주 듣는 나를 오늘 밤 더욱 관념적인 분위기에 젖도록 해주었다. 안개 속에 파묻혀서 모든 것이 희미해졌을 때 나는 그 실재성을 더욱더 실감할 수 있기 때문이다. 사물들이, 아니 존재하는 것은 모두 감각기관으로부터 차단되었을 때 비로소 그 본래의 모습을 드러내는 것인지도 모른다.

8월 30일

오늘 이곳 산골 마을을 향해 달려오는 나의 발걸음은 유난히 무거웠고 내 마음은 그 어느 때보다도 착잡하였다. 그동안 나는 틈만 나면 이곳으로 달려왔지만 단 한 번도 무슨 일이 생겨서 불가피하게 온 적은 없었다. 그러나 이번에는 사정이 달랐다. 집에 도둑이 들었으니 급히 오라는 연락을 받은 지 거의 일주일이 지나서야 겨우 올 수 있었다. 사실 그 소식을 듣는 순간 나는 모든 일을 제쳐놓고 이곳으로 달려오고 싶은 충동을 느꼈으나, 오히려 그렇기 때문에 너무 서둘러서는 안 되는 이유가 있었다. 그것은 어느 정도 예상하기는 하였으나 너무도 충격적인 사건이었으므로 나는 먼저 그 충격을 가라앉히지 않으면 안 되었던 것이다.

실제로 도둑이 든 것은 정확하게 열흘 전이었다고 생각된다. 그때 즉시 연락을 받았기 때문에 아내는 이미 알고 있었으나 내가 국제철학자회의에 참여하여 논문을 발표하도록 예정되어 있었으므로 충격을 받지 않도록 전해주지 않았던 것이다. 그 사실을 안 다음에도 애써 내색을 하지 않으려고 노력하였으나 소용없는 일이었다. 눈만 감으면 이 낡은 흙집이 아른거리며 떠올랐고 책을 볼 때나 다른 사람과 대화를 나눌 때도 느닷없이 머릿속에 나타나서 관심을 집중시킬 수가 없었다. 그것은 멀리 고향에 두고 온 연인이 수난을 당했을 때처럼 고통스럽고 안타까운 일이었다. 어쩌면 그것은 적군에게 성전(聖殿)이 약탈당했을 때와 같이 수치스럽고 분통 터지는 일처럼 느껴지기도 하였다.

그러나 정작 이곳에 와보니 생각했던 것보다 심각한 일은 아니었다. 물론 이른바 비행 청소년 두세 명 정도가 이 집에 들어왔던 것은 사실이다. 최씨 부인이 그것을 목격했고 소리를 질러서 그들은 타고 온 오토바이마저 버려둔 채로 뒷산으로 달아났던 것이다. 내가 문을 열고 들어와 보니 물건이 조금 흐트러져 있었고 라면을 꺼내 끓여먹다가 남겨

안개는 평상시에도 '관념적'이라는 말을 자주 듣는 나를
오늘 밤 더욱 관념적인 분위기에 젖도록 해주었다.

둔 흔적이 있는 정도였다. 이부자리며 옷가지도 그대로 있었고 책들과 헌 가구들도 전혀 손을 댄 흔적이 없었다. 뒷산 언덕 곁에 설치해둔 작은 텐트, 그리고 목검과 죽도도 제자리에 가지런히 놓여 있었다. 만약 지난번 서울로 돌아갈 때 깜박 잊고 아랫방에 놓아두었던 휴대용 녹음기조차 손을 대지 않았다면 그들을 구태여 '도둑'이라고 부를 이유도 없었을 것이다. 내가 이 집을 드나들듯 낯선 손님이 잠깐 쉬었다가 간 정도로 이해할 수도 있었으리라.

그러나 웬일인지 나는 마음을 진정시킬 수가 없었다. 아버지의 고향이며 내 진지한 사색의 보금자리이기도 한 이 신성한 장소에 어떻게 감히 잡인들이 함부로 침투할 수 있단 말인가. 나는 기필코 그 범인들을 색출하여 엄중히 다스리지 않으면 안 되겠다고 결심하였다. 그러나 한편 생각해보면 나에게도 책임이 전혀 없다고 말할 수 없다. 이렇게 외딴 장소에 집을 거의 한 달씩이나 비워두니 그것은 도둑을 불러들인 것이나 마찬가지가 아닌가. 더구나 요즈음 청소년들의 비행이 전국적으로 만연되고 있는데 읍에서 도보로 한 시간 정도의 거리에 있는 이 마을이 안전하기를 바라는 것은 차라리 공상에 가깝다. 여하튼 그들은 왜 이 집에 들어온 것일까. 무엇을 훔치러 온 것일까, 아니면 그냥 호기심 때문에 들어와본 것일까. 앞으로도 계속 들어올 것인가. 오늘 밤에라도 다시 들어온다면 어떻게 할 것인가. 혹시 위험한 사람이거나 정신 이상자들은 아닐까.

나는 저녁 늦게까지 집안을 치우고 정리하면서 착잡한 마음을 가눌 길이 없었다. 잠자리에 들어서도 좀처럼 잠을 이룰 수가 없었다. 어느새 나는 저 노예 출신의 철학자인 로마의 에픽테투스를 떠올리고 있었다. 그는 이렇게 말했던 것이다.

어떤 것에 관하여 결코 "나는 그것을 잃어버렸다"고 말하지 말고 "나는 그것을 돌려주었다"고 말하라. 그대의 아이가 죽었는가? 그 아이는 반환된 것이다. 그대는 재산을 상실했는가? 이 재산 또한 반환된 것이 아닌가? 그러나 그대는 "나에게서 그것을 빼앗은 자는 사악하다"고 말한다. 그러나 준 사람이 그것을 돌려달라고 요구하는 것이 그대에게 어째서 문제가 되는가? 그 사람이 그것을 그대에게 준 동안에는 그것을 돌보되 그대 자신의 것으로 여기지 말라. 마치 나그네가 주막집을 다루듯이 그것을 다루어라.

그래도 여전히 나는 마음의 평정을 찾을 수가 없었다. 물론 나는 이 흙집을 나 자신의 것으로 여기지는 않는다. 될 수 있으면 많은 사람들이 의미 있게 이 집을 이용해주기 바란다. 그리고 마침내 나는 이것을 누구에게든지 돌려주게 될 것이다. 저승으로까지 가지고 갈 도리는 없을 터이니까. 그때까지 내가 철학하기에 필요한 최소한의 자율성을 침해하지 말아주었으면 하는 작은 소망이 있을 뿐이다.

4. 우수와 결실의 계절

관념론자의 귀향

한 잎의 낙엽이 뒹굴기 위해서
온 우주가 그토록 오랫동안 존재할 수 밖에 없었는가.
나에게는 아직 계절의 변화를,
아니 마구 뒹구는 낙엽의 존재 이유를 철학화할 방도가 없다.

9월 9일

내일부터 추석 연휴가 시작되고 오늘 수업이 없기 때문에 아침 일찍 출발하여 이곳 산촌에 도착하였다. 혼잡을 피하기 위하여 지난 주일에 성묘를 했으므로 추석을 여기서 지낼 수가 있게 된 것이다. 사실 추석날 아침 차례를 선친의 고향인 여기서 모시고 싶어서 미리 용미리의 묘소도 다녀왔고 서둘러서 다른 일도 정리해놓았다. 오래 전부터 여기서 부모님의 영혼을 모셔보고 싶었는데 그 간절한 소망을 이번에 풀게 된 셈이다.

그러나 이 산촌에 땅거미가 짙어지고 만월에 가까운 둥근 달이 탐스럽게 그 모습을 드러내자 착잡한 생각이 들고 점차 깊이 묻어두었던 적막감이 스며들기 시작하였다. 원래 사람들은 고향을 떠나 있다가도 명절이 되면 돌아가서 가족과 함께 지내게 마련인데 나는 지금 여기서 혼자 무엇을 하겠다는 것인가. 물론 연휴인데다 가족들의 양해를 얻었고 이곳에서 마무리해야 할 논문도 가지고 왔기 때문에 내가 아주 터무니없는 짓을 하고 있는 것은 아니다. 더구나 여기가 선친의 고향이니 이번에야말로 진정한 의미로 명절을 맞이하게 된 것이 아닌가. 그러나 아무래도 나는 나 자신을 정당화하기가 어렵다. 태어나서 자란 고장과 가정을 떠나 고향에 와서 혼자 명절을 지내고 있다니. 그럴 듯한 이유를 찾을 수는 있으나 착잡한 마음을 좀처럼 가라앉힐 도리가 없는 것이다.

저녁식사를 간단히 마치고 청명한 달빛을 받으며 산책길에 나섰다. 이제는 아무 쓸모도 없어 보이는 텅 빈 원두막 옆을 지날 때 문득 걸음을 멈추었다. 바위 틈새로 졸졸 흐르는 물 소리와 소나무 가지를 가볍게 흔드는 바람 소리가 달빛과 어우러져서 한 편의 서정시를 엮어내고 있었다. 아마 고산(孤山) 윤선도(尹善道)의 〈오우가(五友歌)〉는 이러한 순간의 감흥을 노래한 것인지도 모른다.

내 벗이 몇이냐 하니 수석에 송죽이라
동천에 달뜨니 거 아니 기쁘고야
아 두어라 이 다섯밖에 또 더하여 뭘하리.

오늘 밤에는 이 유명한 시조가 한 선비의 절절한 외로움을 달래려는 절규로 이해되었다. 그래서인지 이 한적한 산촌이 굽이굽이 한이 서려 있는 유배지로만 느껴졌다. 어쩌면 나는 세속으로부터 이곳으로 유배를 자청하고 있는지도 모른다.

9월 11일

오늘은 이곳에서 첫번째로 맞이하는 추석날이다. 나는 아침에 일찍 일어나서 차례를 준비하느라고 무척 바빴다. 혼자서 차례를 준비하기는 정말 오래간만이다. 유학시절에는 무국 재료를 구하느라고 교민들의 상점을 찾아 다른 도시로까지 달려간 적도 있었다. 종교적 예식에는 정성과 정결밖에 더 중요한 것이 없다는 것을 실감하던 시절이었다. 이제 그러한 재료는 모두 이곳에 있고 더구나 그것은 바로 조상의 고향땅에서 나온 과일과 곡물들이다. 얼마나 의미 있고 보람 있는 행사인가.

나는 낡은 병풍을 치고 그 가운데 지방을 붙인 후 집에서 가지고 온 음식과 어제 당진읍에서 마련해 온 것들을 나란히 배열한 다음 향불을 켜고 술을 따라 올렸다. 돌아가신 지 46년 만에, 그리고 고향을 등진 지 거의 100년이 지나서 영혼으로나마 이곳에 다시 선친을 모셨다고 생각하니 술을 따라 올릴 때마다 걷잡을 수 없이 눈물이 솟구쳤다.
 이윽고 차례를 끝내고 지방을 태운 다음 음복주를 마시자 마침내 조상님께 고향을 찾아드렸다는 생각이 들어 허탈감이 스며들었다. 만약 부모님의 영혼이 정말 이곳에 와 계시다면 지금 어떠한 심정이실까. 과연 영혼은 불멸하는 것일까. 도대체 그것은 무슨 뜻일까. 나는 영혼이 불멸한다는 철학적 논증들이 타당하다고 생각하지는 않지만 그러나 그것을 부정할 도리는 없다. 실제로 나는 영혼의 불멸을 전제로 해서 제사도 올리고 차례도 지내는 것이 아닌가. 철학적 논증은 종교적 신앙의 형성과 어떤 관계에 있는가. 오래 전에 돌아가신 부모님에 대한 나의 생각과 태도는 어떤 성격을 띠는 것일까. 그것은 윤리적인 것인가, 심리적인가. 혹은 종교적인 것인가, 아니면 이것들의 복합적인 형태인가. 나는 이러한 문제들과 씨름하는 동안 이생강의 대금 독주와 신쾌동의 거문고 산조, 그리고 농악을 번갈아 들었다. 오늘만이라도 진정한 의미의 '한국인'이 되고 싶었기 때문이다. 이 땅에 한국인이 존재하지 않는다면 어떻게 한국 철학의 출현이 가능할 것인가.
 오후에는 이 한적한 마을이 순식간에 관광지처럼 붐비고 10여 대의 자동차가 몰려들어 큰 혼잡을 이루었다. 뒷산에 여기 저기 흩어져 있는 산소의 임자들이 한꺼번에 성묘하러 몰려들었기 때문이었다. 이러한 현상은 이 마을이 생긴 이래 처음 있는 일로 최씨의 설명에 의하면 "웬만한 사람들이 모두 차를 한 대씩 샀기 때문"이라는 것이다. 우리 집 마당까지도 비집고 들어갈 틈이 없을 정도로 여러 대의 차가 잔뜩 밀려 들어와 있었다. 주차할 장소가 충분하지 않으니 이해할 수 있지만 남의 집 마당에 차를 세우면서도 양해를 구하지 않는 것은 매우 유감스러운 일이었다.

돌아가신 지 46년 만에, 그리고 고향을 등진 지 거의 100년이 지나서 영혼으로나마 이곳에 다시 선친을 모셨다고 생각하니 술을 따라 올릴 때마다 걷잡을 수 없이 눈물이 솟구쳤다.

문명의 이기(利器)를 제대로 사용하려면 그 수준에 맞는 인격과 도덕력을 필요로 한다는 생각을 해보았다. 명검(名劍)을 지니려면 그 이름에 합당한 검술과 법도를 갖추어야 하는 이유와 같다.

  자동차 엔진 소리와 낯선 사람들의 왁자지껄한 소음 때문에 농악 연주조차 제대로 감상할 수 없어 울적한 시간을 보내고 있는데 최씨가 저녁 초대를 해주었다. 제대로 차린 시골 음식의 푸짐한 잔치상을 대하니 농촌에서의 명절을 비로소 실감할 수 있었다. 나는 허기진 사람처럼 음식을 이것 저것 마구 집어먹고 영혼의 갈증을 해소하려는 듯 동동주를 권하는 대로 모두 마셨다. 확실히 술은, 고향도 아니고 그렇다고 해서 타향도 아닌 이상 야릇한 이 산촌에서 홀로 명절을 보내는 나의 외로움을 상당히 덜어주었다.

  사실 설날이나 추석과 같은 큰 명절을 기다리는 것은 오랫동안 가보지 못했던 고향에 가서 부모님을 뵙고 또 옛날 친구들도 만나보는 기쁨을 맛보기 위해서일 것이다. 그러므로 무엇보다 명절이란 가족은 물론 그리운 사람들과의 상봉을 의미한다. 그러나 나는 가족과 친지들을 두고 홀로 이곳에 와 있으니 어처구니없는 일이다. 이 동리에서 나를 측은하게 혹은 의아하게 보는 이유를 이제야 겨우 이해할 것 같다. 아버님과의 연고를 강조하여 그 의미를 찾으려고 애쓰지만 실제로 먼 친척 한 사람 만나본 적이 없고 산소조차 이곳에 모시지 못한 처지이니 변명할 여지가 없다. 아무리 소문난 '관념론자'라도 이번에 이곳에 와서 명절을 돌아가신 부모님과 함께 지내려고 한 데에는 분명히 무리가 있지 않았는가.

  밤에는 너무 음식을 배불리 먹고 과음을 한 탓인지 좀처럼 잠을 이루지 못하였다. 더구나 아랫배가 살살 아프고 두통이 일기 시작하여 산책할 마음도 생기지 않았다. 날이 흐려서 기대했던 추석날의 보름달도 볼 수가 없었고, 그래서인지 텅 빈 가슴을 먹구름으로 가득 메우려는 듯 짙은 우수가 물밀듯 엄습해왔다.

9월 12일

아침에 일어나니 여전히 두통이 심하고 미열도 있는 것 같았다. 어제 과음과 과식으로 몸에 무리가 간 모양이다. 아무리 선친의 고향에서 처음으로 추석을 맞이했다고 해도 젊지도 않은 나이에 몸을 제대로 돌보지 않은 것은 분명히 바람직하지 않은 일이다. 그러나 나는 어제 얼음처럼 차디찬 이성을 가지고 명절을 보낼 수가 없었다. 그렇게 하기에 나는 너무 들떠 있었고 쓸쓸했으며 회한에 젖어 있었다. 더구나 초가을의 적막감이 나를 무척 괴롭혔고 가족을 두고 온 자책감마저 무겁게 나의 가슴을 짓누르지 않았는가. 결국 나는 푸짐한 추석 음식과 정성껏 담은 동동주, 그리고 아직 구석구석에 살아 있는 시골의 인심에 압도당할 수밖에 없었던 것이다. 흄(David Hume)은 "이성은 감정의 노예일 뿐"이라고 말한 적이 있다. 어제 나는 그 말이 진리임을 입증해 보인 셈이었다.

오후 늦게부터 정신이 맑아지고 어느 정도 두통이 가라앉았으므로 10월 초에 모스크바에서 발표할 논문을 손질하기 시작하였다. 사실 이 논문을 마무리하는 것이 이번 추석 연휴기간에 이곳에 온 가장 중요한 이유라고 할 수도 있다. 만약 그렇지 않다면 추석을 위해서 거의 일주일 동안 이곳에 머물러 있을 필요는 없을 것이기 때문이다. 그러나 그동안 차례를 준비하고 그 의미를 음미하는 데 너무 많은 시간과 정력을 소모한 것도 부정할 수 없는 사실이다.

 이번에 발표할 논문의 제목을 나는 '현대적 상황에서의 윤리적 자아의 인식'으로 정하였다. 현대의 윤리적 상황이 고대 아테네의 경우와 매우 흡사함을 지적하고 소크라테스가 그 당시에 절규했던 "너 자신을 알라(Gnothi Seauton)"는 말의 의미를 분석한 다음 그 중요성을 강조하려는 것이다. 나는 이 두 시대에 있어서 가치의 상대주의와 무분별한 신비주의 혹은 종교적 독단 사이를 배회하는 인간들의 정신상태가 매우 흡사함을 역설하고자 노력하였으며 이러한 난관을 극복하기 위해서는 무엇보다도 논리적 분석과 직관적 통찰을 통하여 합리성을 회복하지 않으면 안 된다는 주장을 펴려고 하였다. 그리고는 구체적인 방안으로 소크라테스적 자아의 인식을 분석하고 음미하며 또 실천에 옮기는 것이 무엇보다 중요함을 보이고자 하는 것이다. 이러한 자아를 욕구와 능력과 당위라는 세 개념으로 분석하였는데, 이것은 오래 전부터 생각해온 것이지만 아무래도 이 개념들 사이의 논리적 관계가 분명치 않아서 논문을 아직 마무리하지 못하고 있는 실정이다.

 물론 윤리적 자아개념을 욕구와 능력과 당위의 유기적 복합체로 해석하면 "나는 누구인가"라는 소크라테스적 질문은 훨씬 더 명료해지고 이해하기도 쉬워진다. 내가 원하는 것은 무엇이고 나는 그것을 해낼 수 있으며, 해야 하는지 혹은 해도 되는지를 묻는 질문으로 해석되며 여기에 답변을 마련하는 것이 곧 자아의 인식이 되기 때문이다. 그러나 사회적 혹은 윤리적 차원에서의 자아가 바로 이 세 개념으로만 형성된 것인지, 그리고 그 개념들 사이의 상호관계, 즉 욕구와 능력, 능력과 당위, 당위와 욕구가 서로 어떻게 연관되어 있는 것인지를 규명하는 것은 좀처럼 쉬운 일이 아니다. 이것이 제대로 설명되어야 논문 전체의 체계가 선명해지고 좀더 설득력을 지닐 수 있을 터인데 말이다.

밤이 깊어지자 다시 두통이 시작되어 작업을 중단하고 나는 산책길에 나섰다. 둥근 달이 높이 치솟아 있겠지만 날씨가 잔뜩 흐려서 그 모습을 볼 수는 없었다. 그러나 그 짙은 구름도 달빛을 완전히 차단할 수가 없는지 산골 마을의 경관이 훤하게 드러나 보였다. 가끔씩 시원한 바람이 한 줄기씩 옷깃을 스쳐가고 여기 저기서 가을을 알리는 풀벌레 소리가 즐겁게 귓가를 맴돌았다. 그리고 그토록 무성하던 잎사귀들이 한 잎 두 잎 떨어져서 발아래 뒹굴고 있었다. 밤사이에 은밀하게 다가오려는 가을의 서글픈 옆모습을 훔쳐보는 느낌이 들었다. 옛날에 어떤 시인이 "낙엽이 하나 떨어지니 온 누리에 가을이 왔음을 알겠노라(一葉落兮 知天下秋)"라고 노래했다는데, 이제 이 산촌에도 어김없이 가을이 찾아오고 있음을 충분히 느낄 수 있다.

참으로 계절의 변화란 무엇인가. 변화가 과연 존재의 본질인가. 아니면 그것은 단순히 주관적 착각의 소산인가. 변화에도 법칙이 있는가. 아니면 그것은 고정된 무엇을 찾으려는 심성의 반영일 뿐인가. 법칙이란 무엇인가. 그것은 사물 안에 존재하는 것인가, 아니면 심리작용의 투사일 뿐인가. 변화의 형태는 인과율적인가, 아니면 변증법적인가. 그 형태가 어떻든 결국 존재하는 것은 모두 어떤 법칙의 지배를 받는 필연적 소산인가. 아니면 무질서한 혼돈의 회오리인가. 여하튼 그 한 잎의 낙엽이 지금 여기 내 발 앞에 뒹굴기 위해서 온 우주가 그토록 숭엄한 모습으로 그토록 오랫동안 존재할 수밖에 없었는가. 나에게는 아직 계절의 변화를, 아니 마구 뒹구는 낙엽 한 잎의 존재 이유를 철학화할 방도가 없는 것이다.

참으로 계절의 변화란 무엇인가. 변화가 과연 존재의 본질인가.
아니면 그것은 단순히 주관적 착각의 소산인가. 변화에도 법칙이 있는가.
아니면 그것은 고정된 무엇을 찾으려는 심성의 반영일 뿐인가…
나에게는 아직 계절의 변화를, 아니 마구 뒹구는 낙엽 한 잎의 존재 이유를
철학화할 방도가 없는 것이다.

10월 15일

지난 10월 2일부터 일주일 동안 모스크바에 다녀온 후로 중간고사가 계속 이어져서 즉시 이곳에 올 수도 있었지만 여러 가지 밀린 일들을 마무리하느라고 오늘에야 비로소 오게 되었다. 이 작은 산골 마을은 나에게 무엇인가. 나는 서울에 있을 때에도 이곳이 그리워서 못 견디어 하는 적이 더러 있지만 특히 이번 러시아를 여행하는 동안에는 마치 연인을 사모하듯 이곳 생각이 간절하였다. 크렘린 궁전 앞에 길게 뻗은 가로수 길을 거닐 때나 레닌의 묘소를 참배할 때에도, 톨스토이의 유품을 보관하고 있는 저택을 방문할 때나 러시아 철학자들과 농촌의 정취를 이야기할 때에도 나는 아프도록 이 산골짜기의 작은 마을이 그리웠다. 웬일이었을까. 아마 이곳에 올 때마다 나는 철저하게 민족주의자가 되기 때문이었는가 보다. 나는 이 농촌에 은거해 있을 때에만 내 조국의 모든 것을 사랑하고, 그렇게 사랑하는 나 자신을 모스크바에서 그토록 그리워했는지도 모른다.

나는 도착하자마자 최씨네 집에 들러서 러시아식 장식이 새겨진 플라스틱 그릇을 선사하였다. 비록 비싼 것은 아닐지라도 이 외딴 산골에서는 희귀한 물건이어서 부부가 함께 고마워하고 먼 나라를 무사히 다녀온 것을 진심으로 반가워했으며 또 다행스럽게 생각하는 것 같았다. 그것은 아랫집 박씨네와 윗집 김씨 할아버지네도 마찬가지였다. 적어도 이것이 그 멀고도 낯선 땅에서 이곳을 그토록 안타깝게 그리워한 이유 중 하나일 것이다.

나는 한 달 동안 비워두었던 집을 대강 정리하고 주위를 산책하며 이곳 저곳을 둘러보았다. 아무것도 변한 것이 없었다. 다만 계절이 변한 것이다. 물론 모스크바는 이미 영하의 초겨울 날씨라 두꺼운 외투를 입고 외출할 수밖에 없었지만 여기는 이제야 늦가을의 정취가 완연히 무르익어 있었다. 은행나무 잎사귀는 다 떨어져서 앞마당에 수북하게 쌓여 있고 뒤뜰에는 감나무, 호도나무, 밤나무, 배나무 잎사귀들이 계속 우수수 흩날려 내리기 때문에 이 쓸쓸한 계절의 서글픔과 외로움을 더해준다.

아! 그러나 가을은 결실의 계절이기도 하다. 최씨는 농사가 잘 안 되었다고 투덜거리기는 하지만 그것은 농부로서의 독특한 어조가 실린 엄살일 뿐이다. 집 둘레를 따라 가득 쌓아두었거나 널어놓은 농산물을 가리킬 때 그는 입가에 맴도는 흐뭇함을 감추지 못한다. 이 진실한 노고의 대가가 제대로 지불될 수 있다면 이 사나이는 더이상 무엇을 바랄 것인가. 이 순박하고 근면한 농부를 진정으로 행복하게 할 수 있는 정치체제나 경제제도는 아직 우리에게 허용될 수 없단 말인가.

최씨는 마침 내일 벼를 벨 계획이라며 이것저것 준비하기에 바빴다. 특히 앞마당 주위에 펼쳐 있는 논에는 지난 봄에 내가 모판 작업을 거들었던 벼들이 무르익어 있기 때문에 그것을 베어낼 생각을 하니 가벼운 흥분마저 느껴졌다. 내가 두 주일 전에 모스크바에서 발표한 논문이 '글 농사'의 결실이었다면 내일의 작업은 '벼 농사'의 결실을 거두는 셈이다. 최씨는 자주 한석봉(韓石峰)의 어머니처럼 자기의 벼 농사와 나의 글 농사를 비교하곤 했는데, 그럴 때마다 무슨 농사에 종사하는지도 중요하지만 각기 자기의 농사를 얼마나 더 잘 지을 수 있느냐도 매우 중요한 것이라는 점을 서로 다짐했던 것이다. 나는 내일의 작업을 위해서 일찍 잠자리에 들었다. 잠들기 전에 아리스토텔레스의 덕론(德論)에 대해서 생각해보았다.

아리스토텔레스에 의하면 바람직한 삶이란 자기가 지니고 있는 기능

(aretē)을 제대로 혹은 탁월하게(aretē) 수행함으로써 이루어질 수 있는 것이므로 그것을 그는 넓은 의미로 덕(aretē)이라고 부른다. 여기서 기능과 탁월성, 그리고 덕을 표현하는 그리스어가 서로 같다는 사실은 매우 흥미로운 점이다. 따라서 인간이 궁극적으로 추구하는 목표는 이 탁월한 기능에 일치하는 정신적 활동, 즉 행복(eudaimonia) 혹은 순기능이라는 결론에 이르게 된다. 만약 이것이 사실이라면 인간의 행복은 자기에게 주어진 상황에서 최선을 다하는 데 있다고 해도 좋을 것이다. 그러므로 이 무르익은 늦가을에 최씨와 나의 경우 누가 더 행복한 사람인지는 그의 벼 농사와 나의 글 농사 중에 어느 것이 더 잘되었는지에 따라 측정될 수 있게 된다. 나는 그것을 객관적으로 측정할 척도가 있는지에 관해서 고심하다가 자정이 넘어서야 잠이 들었다.

10월 16일

날씨가 무척 청명하고 상쾌하였으므로 벼베기에는 안성맞춤이었다. 나는 아침 일찍 일어나 샘터에서 찬물을 한 사발 마시고 언덕에 있는 검도 수련장으로 올라가 30분쯤 죽도를 휘두른 다음 간단히 요기를 하러 논으로 내려갔다. 최씨가 미리 수배해놓은 일꾼들이 대여섯 명 몰려와서 벌써 웅성거리고 있었다. 나는 아직 낫질하는 솜씨가 서툴러서 주로 볏단 묶는 일과 그것을 가지런히 배열하는 일을 도왔다. 그러나 이것도 온종일 계속하려니까 여간 어려운 일이 아니었다. 줄곧 허리를 굽히는 일인데다가 일이 점점 더 밀리기 때문에 쉴 사이가 없었다. 여러 사람이 가끔씩 쉬라고 권유도 하지만 진정으로 그렇게 하라는 것 같지도 않았다. 더구나 나에게는 글 농사뿐만 아니라 벼 농사도 잘할 수 있다는 것을 과시해보고 싶은 치기(稚氣) 같은 것이 있어서인지 결국 몸만 더 고달파질 뿐이었다. 그래서 역시 아침과 점심, 그리고 점심과 저녁 사이에 간단히 논두렁에 앉아서 먹는 새참은 형언하기 어려울 정도로 즐거운 시간이 되었다. 어쩌면 이 새참을 즐기기 위해서 그토록 고달픈 노동의 현장에 뛰어들었는지 모른다. 거기에는 흰 쌀밥과 고추장, 각종 나물과 된장찌개, 한 사발의 동동주, 그리고 무엇보다 풍작을 염원하는 촌부(村婦)들의 진한 정성이 담겨 있다.

우리 집 앞에 있는 논들의 벼베기는 서너 시쯤에 끝났다. 최씨 일행은 오후 새참을 끝내고 아랫마을 근처의 논으로 옮겨갔는데, 나는 너무 피곤했고 그 동네에는 낯선 사람들이 많기 때문에 따라가지 않았다. 그 대신 '추수'라는 개념의 의미를 음미하는 것으로 시간을 보냈다. 사실 철학은 존재의 본질과 현상의 구조를 찾아 거기에 의미를 부여하는 작업이 아닌가. 나는 무엇보다도 벼 농사에 모판 작업부터 추수에 이르기까지 비록 실질적인 역할을 하지는 못했지만 참여해보았다는 것이 기쁘고 또 스스로 대견하다는 생각이 들었다. 그래서인지 역광으로 비쳐진 볏단들이 더욱 생동감 있게 시야에 들어왔고, 또한 벼이삭 한 톨 한 톨이 눈이 따갑도록 선명하게 드러나 보였다. 나는 일찍이 어떤 사물에서 그토록 구체적이고 실감나는 통찰을 경험한 적이 없다. 말하자면 그 숱한 한 톨의 벼이삭은 고유한 의미로 '실체(substance)'라는 어휘가 걸맞는, 그리하여 데카르트의 '생각하는 실체(res cogitans)'로서의 자아보다 더욱 실재성(實在性)이 높은 사물처럼 느껴졌다. 그것은 인식의 대상이 되기 이전에, 어쩌면 조물주가 우주의 삼라만상을 창조하기 훨씬 전부터 스스로 존재해온 신비스런 그 무엇처럼 비추어졌던 것이다. 참으로 그것은 신비스러울 뿐만 아니라 진실하고, 성실할 뿐만 아니라 아름답기까지 하다는 생각이 들었다. 그러므로 이 비속한 인간들이 그것을 하루에 세 번씩이나 먹어야 살아갈 수 있다는 것이 좀처럼 믿어지지 않았고 오히려 부당하다는 느낌조차 들었던 것이다

 나는 잠시 쉬는 동안 피곤이 풀렸으므로 지난 7월 초에 심어두었던 고구마를 캐기 시작하였다. 마침 주위가 섬뜩할 정도로 조용해졌고 이 무르익은 결실의 계절에 왠지 수확의 기쁨을 홀로 만끽하고 싶었기 때문이었다. 호미로 흙을 파헤치자 예상했던 대로 주먹만한 것부터 큰 것은 팔뚝만한 것까지 고구마가 줄줄 따라 올라왔다. 나는 철부지처럼 환호성을 올렸다. 그것은 홀홀 단신으로 적진에 뛰어들어서 치열한 백병전 끝에 얻어낸 전리품처럼 느껴졌다. 내가 손수 밭을 갈고 고구마 순을 읍에서 사다가 심었을 뿐만 아니라 틈틈이 물을 주고 잡초를 뽑아주었기 때문이다. 그러나 유감스럽게도 내가 한 일은 그것이 전부였다. 그리고 그 나머지 모든 것은 이 고구마들이 스스로 해낸 것이다 그러므로 거기에 어떤 종류의 승리가 있다면 그것은 고구마들 자신의, 혹은 그것을 가능하게 한 자연의 것일 뿐이다. 그러나 고구마는 환호성을 지르지 않으며 자연은 자기 자신의 일부를 전리품으로 여기지도 않는다. 이러한 것들은 모두 속절없는 인간들의 허망한 게임일 뿐이다.

 황혼이 서산에 붉게 물들기 시작하므로 나는 세 광주리나 되는 고구마를 거두어들인 다음 샘물을 길어다가 흙먼지와 땀으로 뒤범벅이 된 온몸에 머리로부터 끼얹었다. 그 상쾌함과 황홀함이 곧 노동의 가장 핵심적인 부분이라는 것을 다시 한번 확인할 수가 있었다. 옷을 갈아입고 나서는 사랑채에 달린 마루에 걸터앉아 황혼을 바라보며 브람스의 현악 6중주를 낡은 녹음기로 들었다. 장엄한 석양의 풍치에 압도되어서인지 비올라와 첼로로 구성된 중음부와 저음부가 늦가을의 정취를 더욱

마침 발 아래 뒹구는 낙엽들의 서글픔과 쓸쓸함,
그리고 황금빛으로 빛나는 볏단들의 황홀함과
탐스러운 고구마들의 충족감이 특히 2악장의 신묘한 선율과 어우러질 때
나는 형언하기 어려울 정도의 착잡하고도 복합적인 감정이 치밀어올라
가슴이 메어지는 것 같았다.

북돋아주었다. 요즈음 자주 듣던 곡이었고, 더구나 그 테이프가 손에 닿는 곳에 있어서 우연히 틀어본 곡인데 황혼에 물든 이 산골 마을의 풍경과 그토록 잘 어울리는 이유가 무엇인가. 마침 발아래 뒹구는 낙엽들의 서글픔과 쓸쓸함, 그리고 황금빛으로 빛나는 볏단들의 황홀함과 탐스러운 고구마들의 충족감이 특히 2악장의 신묘한 선율과 어우러질 때 나는 형언하기 어려울 정도의 착잡하고도 복합적인 감정이 치밀어 올라 가슴이 메어지는 것 같았다.

사실 브람스가 이 곡을 작곡할 무렵 그는 친구이며 은인이기도 한 슈만의 아내 클라라에 매료되어 사랑의 기쁨과 젊은 날의 열정, 순간적인 행복감과 숨막히는 외로움 때문에 번민의 나날을 보내고 있었다. 실제로 가장 감동적인 2악장은 피아니스트인 클라라를 위하여 피아노 변주곡으로 편곡한 다음 생일 선물로 보냈었다. 그러나 슈만이 정신 이상으로 세상을 떠났을 때에도 자신의 사랑을 드러내지 않고 유족을 돌보았을 만큼 브람스는 열정적이지만 절제가 있고 심미적인 만큼 인간미가 있는 예술가였다. 한 여인에 대한 사랑을 표현해보지도 못하고 그것을 예술로 승화시킨 브람스, 그의 예술혼이 담뿍 담겨 있는 이 곡을 들으며 끝내 울먹일 수밖에 없는 나는 누구인가. 나는 이 장엄하고도 숭고한 자연의 몸짓을, 그 언어를 쇼펜하우어나 니체처럼 혹은 하이데거나 비트겐슈타인처럼 철학화해볼 도리는 없는 것인가. 나는 왜 이렇게 여기에 말뚝처럼 그냥 서 있기만 하는가. 낙엽과 황혼, 볏단과 고구마 넝쿨, 첼로와 바이올린, 클라라와 브람스, 쇼펜하우어와 비트겐슈타인을 모두 함께 묶는 논리의 구조를 분석하고 그 존재의 신비를 직관해볼 방도가 내게는 없단 말인가.

5. 군불을 때며

나 자신을 태우기 위하여

군불을 때며, 나의 육체와 영혼이
한 개비의 마른 장작이 되어 다른 나무들과 함께
그 아궁이 속으로 타들어가는 것을 체험할 수가 있었다.

12월 5일

　이제 학기말 고사까지 치렀으니 사실상 방학이 시작된 셈이다. 채점할 시험지며 기말 성적을 산출하기 위한 자료들을 한 보따리 싸 가지고 이곳 산골 마을에 다시 왔다. 막 추수를 끝낸 다음 볏단들을 지게에 산더미처럼 지고 여기 온 기분이다. 이곳 주민들은 농사를 지어서 도시로 보내지만 나는 글 농사를 지어서 그것을 음미하고 평가하기 위해 이곳으로 가지고 온 셈이다. 그렇기 때문에 채점을 한다는 것은 농부들이 곡식을 거두어들이는 것만큼이나 보람있고 또 조바심 나는 일이기도 하다.

　그러나 채점할 시험지를 여기까지 가지고 온 것을 후회하지 않을 수 없다. 얼마 전부터 이곳에서 시간을 가장 효율적으로 보내는 방법은 어떤 주제에 관하여 일관되고도 집요하게 파고드는 일이라고 믿게 되었기 때문이다. 그것은 남의 글을 읽거나 나의 생각을 쓰는 것보다도 오히려 더 쓸모 있게 보내는 방법이다. 이곳에 와서야 비로소 나 자신으로 돌아오는 느낌이 들며, 따라서 어느 정도 생각의 가지를 자유롭게 뻗어갈 수 있게 된다. 여하튼 200여 명이 넘는 학생들의 시험지를 채점하노라면 자칫 지루해지는 것도 사실이다. 가르치는 일 못지않게 학생들이 배워낸 것을 측정하고 평가하는 것도 결코 쉬운 일이 아니며 또 소홀히 해서도 안 된다.

　집안을 대강 정리하고 아궁이에 군불을 땐 다음 채점하는 일에 몰두해 있을 때 반가운 손님들이 들이닥쳤다. 이곳에서 손님을 맞는다는 것은 결코 흔한 일이 아니다. 그것도 이번 학기에 학위 논문을 마무리한 G군과 Y군과 L군, 그리고 벌써 두 학기 전에 학위를 받은 K군이 아닌가! 언제인가 한번 이곳에 오기로 약속이 되어 있었으므로 갑작스러운 것은 아니었으나 막상 그 정다운 얼굴들을 한꺼번에 여기서 대면하게 되니 여간 반가운 일이 아니었다. 더구나 L군은 공주대학교 부교수로 재직하고 있으므로, 자기네들끼리도 자주 만나지 못하는 처지라 더욱 소중한 기회가 된 것이다.

그들이 잠시 여장을 푼 다음 내가 혼자 살림을 하는 이 농가를 구석구석 안내하였다. 샘터와 검도장을 지나서 야산을 끼고 뻗어 있는 오솔길을 따라 한동안 산책을 즐기기도 하였다. 날씨가 약간 쌀쌀했으나 짙푸른 초겨울 하늘과 나뭇가지 사이를 빠져 나와서 이따금씩 옷깃을 스치는 싸늘한 바람이 오히려 기분을 더욱 상쾌하게 해주었다. 어느 순간 문득 14년 전 논문 지도교수였던 저어비(Lewis Zerby) 교수와 미시간 호숫가를 거닐던 일이 생각났다. 2년여에 걸쳐 쓴 학위 논문이 심사에 무사히 통과된 뒤 그는 나를 자기의 오두막집이 있는 한적한 호숫가로 초대했다. 그동안 사제관계라는 틀 안에서 주로 '자유의지와 결정론'이라는 주제를 놓고 자주 만나 격론을 벌여왔지만 적나라하게 인간으로서 어울려본 적이 없음을 아쉬워하며 그 분은 그러한 자리를 마련해 주었던 것이다. 우리는 2박 3일 동안 그곳에 머물며 오랜 시간 산책을 즐겼을 뿐만 아니라 음식을 같이 준비하고 포도주를 즐기며 밤이 깊어가는 줄도 모르고 많은 이야기를 나누었다. 그 후로 나는 유학시절 학업에 열중해서 학위를 받게 된 것도 큰 보람이라고 할 수 있겠으나 저어비 교수와 같은 하나의 큰 인격을 만났다는 것을 더욱 소중한 성과라고 믿고 있다. 이제 나의 제자들과도 그러한 만남을 경험하고 미시간 호숫가의 그 오두막집에서와 같이 아름답고 의미 있는 추억을 만들고 싶어졌다.

패기가 만만한 이 젊은 철학도들은 주위를 둘러보고 어린아이들처럼 즐거워하였다. 우리는 각자가 준비해 온 음식들을 풀어놓으며 식사 준비를 하였다. L군은 불고기감을 무쳐왔고 등산을 즐겨서 요리에 능한 G 군은 삽교천에서 사 가지고 온 생선으로 매운탕을 끓였다. K군은 아궁이에 군불 때는 일을 도맡았으며 내성적이고 항상 조용한 Y군은 약속이라도 한 것처럼 샘터에서 설거지에 열중하였다. 정말 우리는 《톰 소여의 모험》에 나오는 어린이들처럼 마냥 즐겁고 유쾌한 시간을 보냈다. 식사가 끝날 무렵에는 최씨 내외가 집에서 담근 동동주와 동치미를 가지고 와서 합석하였으므로 분위기가 더욱더 고조되었다.

어둠이 짙어지자 우리는 외투를 두텁게 껴입고 뒤뜰로 나갔다. 낙엽을 긁어모아 모닥불을 피우고 둥그렇게 둘러앉아 조용한 음악을 들으며 여러 가지 이야기를 나누었다. 잠시 학위 논문의 주제들이 화제에 올랐으나 공통점을 찾기가 어려워서 곧 현실적인 문제로 옮겨갔다. 학위 논문들에 관한 한 지도 과정에서도 느낀 사실이지만 내가 가르친 것보다 훨씬 더 많은 것을 배워낸 것 같아서 그냥 고맙기만 할 뿐이다. 귀국하자마자 모교에서 마련한 특별 강연을 끝맺는 자리에서 나는, "내가 도달한 지점에서 여러분들이 출발할 수 있도록 돕고 싶다"고 약속했으며 "내가 미처 얻어내지 못한 것을 얻어내라"고 호소하기도 했었다. 사실 K군과 L군, G군 등은 이미 그 무렵에 학부를 마치고 대학원 과정을 모두 끝내는 동안 줄곧 내 곁에 있었고, 나는 한 토막의 숯이 되려는 참나무처럼 내가 가지고 있는 것을 모두 전하기 위해 나 자신을 소진시켜 왔다. 그 결실인 이 젊은 철학자들과 같이 이 허줄한 농가에서 밤을 지새우니 감회가 어찌 없을 것인가.

그러나 화제가 현실적 상황으로 옮겨지자 우리는 모두 우울해지지 않을 수 없었다. K군은 학위를 받은 지 1년이 지나도록 직장을 구하지 못하여 번역과 시간 강사로 동분서주하고 있고 다른 사람들도 비슷한

나는 한 토막의 숯이 되려는 참나무처럼
내가 가지고 있는 것을 모두 전하기 위해 나 자신을 소진시켜왔다.
그 결실인 이 젊은 철학자들과 같이 이 허줄한 농가에서 밤을 지새우니
감회가 어찌 없을 것인가.

처지에 처하게 될 형편이다. 학문을, 그 중에서도 철학을 생계를 유지하는 방편으로 하는 것은 물론 아니겠지만 그토록 피나는 노력을 기울여서 취득한 학위가 생활에 아무런 도움이 되지 않는다면 무엇인가 잘못된 것이 아닐까. 더구나 본인들은 어느 정도 어려움을 감수해야 한다고 하더라도 이들의 젊은 아내들과 어린 자식들의 고생을 누가 책임진단 말인가.

그러나 울적한 분위기가 오래 지속되지는 않았다. 우리는 다시 화제를 바꾸어 대통령 선거전의 양상과 그 전망을 이야기했고 무엇보다도 한국 현대 철학의 '행방'에 관해서 열띤 토론을 벌였다. 한참 격론을 벌이고 있을 때 나는 슬며시 일어나 멀리 떨어져 있는 아름드리 감나무 아래로 가서 이들의 모습을 한동안 물끄러미 바라보았다. 모닥불 주위에 둘러앉아서 칠흑 같은 산촌의 밤을 지새우는 그들의 모습이 퍽 믿음직하다는 생각이 들었다. 어느 노래의 가사처럼 "인생은 연기 속에 재를 남기고 말없이 사라지는 모닥불 같은 것"인지도 모른다. 그러나 우리가 정말 한 줌의 재가 될 때까지 우리들 자신을 태워버릴 용의가 있다면, 그리하여 우리가 가지고 있는 것을 모두 그렇게 현실화할 수 있다면, 그러한 의미로 우리는 그냥 사라지는 것이 아니라 영생하는 것이라고 단언할 수 있으리라.

12월 6일

어제 늦게 잠자리에 들었지만 비교적 일찍 잠이 깼다. 아직 아무도 일어나지 않았는지 인기척이 없었다. 아마 새벽녘에야 잠이 들었는지도 모른다. 나는 소리를 내지 않으려고 조심하면서 젊은 학자들이 곤하게 잠들어 있는 아래채에 군불을 지폈다. 어제 충분히 불을 때었기 때문에 아직 온기가 남아 있을 것이지만 아무래도 겨울철이라 걱정이 되었던 것이다. 그것은 장성한 자식을 바라보는 노부모의 노파심의 표현이라고나 할까.

내가 뒷산 검도장에 올라가서 몸을 풀고 샘터로 돌아온 지 30분 가량이 지나서야 그들은 잠이 깬 모양이었다. 모두들 즐거운 표정이었다. 어제 과음을 했고 잠이 좀 부족한 편이지만 공기가 맑아서인지 기분이 매우 상쾌하다는 것이다. L군이 가지고 온 불고기와 G군이 사온 조개로 국을 끓여서 10시경 아침과 점심을 겸해 푸짐한 식사를 즐겼다. 그러나 식사를 마치고 설거지를 끝내자 그들은 떠날 채비로 바빴다. 모두들 이런 저런 사정들 때문에 더 오래 머물러 있을 수가 없었던 것이다. 무척 서운하고 아쉬운 느낌이 들었지만 어쩔 수 없는 일이었다. 나는 멀리 구판장이 있는 곳까지 그들을 배웅해주었다. 얼마 만에 돌아와서 낡고 텅 빈 농가에 혼자 남아 있는 나 자신을 의식하는 순간, 웬일인지 고려장을 당하여 토굴에 버려진 노인의 신세처럼 쓸쓸한 느낌이 들었고 곧이어 조수처럼 밀려드는 적막감에서 헤어날 수가 없었다.

인간은 사회적 동물이라고 하지만 사실 아무도 다른 사람과 '같이' 살 수는 없다. 결국 각자는 자기의 삶을 살아갈 뿐이다. 하이데거(M. Heidegger)는, "누군가가 나를 위해 대신 죽을 수는 있다. 그러나 아무도 나의 죽음을 죽을 수는 없다. 나만이 나의 죽음을 죽을 수 있을 뿐이다"라고 말한 적이 있다. 마찬가지로 아무도 나의 삶을 살아줄 수는 없을 것이다. 그런 뜻으로 오직 나만이 나의 삶을 살아가는 것이다. 오후에는 이곳에서 적어도 앞으로 보름간 그러한 종류의 삶을 살아가기 위한 준비로 바빴다. 쓸쓸하고 적막하기에는 너무 할 일이 많았던 것이다.

12월 13일

아침에 일어나니 온 방안에 냉기가 가득 찼고 추위가 뼛속까지 파고드는 것 같았다. 나는 허둥지둥 옷을 주워입고 나와서 아궁이에 군불을 때기 시작하였다. 기온이 영하 15도를 가리키고 있는데다 바람이 세게 불어서인지 체감 온도는 훨씬 더 춥게 느껴졌다. 나는 아궁이 앞을 떠날 수가 없었다. 계속 불을 지피면서 우유와 빵, 그리고 오이 한 개로 아침식사를 마쳤다.

한 시간 이상 계속 불을 때자 방이 비로소 온기를 되찾았다. 그러나 장작이 다 타버려서 연기가 아주 잦아들 때까지는 방에 들어갈 수가 없다. 여기 저기 뚫린 쥐구멍을 통해 들어온 연기가 방안에 가득 차서 눈을 뜰 수가 없을 정도였다. 날이 풀려서 그 구멍들을 막고 방을 수리할 때까지 어차피 이렇게 지낼 수밖에 없어서 결국 아궁이와 가까이 지내도록 강요당하고 있는 셈이다.

12시가 가까워 올 무렵에야 겨우 학기말 시험 답안지의 채점을 끝냈다. 그것은 역시 중요하고 또 보람 있는 일이지만 비철학적이고 또 무미건조한 일이다. 빡빡하게 쓴 비슷한 답안지를 끝도 없이 읽어야 할 뿐 아니라 공정하게 채점을 하려고 온갖 신경을 다 쏟아야 하기 때문이다. 혹시 즐거운 순간이 있다면 거의 완벽하게 답안을 작성한 다음, "지난 한 학기 동안 교수님의 열정적인 강의에 깊은 인상을 받았으며 많은 것을 가르쳐주신 데 대하여 진심으로 감사드립니다…"는 식의 내용을 발견했을 때뿐일 것이다. 나로서는 최선을 다했고 학생들이 그것을 고마워하니 더 무엇을 바랄 것인가.

채점을 끝내고 산책길에 나서려는데 윗집 김씨 할아버지네서 점심을 같이 하자는 전갈이 왔다. 그 집에 생일잔치가 벌어진 것이다. 서둘러

아무도 나의 삶을 살아줄 수는 없다.
그런 뜻으로 오직 나만이 나의 삶을 살아가는 것이다.

서 올라가보니 이장인 김씨와 반장인 박씨를 비롯해서 마을 사람들이 거의 다 몰려와 있었다. 모두들 나를 반갑게 맞이해주었고 비록 이곳에 정착해서 살고 있지는 않지만 허물없는 이웃으로서 한결같이 정답게 대해주었다. 먼저 온 사람들은 일찍 일어나고 새로운 사람들이 두어 시가 다 될 때까지 계속 왔으므로 나는 이래저래 마을 사람들을 거의 다 만나본 셈이다.

푸짐한 잔치상을 앞에 놓고 여러 가지 이야기꽃을 피웠지만, 마침 대통령 선거가 불과 닷새 앞으로 다가왔기 때문에 자연히 화제가 선거 문제로 바뀌었다. 그러나 이 주제는 워낙 예민한 문제여서 나는 좀처럼 입을 열지 않았다. 이윽고 이장인 김씨가 말을 건넸다.

"교수님, 우스운 질문 하나 해두 되겠시유?"

"뭔데요?"

"누가 대통령이 되면 좋겠시유?"

"글쎄요, 그건 우스운 질문이 아니라 아주 곤란한 질문인데요. 나로서는 알 수도 없거니와 알아도 말을 해서는 안 되거든요."

모두들 한바탕 웃음보를 터뜨렸다.

그러나 이장은 여전히 무슨 얘기를 듣고 싶어하는 눈치였다. 나는 직접적으로 대답을 하지는 않았으나 선택에 도움이 되는 얘기를 해보았다. 가령 장가를 드는 일을 비유하여, 배우자를 선택함에 있어서 막연한 생각을 버리고 구체적으로 어떠한 유형의 여인이 자기에게 어울릴지 곰곰이 생각해보아야 한다고 서두를 꺼내었다. 오늘날 어떠한 종류의 지도자가 우리의 현실에 더 적합한지 모르면 누구를 선택할지 알 수 없기 때문이라고 설명하였다. 그리고 지도자에는 일을 벌리고 그것을 강력하게 수행해나가는 임무수행형과 사람들 사이의 단결과 화합을 유도해가는 조화주동형이 있는데, 어떤 형태가 우리에게 더 필요하고 누가 더 적합한지는 우리들 각자가 결정해야 할 문제라고 말하자 모두들 어느 정도 수긍하는 눈치였다.

그러나 나는 이러한 것을 결정하는 일이 결코 쉬운 일이 아니기 때문에, 감정이나 개인적 이해관계에 치우칠 것이 아니라 합리적이고도 자율적으로 신중하게 생각해야 한다고 부연하였다. 사실 우리가 모두 완전한 존재가 아니기 때문에 잘못 판단할 수 있고, 따라서 민주주의에도 결함이 많지만, 그럼에도 불구하고 이것보다 더 좋은 제도는 아직 없다고 설명하였다. 나는 링컨의 입장을 대변하고 있었던 것이다. 이제 막 상 민주주의가 정착되어가는 단계로 접어들었으니까 이러한 상황에서는 오히려 무조건 그 이념을 따르는 것보다 그것이 갖는 문제점들을 조심스럽게 개선해나가는 자세가 더 중요하지 않을까. 루소(J. J. Rousseau)도 그의 《사회 계약론》에서 이렇게 말했던 것이다.

엄밀하게 해석한다면 진정한 민주주의는 아직 존재한 일이 없고, 또 앞으로도 존재하지 않을 것이다. …만일 신으로 구성된 백성이 있다면 그들은 민주정치를 할 수 있다. 그만큼 완전한 정체(政體)는 인간에게 적합하지가 않은 것이다.

모두들 술이 거나해지고 화제가 점차 어떤 주민들의 사생활에 관한 것으로 옮겨지자 슬며시 그 자리를 빠져 나왔다. 나도 대낮부터 얼근해지는 셈이다. 이럴 때 가장 잘 어울리는 일은 뒷산에 올라가서 땔감을 구해오는 일이다. 나는 톱과 도끼를 지게에 챙겨 가지고 가서 두어 시간에 걸쳐 마른 나뭇가지와 썩은 소나무토막 같은 것을 잔뜩 지고 내려

그것은 썩어가는 큰 소나무의 가운데 토막에 불과한 것이었으나
웬일인지 그 기묘한 자태를 드러내는 순간
나에게는 경외감마저 불러일으키는 대상처럼 느껴졌다.
그런데 더욱 놀라운 것은 내가 그렇게 느끼자마자
그 물체가 서서히 움직이기 시작했다는 사실이다.

왔다. 언덕이 가파르고 아직 지게 지는 일에 익숙하지 않아서 나무를 한다는 것은 매우 힘에 겨운 작업이었다. 그러나 나는 짐을 내려놓고 그 언덕의 중턱으로 다시 올라갔다. 탐스럽게 생긴 굵은 소나무 한 토막을 끌어내리기 위해서였다.

그 굵은 나무토막을 처음 발견한 것은 재작년 겨울이었다. 언제부터인지 모르지만 누군가가 그것을 베어낸 다음 방치해두어서 상당한 부분이 썩어 있었고, 그래서인지 그 모습이 기괴해 보였지만 잘 쪼개질 것 같아서 땔감으로는 적당하겠다고 생각했던 것이다. 그러나 정작 그것을 옮겨오려니까 여간 무겁지가 않았고 그 일부가 땅에 묻혀 있어서 좀처럼 움직일 수가 없었다. 마침내 땅 속에 박혀 있던 부분을 파내고 마른 풀섶을 헤쳐서 그 전모를 드러내니 그 모습이 범상치가 않았다. 용이 되려다 못된 이무기 같기도 하고 그리스 신화에 나오는 페가소스와 용의 튀기 같기도 한데, 한 가지 분명한 것은 함부로 다루어서는 안 될 신성한 그 무엇으로 느껴졌다는 점이다. 물론 그것은 썩어가는 큰 소나무의 한 토막에 불과한 것이겠으나 웬일인지 그 기묘한 자태를 드러내는 순간 나에게는 경외감마저 불러일으키는 대상처럼 느껴졌다.

그런데 더욱 놀라운 것은 내가 그렇게 느끼자마자 그 물체가 서서히 움직이기 시작했다는 사실이다. 정말 그것을 정중하게 대하면서부터 조금도 힘들이지 않고 움직일 수가 있었고 어떤 때는 자기가 자발적으로 움직이는데 내가 따라갈 뿐이라고 착각할 정도였다. 내가 그것을 여러 조각으로 토막을 내서 아궁이에 처 넣고 불살라버리기를 포기했을 때, 그리고 나서 그 심한 상처를 어루만지듯 연민을 가지고 조심스럽게 움직이기 시작했을 때, 아니 우리의 조상들이 산신령을 모시듯이 진지하고도 정중한 태도로 접근했을 때, 그 물체는 놀랍게도 찬란한 광채를

품어내는 용의 자태를 드러내는 것이었다. 니체(F. Nietzsche)는 그의 《즐거운 지혜》에서 이렇게 말한 적이 있다.

신을 묻어버리려는 자들의 무덤 파는 소리를 진정 듣지 못하는가. 신의 유해가 썩는 냄새를 그대들은 맡지 못하는가. 신들조차 썩기 때문이다! 신은 죽었다! 신은 죽어 있다. 우리가 그를 죽여버린 것이다. 살해범들 중에서 가장 흉악한 살해범인 우리들 자신을 어떻게 위로할 것인가? 지금까지 이 세상에 있었던 것 중에서 가장 성스러운 것, 가장 강력한 것이 우리의 칼 아래 피 흘리며 죽어버렸다.

그렇게 해서 죽어간 신이 오늘 오후 이 산골 마을의 야산 중턱에서 마침내 소생하였다는 느낌도 들었다. 나는 그것을 검도장 옆에 모셔놓고 나서 수호신처럼 대하기로 하였다.

사실 이곳에 오면 홀로 지내는 탓인지 외로움을 많이 타고, 때로는 두려운 마음이 생기기도 한다. 그렇기 때문에 나는 자주 미신적인 태도를 보이고 물에 빠진 사람이 지푸라기라도 잡으려고 하듯이 우상을 숭배하고 싶은 심정이 된다. 오늘부터 나의 '용'은 그러한 욕구를 충족시켜줄 수 있을 것이다. 아니, 대학 시절 처절할 정도의 외로움을 달래주던 소크라테스적 '다이몬'의 음성처럼 정다운 친구의 역할을 대신할 수는 있으리라.

12월 16일

이곳에 온 지 벌써 열하루째가 되었다. 나는 저녁에 마지막 군불을

오늘 저녁 마지막으로 군불을 때면서 그것은 일종의 예술이 아닐까 하는 생각을 해보았다. 반 고흐가 텅 빈 캔버스 앞에서 온갖 상념에 젖으며 전율하듯, 시커먼 아궁이 앞에서 나는 장작을 정성껏 배열하며 진지하고 겸허하게 자세를 가다듬을 수밖에 없었다.

때면서 내일 서울로 돌아가기로 결심하였다. 물론 예정했던 대로 모레 떠날 수도 있으나 일이 너무 많이 밀려 있고 내일 하루를 이곳에서보다 그곳에서 보내는 것이 더욱 효율적이기 때문이다. 아니, 그보다는 이제 무조건 돌아가고 싶다. 서울에 있는 처자가 그립고 내가 아는 모든 사람들이 너무나 보고 싶다. 서울에 있는 모든 것이, 심지어 소음과 먼지와 기름 냄새까지도 아쉽다. 더구나 이제 이곳에 더 머물러 있기도 어렵게 되었다. 손끝이 너무 갈라져서 설거지하기도 곤란할 정도이고 얼굴이 매섭게 찬바람에 시달려서 검붉게 변한데다가 수염도 못 깎고 목욕 한번 제대로 한 적이 없기 때문에 여간 불편한 것이 아니다.

물론 즐겁고 뜻 있는 일도 많았다. 깊은 생각에 잠기며 홀로 시골길을 걷는다든가 낙엽을 긁어모아 불을 지피며 카세트로 쇼팽의 녹턴을 듣는다든가, 밤새도록 내린 눈으로 하얗게 덮인 산촌을 카메라에 담는 등 잊어버리고 싶지 않은 소중한 추억들이 있다. 그 중에서도 특히 의미 있었다고 생각되는 것은 아침, 저녁으로 한번씩 아궁이에 장작으로 군불을 때는 일이다. 그것은 단순히 즐겁고 낭만적인 것이 아니라 얼어 죽지 않기 위해서라도 반드시 해내야 하는 일이기도 하다. 이것이 거듭될수록 장작이 타들어가는 모습이나 낙엽 타는 냄새에 도취되는 일이 적어지고 하나의 일과로서 무심코 해나갈 뿐이다. 이제는 시골 사람들에게 땔감을 구하고 장작을 패며 그것을 아궁이에 지피는 일이 왜 그냥 일상사 외에 아무것도 아닌지를 충분히 이해할 수 있을 것 같다. 그들에게 그것은 삶의 일부, 어쩌면 삶 그 자체일 뿐이기 때문이다.

군불을 때는 데에도 효과적으로 타게 할 수 있는 이론 같은 것이 있다. 우선 종이나 낙엽같이 쉽게 불이 붙는 것들을 아궁이 밑바닥에 깔고 그 위에 마른 나뭇가지들을 덮어놓은 다음 불을 붙여서 이것들이 활활 타오를 때 그 위에다 적당한 크기의 장작들을 올려놓는다. 그 다음 장작들이 스스로 화력을 지니고 타오를 때 좀더 굵은 장작들을 적당한 거리를 유지하여 배치해놓는 것이다. 이론적으로는 이것이 불 때는 요령의 전부라고 할 수 있다. 그러나 실제로는 이것이 결코 쉬운 일이 아니고 허둥대다가 중간에 한두 번씩 불을 꺼뜨리기가 일쑤이다.

여하튼 거듭할수록 군불을 더 잘 때게 되는 것은 아닌 모양이다. 그러한 뜻으로 그것은 단순히 하나의 기술은 아니라고 할 수 있다. 물론 어느 정도 숙련이 될수록 이제 숙련공이 되었다는 교만한 마음 때문에 다시 불을 꺼뜨리는 경우도 한두 번이 아니다. 군불의 실체는 무엇인가.

오늘 저녁 마지막으로 불을 때면서 그것은 일종의 예술이 아닐까 하는 생각을 해보았다. 반 고흐가 텅 빈 캔버스 앞에서 온갖 상념에 젖으며 전율하듯, 시커먼 아궁이 앞에서 나는 장작을 정성껏 배열하며 진지하고 겸허하게 자세를 가다듬을 수밖에 없었다. 파블로 카잘스가 자기의 첼로와 혼연일체가 되어 신비스런 선율을 토해내듯 타오르는 불길과 함께 아궁이 속으로 빨려드는 체험을 나는 강요당하고 있었다. 이곳 최씨나 박씨에게는 흔한 경험일지 모르나 군불을 때는 것이 적어도 지난 열흘 동안의 내 삶의 전부였으며, 결코 무엇을 위한 준비가 아니었다. 그리하여 오늘 밤 나는 나의 육체와 영혼이 한 개비의 마른 장작개비가 되어 다른 나무들과 함께 그 아궁이 속으로 타들어가는 것을 체험할 수가 있었던 것이다. 다른 이유가 있어서가 아니라 바로 나 자신을 한 줌의 재가 되도록 태우기 위하여 나는 이 추운 겨울에 이렇게 여기서 지냈는지도 모른다.

6. 산촌의 자연과 문화

나무를 심으며

나무를 심는다는 것은 즐거운 일이다.
그것은 생명들이 제대로 자라날 수 있도록
돕는다는 방생의 의미가 있지만
좋아하는 나무를 원하는 자리에 심는다는
문화의 의미도 있다.

1월 18일

　오늘은 온종일 탐스럽게 함박눈이 내렸다. 이 산골 마을에 이렇게 눈이 내리기는 좀처럼 흔한 일이 아니다. 더구나 까치떼들이 여기 저기서 요란하게 짖어대어 분위기가 더욱 고조되었다. 이 한적한 마을에 느닷없이 반가운 손님이 찾아오기를 바라는 것은 무리일지라도 분명히 무슨 일이 벌어질 것만 같은 분위기였다. 나는 철부지 아이들처럼 밖으로 뛰쳐나가 마을을 마구 쏘다녔다. 하얀 눈으로 소복하게 덮여 있는 이 마을은 왠지 낯선 고장처럼 느껴지기도 하였다. 늘 거닐던 감나무 아래며 원두막 옆으로 뻗은 샛길, 그리고 박씨네 집 앞을 지나 논두렁으로 이어지는 오솔길이 모두 처음 발을 들여놓은 동리로 인식되었다. 나는 이상한 나라의 엘리스처럼 걷잡을 수 없이 용솟음쳐 오르는 동심을 마냥 즐겼다. 눈을 뭉쳐서 하늘로 높이 던져보기도 하고 언덕에서 미끄럼을 지치기도 하며 검도장에 올라가 눈을 쓸어낸 다음 신들린 듯 목검을 휘두르기도 하였다. 그 순간 나는 정말 내가 시간의 흐름을 뛰어넘어 다른 세계로 깊숙이 들어와 있는 것 아닌가 하고 착각할 정도였다. 장자(莊子)가 나비 꿈을 꾸었을 때 그 꿈에서 깨어난 다음에도 너무 생생하여, 원래 자기가 나비인데 지금 장자의 꿈을 꾸고 있는 게 아닌지 의심했다는 것도 이해할 수 있을 것 같았다.

　그러나 이 모든 것이 이곳 사람들에게는 별로 큰 의미를 지니지 않는 것이었다. 눈이 오거나 비가 오거나 혹은 날씨가 춥거나 덥거나 농사일은 계속되었고, 상업주의가 이곳 깊은 산촌에까지 밀려와서 일은 더욱 고달파지며 동시에 수입도 늘었지만 상대적 빈곤감은 더욱 심해질 뿐이다. 그리하여 가령 눈이 와도 이것이 농작물에 어떠한 영향을 미칠지 먼저 가늠해야 하고 혹시 폭설이라도 내려서 피해가 생기지 않도록 바

오후에는 추위가 다소 누그러져서 주위를 돌아보니
봄은 흙 속에만 있는 것이 아니었다.
개울을 덮고 있는 살얼음은 아무데나 깨뜨려보아도
금방 몇 마리의 어린 개구리들이 깜짝 놀라 튀어나온다…
겨울이 절정에 이르렀을 때 봄은 이미 시작되었던 것이다.

라는 것이 이곳 농부들의 관점이다. 온종일 무심코 퍼붓는 그 함박눈을 바라보는 나의 시각이 이곳 주민들과 어떻게 그토록 다를 수가 있단 말인가. 무엇이 이곳 최씨나 박씨에게 허공에 흩날리는 그 아름다운 눈송이들을 모두 경제적 가치와 직결되는 것으로만 평가하도록 하였는가. 농촌의 산업화는 과연 불가피한 정책인가. 존재하는 것을 모두 경제적이고 실용적 관점에서만 바라보게 하는 것이 과연 바람직한 삶의 자세인가.

오후에는 밀(J. S. Mill)의 인간론에 관한 작업을 계속하였다. 그것은 마르크스의 인간론과 비교할 때 더욱 선명하게 드러난다. 이 겨울이 다 지나가기 전에 밀의 입장이 어느 정도 정리되지 않으면 안 된다. 가을 학기가 시작되기 전에 이 두 입장을 비판적으로 검토하는 논문을 학술진흥원에 제출해야 하기 때문이다. 그러나 오늘은 모처럼 눈이 많이 쌓여서 아침부터 기분이 고조되었음인지 책이 별로 손에 잡히지 않았다. 더구나 아침에 까치들이 요란하게 짖어대던 것이 생각나서 자꾸만 무의식중에 구판장 쪽 큰길가를 바라보게 되고 마음은 더욱 산란해지기만 하였다. 그러나 눈 속에 파묻힌 이 산촌의 허름한 농가에 땅거미가 짙게 깔리도록 아무도 나를 찾아오지는 않았다. 까치가 울었다는 것은 손님이 찾아온다는 것의 필요조건도 아니고 충분조건도 될 수 없다는 사실을 입증해준 셈이다. 정말 까치와 손님과의 관계는 무엇일까.

2월 4일

오늘은 입춘(立春)이다. 글자 그대로라면 오늘부터 봄이 시작되는 셈이다. 그러나 밖에는 여전히 찬바람이 휘몰아친다. 이 농가에서 지내면 비교적 계절의 변화에 민감해지는 편이지만 오늘만은 전혀 봄 냄새를 맡을 수가 없다. 봄이 아직 찾아오지 않았기 때문일까. 혹은 내가 아직 맞이할 준비가 되어 있지 않은 것일까. 벌써 나는 봄을 느끼지 못할 정도로 나이 들었단 말인가. 그러나 여름이 가면 가을이 오고 겨울이 지나면 어김없이 봄이 찾아온다. 여기서는 자연과 밀착된 삶을 살아야 하니까 그 구분도 뚜렷하게 느껴지게 마련이다. 확실히 서울에 있으면 계절의 변화는 별 의미를 지니지 못한다. 도시라는 것 자체가 자연에 대항하여 인간이 인위적으로 만들어낸 문명의 소산이기 때문일 것이다. 특히 고층건물의 한 칸을 차지하여 공중에 대롱대롱 매달리듯 살아가노라면 계절이 바뀐들 잘 느끼지도 못할 뿐 아니라 느낀다고 해도 별로 큰 의미가 없다.

그러나 오늘 내가 느낀 것처럼 시골에서 산다고 해서 계절의 변화가 항상 뚜렷한 것은 아니다. 물론 가끔씩 이곳에 와서 낙엽이 우수수 흩날리는 광경을 목격한다든지 앙상한 나뭇가지 사이로 눈보라가 치는 모습을 보면 도시에서보다 훨씬 더 시간의 흐름을 실감할 수 있다. 그러나 이번에 방학을 이용하여 비교적 오래 머물러보니 이러한 변화도 한낱 피상적이라는 것을 깨닫게 된다. 봄이란 결코 어느 날 갑자기 찾아오거나 죽어 있던 만물이 갑자기 다시 소생하는 계절이 아님을 요즈음 체험할 수 있다.

지난 주 바람이 몹시 불어서 비탈에 서 있던 은행나무가 넘어졌는데, 일으켜 세우려고 삽질을 하다 보니까 놀랍게도 땅 속에는 다소곳이 초봄의 부드러움이 숨어 있었다. 언 땅은 표면의 한 뼘 정도일 뿐이고 그 밑에는 계절의 변화를 뛰어넘는 불변의 실체(實體)처럼 흐르지 않는 시간이 거기 버티고 있었던 것이다. 사실 흙만 얼지 않은 채로 남아 있는 것이 아니라 봄이 되면 땅 껍질을 밀고 올라올 각종 새싹들이 그 흙 속에 잔뜩 묻혀 있었다. 봄은 이처럼 이미 한겨울의 언 땅 속에서 움트고 있는 것이다.

오후에 추위가 다소 누그러져서 주위를 돌아보니 봄은 흙 속에만 있는 것이 아니었다. 개울을 덮고 있는 살얼음을 아무데나 깨뜨려보아도 금방 몇 마리의 어린 개구리들이 깜짝 놀라 튀어나온다. 늦은 오후에는 영하의 기온인데도 모처럼 햇볕이 따스했기 때문인지 꽃뱀 한 마리가 장독대 옆으로 기어 나와 몸을 잔뜩 웅크린 채 움직이질 못하고 있었다. 겨울이 절정에 이르렀을 때 봄은 이미 시작되었던 것이다.

무척 화창한 봄날이라고 느껴졌을 때 벌써 앞이마에 땀이 흐르는 것처럼 몸을 추스르기 어려울 정도의 더위를 견디어내는 동안 어디서인가 불어오는 한 줄기의 시원한 바람을 의식하게 된다. 그렇다면 봄, 여름, 가을, 겨울의 뚜렷한 구분을 어디에서 찾을 수 있을 것인가. 도시에도 없고 시골에서조차도 그 흐름이 분명치 않다면 우리의 계절은 어디에 있는 것일까. 겨울 속에 봄이 있고 봄 속에도 겨울이 있다면 그것을 구분하는 것은 과연 무엇인가.

시간의 흐름에 마디를 정해서 계절을 만들고 계절에 이름을 붙여서 의미를 부여하는 것은 결국 우리 인간들이 아닌가. 물론 세월이 흘러감에 따라 기후가 바뀌고 산천초목이 그 모습을 달리하는 것도 부정할 수 없는 엄연한 사실이다. 그러나 거기에 뚜렷한 의미를 부여하고 기쁨과 슬픔을 느끼며 희망에 가득 차 있거나 회한에 젖기도 하는 것은 모두 인간들뿐이다. 그러므로 이제 곧 다가올 봄도 자연과 우리 인간들이 서로 협력해서 만들어낸 창작품인 것이다. 자연 그 자체도 우리가 보아낸 그 무엇일 뿐이다. 하물며 객관적인 실체로서의 봄이 어떻게 존재할 수 있단 말인가······.

나는 온종일 계절과 시간의 의미에 관해서 생각해보았다. 생각하면 할수록 봄이 실제로는 아무데도 존재하지 않는 것 같았다. 결국 봄이란 우리가 부여한 봄의 '의미'일 뿐이다. 그리하여 그것은 우리가 엮어가고 있는 삶이란 거대한 흐름의 한 부분일 뿐이다. 마커스 아우렐리우스가 말했듯이 삶은 순간이며 영혼은 회오리바람에 지나지 않고, 운명은 예측할 수 없으며 명예는 다만 허상일 뿐이다. 나는 이러한 생각 때문에 좀처럼 잠을 이룰 수가 없었다.

결국 나는 이러한 결론에 도달하였다. 봄을 맞이한다는 것은 실체로서 존재하는 어느 계절을 대면한다는 뜻이 아니라, 그 봄을 맞이하려는 나 자신과의 만남을 의미한다. 그리고 나 자신과의 만남이란 나의 삶 전체를 포근한 마음으로 음미해본다는 뜻이다. 그리하여 이번 봄에는 그 어느 때보다도 포근한 마음으로 나 자신과 새롭게 만나는 계기를 마련해야 한다. 바로 그 계기 속에 봄은 분명히 존재할 것이니까.

4월 9일

오늘은 최씨네가 담배를 심는 날이다. 나로서는 처음으로 참여해본 일인데, 의외로 큰 작업임에 놀랐다. 모내기처럼 그동안 비닐 하우스에서 키운 것을 모종하는 작업이지만 워낙 광범위하게 펼쳐진 밭에 구석구석 심어야 할 뿐만 아니라 새싹이 상하지 않도록 극도로 조심해야 하기 때문에 여간 어려운 일이 아니었다. 다른 농가도 마찬가지이지만 최씨네가 거의 모든 밭에 담배를 심게 된 데에는 아주 분명한 이유가 있다. 그것은 물론 경제적인 이유였다. 농업협동조합에서 담배 연초만을

시간의 흐름에 마디를 정해서 계절을 만들고
계절에 이름을 붙여서 의미를 부여하는 것은 결국 우리 인간들이 아닌가…
거기에 뚜렷한 의미를 부여하고 기쁨과 슬픔을 느끼며
희망에 가득 차 있거나 회한에 젖기도 하는 것은 모두 인간들뿐이다.

모두 구매하겠다는 언약이 있는데다가 그 구매가격이 어느 농작물보다도 높아서 경제적 측면만 따진다면 벼 농사보다도 오히려 더 유리한 것이다.

그러나 오늘 직접 거들어서 충분히 실감할 수 있었지만 담배 농사는 상당히 많은 노동량을 필요로 하는 일이었다. 모내기 못지않게 심는 과정에서 일손이 많이 들 뿐만 아니라 자라는 동안에 잡초를 뽑아주어야 하고 또 자주 순을 잘라줌으로써 잎사귀가 잘 퍼지도록 해야 한다. 더구나 이 담뱃잎들이 자라서 넓게 퍼지면 비닐 하우스를 여러 곳에 설치하여 통풍이 잘되도록 그 속에 배치한 다음 완전히 마를 때까지 정성껏 돌보지 않으면 안 된다. 이밖에도 농협에 완성된 제품을 만들어서 넘길 때까지는 복잡하고 힘든 과정이 많이 있으나, 여하튼 이곳 주민들은 주로 경제적인 이유 때문에 모두 담배 농사에 점점 더 비중을 두고 있다.

담배 심기는 온종일 계속되었다. 그러나 나는 오전에만 일을 거들 수밖에 없었다. 잡초를 깎고 묘목을 심는 등 이 시기에만 해야 할 일들이 많이 밀려 있는데다가 왼쪽 팔을 자유롭게 움직일 수가 없기 때문이었다. 엎드려서 담배 모종 심는 일을 도우려니까 요즈음 갑자기 심해진 어깨의 통증이 더욱 악화된 모양이었다. 사실 이번에 여기 내려올 때 의사가 심한 노동을 삼가고 될 수 있는 대로 많은 휴식을 취하라고 충고하지 않았는가.

어깨의 통증은 지난 겨울 어느 날 이곳에서 군불을 충분히 때지 못한 채로 찬 방바닥에서 잠이 들어버린 후부터 시작되었다. 나는 그날 온종일 뒷산의 부러진 나무토막들을 옮겨다가 도끼로 쪼개서 땔감을 만들었으며 저녁에 군불을 지펴놓고 방에서 책을 보다가 그대로 잠이 들었는데 새벽녘에야 추위에 견디지 못하여 일어났던 것이다. 그후로 찬 방바닥에 눌려 있던 왼쪽 어깨에 통증이 생겼다. 그동안 정형외과와 한의원에서 물리치료도 받고 소염제도 먹으며 파스도 바르는 등 여러 가지 처방을 해보았으나 별로 효과가 없었다. 이러한 상태로 일을 계속한다는 것은 도움도 되지 못할 뿐만 아니라 통증이 전신으로 퍼져나갈 위험이 있다.

점심 때까지 미처 버티지도 못하고 나는 집으로 돌아왔다. 아래채 툇마루에 반듯하게 누워 잠시 쉬고 있는데 최씨 부인이 닭죽 한 그릇을 들고 내려왔다. 내가 맡겨두었던 하얀 씨암탉으로 끓인 것이라며 권하였다. 그것은 지난 구정 때 이곳에서 홀로 지내는 나를 위로할 겸 매부가 다니러 와서 선물로 놓고 간 것이었다. 한동안은 내가 기르며 외로움을 달래기도 하였으나 제대로 기를 수가 없어서 결국 최씨에게 주고 서울로 올라갔었다. 그것을 내 손으로 잡아서 음식을 만들어 먹는다는 것은 상상할 수 없는 일이었다. 그런데 최씨 부인이 가져온 닭죽이 바로 그렇게 해서 만든 음식이었다. 몸이 불편하고 또 피곤하기 때문인지 그 음식을 도저히 먹을 수가 없었다. 비록 잠시 동안이었지만 유일한 대화의 상대로서 서로 의지하며 지냈던 하나의 생명을 마구 먹어치울 수는 없었다. 그 닭이 나와 맺었던 관계의 의미만을 생각한다면 더욱더 그 음식을 입에 댈 수가 없는 것이다.

도대체 우리가 다른 생명을 죽여서 먹어도 되는 철학적 정당화의 근거는 무엇인가. 토마스 아퀴나스가 주장한 것처럼 불완전한 존재는 완전한 다른 존재를 위해서 존재해야 하고 그렇기 때문에 나는 닭을 잡아먹을 권리가 있단 말인가. 만약 그것이 사실이라면 나보다 약한 사람들을 함부로 취급해도 괜찮다는 말인가. 사람에 대해서는 예외라고 하지만 사람의 생명과 다른 동물의 생명이 지니는 본질적인 차이가 무엇인

봄을 맞이한다는 것은
실체로서 존재하는 어느 계절을 대면한다는 뜻이 아니라
그 봄을 맞이하려는 나 자신과의 만남을 의미한다.

가. 모든 인간이 똑같이 귀한 존재인 것처럼 생명을 가진 동물이나 식물은 다 같이 소중한 존재들이 아닐까. 칸트(I. Kant)는 짐승들을 단순히 인간의 도구로 취급하여 우리가 그것들을 소중히 여겨야 한다면 다른 사람들을 의식하기 때문이라는 이유를 제시한 바 있다. 그렇다면 이 세상에 나 혼자 살아 있을 경우 다른 생명체들은 정말 아무렇거나 취급해도 좋단 말인가. 그렇지 않다면 인간이 다른 생명체들을 음식으로 사용해도 좋은 철학적 근거는 무엇인가. 우리가 굶주림을 이겨내고 우리들 자신의 생명을 유지하기 위해서는 다른 생명을 희생시켜도 좋다는 것이 유일한 이유가 될 수 있을까.

이러한 의문들은 밀과 마르크스의 인간론을 연구하는 데에도 상당한 도움이 되었다. 인간을 무엇으로 규정하는지에 따라 인간과 다른 동물들과의 관계도 동시에 구체화될 것이기 때문이다. 아마 올 가을쯤 이들의 철학적 인간관에 관한 연구를 마무리할 때 나는 내가 기르던 암탉을 잡아서 삶아먹어도 되는지 혹은 그렇게 해서는 안 되는지 좀더 확실하게 알 수 있을 것이다.

저녁에는 어깨가 몹시 쑤시고 손발이 저려서 좀처럼 잠을 이룰 수가 없었다. 인간은 결국 육체일 뿐이며, 그것도 다른 동물과 달리 통증 때문에 몸부림치는 육체 외에 아무것도 아니라는 생각을 하다가 겨우 잠이 들었다.

4월 11일

오늘은 최씨 내외가 하와이로 멀리 회갑여행을 떠나는 날이다. 재래식으로 친척과 친지를 초대하여 잔치를 벌이기보다는 그 비용을 들여

난생 처음으로 해외여행을 해보겠다는 것이다. 그러한 생각을 하는 사람이 최씨네 내외뿐만은 아니었다. 국민학교 동창생인 김씨 내외와 방앗간집 주인인 당숙, 그밖에 건너 동네의 몇 사람이 비슷한 이유로 이번 여행길에 함께 나섰다. 담배 모종 심기를 그토록 서둘러서 하루 만에 끝낸 것도 이 여행을 준비하기 위한 것이었다. 그러나 이러한 결단과 실행은 우리 나라의 농촌에서 아직 흔한 일은 아닐 것이다. 비용이 이들의 수입에 비해서 엄청나게 많이 드는 것을 잘 알기 때문에 좀 의아하다는 생각이 들었다.

미리 약속을 했던 것은 아니지만 나는 최씨 내외가 2박 3일 여행을 하는 동안 집을 지키고 가축들을 돌보아주기로 하였다. 내가 서울에 있는 동안 나의 텅 빈 오두막에 항상 신경을 써준 데 대해서 어느 정도 보답을 할 수 있게 된 셈이다. 나는 집 열쇠를 보관하기로 하고 이들을 멀리 읍에까지 배웅해주었다. 그들은 먼저 김포공항까지 가야 하고 그곳에서부터는 예정대로 여행사의 안내를 받도록 되어 있다. 모쪼록 무사히 다녀오기를 바랄 뿐이다.

나는 돌아오는 길에 묘목들을 사 가지고 와서 집 주위 여기 저기에 심었다. 나무를 심는다는 것은 분명히 즐거운 일임에 틀림없다. 그것은 생명들이 제대로 자라날 수 있도록 돕는다는 이유에서 방생(放生)의 의미가 있지만 좋아하는 나무를 원하는 자리에 심는다는 점에서 문화(文化, cultura)의 의미도 있다. 문화란 자연(自然, natura)을 있는 그대로 두지 않고 인간과 좀더 밀착된 관계를 맺게 하는 인위적 현상이기 때문이다. 더구나 나무를 심는다는 것은 자기의 미래를 바라보는, 혹은 먼 훗날의 자기를 바라보는 자기 성찰의 의미가 있다. 한 그루의 묘목을 심을 때 아무도 그 나무가 자라지 않고 그대로 굳어져 있으리라고 생각하지 않으며 오히려 먼 훗날 자기의 모습처럼 우람하게 성장해 있는 모습을 실감하기 때문이다. 그렇기 때문에 나무를 심는다는 것은 단순히 즐거운 일일 뿐만 아니라 매우 뜻 깊은 일임에 틀림없다. 또한 나무를 심는다는 것은 특히 이곳 농민들에게는 경제적 효용성의 의미가 있다. 여기서는 열매를 잘 맺는 과실수이거나 무럭무럭 자라서 목재로 쓰일 수 있는 나무라야 비로소 가치를 지니게 마련이다. 이러한 나무들을 많이 심고 잘 가꾸었을 때 그것은 벼 농사나 담배 농사처럼 소중한 수입원이 되고 이곳 주민들은 주로 그러한 이유로 묘목을 심는 것이다.

아마 누구에게나 나무를 심는다는 것은 이렇게 복합적인 의미를 지닐 것이다. 그러나 아무래도 나에게는 경제적 효용성보다는 문화적 의미가 더 크게 작용하는 것 같다. 오늘 읍에서 사 가지고 온 묘목들은 대추나무 몇 그루를 제외하고는 모두 관상목에 해당되는 것들이기 때문이다. 나는 무엇보다도 목향나무 다섯 그루를 사서 논두렁과 앞마당 사이에 심음으로써 생산현장과 주거지역의 경계를 분명히 하고자 하였다. 그것은 기능적으로 보나 문화적 전통으로 보나 우리 나라 농촌의 재래식 사고방식과 분명히 어긋나는 일이었다. 앞마당은 농악과 춤이 어우러지는 놀이터임과 동시에 멍석만 깔면 민의가 수렴되는 의사당이었으며 고추를 말리고 보리를 타작해야 하는 어셈블리 라인(assembly line)이기도 한 것이다. 따라서 마당과 전답을 가르는 지역은 콩을 심어서 운치와 가치를 동시에 도모할지언정 심미적 가치와 효용적 가치를 뚜렷하게 구분하기 위해 목향나무로 담을 쌓지는 않았던 것이다. 거의 이와 비슷한 이유로 나는 향나무와 전나무, 단풍나무와 느티나무 등을 사서 그것이 필요하다고 판단되는 장소에 주로 심미적인 관점에서 심어보고자 애썼다. 먼 훗날 결국 나로 인하여 이 산골 마을의 풍치가 좋

나무를 심는다는 것은 자기의 미래를 바라보는,
혹은 먼 훗날의 자기를 바라보는 자기 성찰의 의미가 있다.

은 의미로든 나쁜 의미로든 많이 변모될 것이다. 그리하여 거기에 어떤 의미를 부여한다면 심미적 가치의 자율성을 확보하고 그것을 실현하려는 노력의 표현이었다고 해석해도 좋을 것이다

7. 은곡재의 한여름

은곡을 찾아온 사람들

비로소 나는 이 집이 나의 소유가 아니라
여러 생명들이 서로 다른 이유로 고유한 목적을 가지고,
자기들만의 방식으로 함께 서식하는 공동주택이라는 사실을 깨달았다.

7월 28일

여름방학이 시작된 지 오래되었음에도 불구하고 그동안 세브란스 병원의 재활의학과에서 정규적으로 물리치료를 받았고, 또 지난 주에는 서울 교육원에서 실시하는 중고교 교사 연수 프로그램에서 '서양사상과 윤리' 라는 제목의 강의를 하였으므로 비로소 오늘 이 은곡마을에 올 수가 있었다. 이번에는 특별한 의미가 있는데 그것은 '은곡재(隱谷齋)' 라는 양각 나무 현판을 지니고 왔기 때문이다.

'은곡'은 집이 다섯 채밖에 없는 이 산골 마을의 이름으로서 7년 전 이곳에 처음 이사왔을 때 김노인이 나에게 준 아호(雅號)이기도 하다. 나는 어감으로 보나 그 말의 뜻으로 보나 무척 마음에 들어서 그것을 기꺼이 받아들였고, 길재(吉再, 冶隱)나 이이(李珥, 栗谷)의 인상이 섞여 있는 듯해 더욱 좋아하게 되었다. 그리고 어느 날부터인가 나는 이 농가의 사랑채를 '은곡재'라고 부르기 시작했는데 그 툇마루 처마 밑에다 현판을 걸어두고 싶어서 서예에 재능이 있는 이명현 교수에게 부탁하여 비로소 그 소원을 이루게 된 것이다.

나는 도착하자마자 우선 이 현판부터 꺼내어 그 자리에 못을 박고 걸어보았다. 그것이 바로 그 자리에 너무나 어울려서 순간적으로 외마디 소리를 지르고 싶을 정도였다. 그야말로 용의 그림에 눈동자를 쯘 것 (畵龍點睛) 같은 흥분을 감추기 어려웠다. 그 현판을 걸어두기 전까지 그 농가는 다 쓰러져가는 폐가 외에 아무것도 아니었다. 그러나 이제는 거기서 광채가 솟구치고 서기(瑞氣)가 어려 비로소 훌륭한 사상을 잉태할 수도 있을 것 같은 흥분을 느끼게 하였다. 그리하여 마침내 이 농가는 하나의 이름을 얻어 실질적으로 이 땅에 존재하게 되었고 나의 정신과 기백을 담았으므로 진정한 의미로 나의 소유가 되었다는 확신을 갖게 하였다.

　그러나 잠시 흥분을 가라앉히고 삐걱거리는 문을 열어젖힌 다음 앞마당에 들어서자마자 나는 이 농가가 나의 소유가 아님을 금방 확인할 수 있었다. 두 마리의 꽃뱀이 장독대 옆에 숨어 있다가 기분 나쁘다는 듯 슬금슬금 꼬리를 저으며 밖으로 빠져 나갔고 발을 내딛기 어려울 정도로 앞마당에 잡초가 무성하게 자라나 있었으며 처마 끝에서는 부리가 꼬부라지고 이마가 노란 낯선 새가 둥우리를 틀고 몇 마리의 새끼를 까서 쩍쩍거리고 있었다. 그밖에도 그 농가가 나만의 소유가 아니라는 증거는 얼마든지 있었다. 구석구석에 거미줄을 쳐놓고 호시탐탐 기회만 노리며 초소의 병사처럼 버티고 있는 크고 작은 거미들, 화분으로 만든 등피 속에다 꽉 차게 벌집을 엮어놓고 분주하게 작업을 벌이고 있는 벌떼들, 내 발길을 피하여 어디론가 부대 이동을 감행하고 있는 무수한 개미떼들⋯⋯.

　드디어 나는 이 집이 나의 소유가 아니라 여러 생명들이 각기 서로 다른 이유로 고유한 목적을 가지고, 그리고 자기들만의 특유한 방식으로 함께 서식하는 공동주택이라는 사실을 비로소 깨닫게 된 것이다. 더구나 나는 기껏해야 한 달에 한두 번 정도 잠시 들렀다가 지나가는 나그네에 불과하다. 주거지 점유율로 따지자면 내가 소유권을 주장하기에 확률이 제일 낮은 셈이다. 결국 '은곡재'라는 현판을 걸어놓고 좋아하는 것은 내가 정한 나만의 기준에 따라 나만의 방식으로 이 집을 소유하는 형식일 뿐이다.

　그럼에도 불구하고 나는 그 생명들이 내가 이곳에 머무는 동안 혹시 나를 해치지 않을지 걱정이 되었다. 그것은 아무도 모를 일이다. 비록 나를 해칠 의도가 없었다고 하더라도 본능에 따라 움직이다 보니까 혹

그림 그리기는 자연을 모방하는 행위이지만 그러한 행위를 통해서 자연과 하나가 되는 방식이기도 하다.

은 실수로 잘못을 저지를 수가 있기 때문이다. 특히 독사나 지네가 해치면 치명적일 수도 있다.

그 농가에 대한 나의 소유권을 확인하기 위해서가 아니라 나의 자율성을 확보하기 위해서 아궁이에 군불을 때기 시작하였다. 연기가 집안을 휩싸고 방을 따뜻하게 하면 해로운 벌레들과 어느 정도 거리를 유지하고 일단 안전을 도모할 수가 있는 것이다.

나는 집을 대강 치운 다음 가지고 온 짐을 정리하면서 이른바 '환경철학'이라는 것이 무엇이겠는지 생각해보았다. 그것은 존재론적 차원에서 특히 자연환경 속에서 차지하는 인간의 위치를 새롭게 정의하는 작업이라고 생각된다. 그러므로 환경철학은 철학적 인간학의 일부로 이해되어야 할 것이다. 그런데 인간을 자연과의 관계 속에서 제대로 이해하려면 자연의 생태계에 관해서 먼저 이해하지 않으면 안 된다. 그러나 오늘날 우리는 자연현상이나 생태계의 연구를 거의 자연과학자들에게만 의존하고 있는 형편이다. 따라서 환경철학은 자연과학 방법론 비판, 즉 과학철학적 접근방식을 동시에 수용하지 않으면 안 된다. 그리고 여유가 있다면 철학적 관심을 가지고 이렇게 각종 동식물이 한 곳에 서식하는 자연의 공동주택에서 하룻밤 정도 지내보는 것도 좋지 않을까.

이번에 다행히 철학문화연구소의 이사장인 김태길 교수를 비롯해서 기획을 담당한 이명현 교수, 그리고《철학과 현실》편집에 참여한 김광수, 이한구, 황경식 교수들이 '은곡재' 현판식을 갖기 위해서 이곳에 오겠다고 하니 나로서는 여간 보람차고 영광스러운 일이 아니다. 이것이 계기가 되어 철학과 우리의 현실을 잇는 진정한 의미의 가교가 마련될 수 있으면 더 바랄 것이 없겠다. 그것이 바로 내가 이 농가를 마련하고 그동안 어깨와 목과 팔을 상할 정도로 이곳에서 중노동을 해온 이유가 아니겠는가. 나는 잠시 걸어두었던 현판을 떼고 의미 있는 현판식을 하기 위한 마음의 준비를 해두었다.

8월 2일

아침에 늦잠을 자고 일어나니 벌써 뒤뜰 잡초밭에 아랫집 김씨 영감네 염소 세 마리가 노닐고 있었다. 정확히 표현하면 노닌다기보다 열심히 풀을 뜯고 있었다고 해야 할 것이다. '논다'는 것은 문화적 개념이고 염소에게는 문화가 없으니까 그것은 정확한 표현이 아닌 셈이다. 사실 좀더 정확하게 표현하면 염소들은 노동에 종사하고 있었다고 해야 하는지도 모른다. 뒤뜰에는 미처 손 델 틈이 없어서 일년 중 이맘때쯤에는 토끼풀이며 쑥대 등 이름 모를 잡초들이 발 들여놓을 틈도 없이 무성한데, 요즈음에는 그 염소들이 말끔히 먹어치우니까 여간 고마운 것이 아니다. 염소들에게 용돈이 필요하다면 얼마 정도 지불하고 싶을 정도로 고마움을 느낀다.

점심 때쯤에 서울에서 철학과 대학원생들이 다니러 오겠다고 약속이 되어 있기 때문에 집안을 여기저기 치웠다. 흙담이 무너진 채로 방치되어 있고 방바닥에까지 쥐구멍이 나 있으니, 아무리 치워도 소용이 없었다. 그러나 간단한 가구들을 정리하고 앞마당을 쓸었더니 한결 아담해 보였다. 이윽고 2시가 가까워오자 세 명이 먼저 도착하였다. 몹시 피곤하고 허기진 모습이었다. 그들은 버스로 당진읍까지 왔기에 오히려 빨리 온 셈이지만 나머지 네 명은 승용차를 몰고 왔는데 차가 밀려서 세 시간 후에나 도착하였다. 피곤한 모습이었지만 짐을 풀고 산골마을을 둘러보자 금방 활기가 넘쳤다. 역시 젊음은 소중한 것이라는 생각이 들

그 현판을 걸어두기 전까지 그 농가는
다 쓰러져가는 폐가 외에 아무것도 아니었다.
그러나 이제는 거기서 광채가 솟구치고 서기가 어려
비로소 훌륭한 사상을 잉태할 수도 있을 것 같은 흥분을 느끼게 하였다.

었다. 나는 이곳에 오기 전에 지난 겨울에 상한 어깨와 목이 결려서 몇 주 동안이나 물리치료를 받고 온 처지여서 이들의 젊음이 더욱 부럽게 느껴졌다.

우리는 각자가 조금씩 가져온 음식을 꺼내어 정리한 다음 고기를 굽고 찌개를 끓이며 저녁식사 준비를 하였다. 공기가 맑고 경관이 좋아서인지 모두 즐거운 표정이었다. 식사가 끝날 무렵 폭우가 쏟아졌으나 우리는 계획했던 대로 약간의 주류와 수박, 참외 등 과일을 가지고 원두막으로 옮겼다. 작은 원두막에 일곱 명이 끼어 앉아서 가끔씩 들이치는 비를 피하려니까 여간 비좁은 것이 아니었다. 그러나 아무도 아랑곳하지 않았다. 대부분 도시에서 태어나서 아파트 생활을 하고 있는 이 학생들에게 그것은 새롭고 신기한 경험임에 틀림없다. 다시 말해서 그것은 어린 시절을 회상하거나 향수에 젖을 경험은 이미 아닌 것이다. 더 이상 농촌은 상당히 많은 젊은이들에게 구체적인 현실로서 존재하지 않게 된 셈이다.

여러 가지 이야기를 나누다가 이윽고 화제가 귀신이나 유령으로 옮겨졌다. 지척을 분간하기가 어려울 정도로 캄캄함 밤에 비까지 계속 내리고 있으니 그런 이야기를 원두막에 앉아서 즐기기에는 그야말로 안성맞춤이었다. 처음에는 장난삼아 시작했다가 점점 더 진지해지더니 그들의 표정이 굳어지기 시작했고, 어느 말주변 좋은 학생이 귀신 이야기를 아주 실감나게 하자 모두들 얼굴에 공포의 빛이 역력했다. 대부분 분석철학에 조예가 깊고 논리적이며 실증적인 훈련이 잘되어 있는 학생들이지만 그러한 분위기 속에서는 어쩔 수 없는 모양이었다. 누구인가가 그러한 현상에 대해서 심리학적, 혹은 신경생리학적 설명을 시도하였으나 별로 설득력을 지니는 것 같지는 않았다. 결국 우리는 귀신이

나 유령의 '존재론적 지위'에 관하여 논의하기 시작하였다.

아리스토텔레스는 그의 《형이상학》에서 "존재하는 것을 존재한다고 말하고 존재하지 않는 것을 존재하지 않는다고 말하는 것이 진리요, 존재하는 것을 존재하지 않는다고 말하고 존재하지 않는 것을 존재한다고 말하는 것이 허위이다"라고 갈파한 적이 있다. 그것은 플라톤의 '이데아'를 존재하지 않는 형이상학적 허구라고 비판하기 위해서 한 말이었으나 이 논쟁에서 반드시 아리스토텔레스가 이겼다고 단언할 수도 없는 일이다. 그 '이데아'는 서구의 사상사에서 여러 가지 모습으로 변모되어 오늘날까지 면면히 흘러와서는 갖가지 관념론을 엮어내고 있기 때문이다. 철학은 널리 알려진 바와 같이 진리를 가장 포괄적이고 심도 있게 탐구하는 체계적 학문으로 되어 있으나 무엇이 진정 존재하는 것인지를 규명하지 못하는 한 철학의 진보는 전혀 기대할 수 없는 것이 된다. 오늘 우리는 원두막에서 밤늦게까지 귀신 이야기를 하는 동안 그러한 측면을 솔직히 인정할 수밖에 없었다. 평소에 당당히 부정하던 귀신의 존재를 확인해보지도 않고 그로 인한 공포를 모두 체험할 수가 있었기 때문이다. 정말 존재하는 것은 무엇인가. 감각기관으로 확인할 수 있는 물리적 대상뿐인가, 아니면 귀신이나 유령 혹은 유니콘이나 페가소스 등 상상이나 환상의 소산으로부터 완전한 존재인 절대자에 이르기까지 정신적 대상도 모두 존재하는가. 존재와 비존재의 기준은 무엇인가. 도대체 존재한다는 것은 무슨 뜻인가. 그냥 실감난다는 뜻인가, 아니면 그 실감난다는 대상을 객관적으로 확인할 방법이 있다는 뜻인가.

우리는 이러한 질문들을 가지고 논쟁을 벌이며 시간 가는 줄 모르고 원두막에서 비오는 밤을 즐겼다. 거기는 관념의 실재를 확인해보는 사유의 실험장 같았다.

8월 3일

학생들은 9시 무렵까지 늦잠을 잤다. 그러나 나는 6시쯤에 잠이 깨어 주위를 둘러보니 다시 잠자리에 들 수가 없었다. 지난 밤에 폭우가 심하여 여기 저기 고랑이 심하게 파였고 아랫집 김씨 영감네 앞개울은 물이 넘쳐서 마당으로 뻗은 통로를 거의 반이나 휩쓸고 지나갔다. 당뇨병에다 목 디스크까지 앓고 있는 팔순의 김 노인은 툇마루에 앉아 한숨만 푹푹 쉴 뿐이고 할머니만 안타깝게 부삽으로 흙을 한 삽씩 떠다가 한 구덩이를 메우고 있었다. 나는 일단 노부부를 안심시키고 집으로 돌아와서 죽도로 가벼운 아침 운동을 한 다음 학생들이 일어날 때까지 라면으로 식사 준비를 하였다.

우리는 부슬비가 멈추기를 기다렸다가 가벼운 옷차림에 간단한 장비를 챙겨 가지고 김 노인네로 갔다. 예기치 않은 방문에 김 노인 부부는 몹시 반색을 하였다. 튼튼하고 지성적인 장정들이 여섯 명이나 한꺼번에 몰려들었으니 이 한적한 마을에서는 좀처럼 구하기 힘든 노동력이었다. 우리는 비료를 담았던 두터운 비닐 자루를 구하여 흙을 담아서 이것을 둑을 쌓는 데 이용하였다. 학생들이 이런 일에 익숙하지 않아서 다소 시간이 걸렸으나 별로 어렵지 않게 진행되었다. 그동안 이곳에서 자주 삽질을 하였으므로 오히려 내가 더 능률적으로 일을 하는 셈이었다. 김노인은 나에게 "이제 '농사꾼'이 다 되었다"고 칭찬을 해주었다.

거의 한 시간 정도 지났을 때 작업이 마무리되었다. 이제는 자동차가 지나가도 아무 문제가 없을 정도로 튼튼한 길이 되었다. 김 노인 부부가 고마워하는 모습은 이루 형언할 길이 없었다. 그들은 2남 3녀를 두었는데, 모두 서울을 비롯하여 외지에 가 있고 큰아들이 당진 읍내에서 청과물 장사를 하고 있지만 좀처럼 이곳에 오지 않는다. 결국 팔순에 가까운 이들 노부부가 불편한 몸을 이끌고 겨우 농사일을 하며 지내는 형편이다. 그렇기 때문에 오늘처럼 돌발 사태가 벌어지면 거의 대책이 없는 상태로 방치되게 마련이다. 더구나 이러한 현상은 이 외딴 산골 마을에서만 생기는 일이 아니고 우리 나라의 농촌이면 거의 어디에서나 볼 수 있다.

그런데 매우 놀라운 사실은 마을 안에서의 협동정신이나 도덕성 같은 것도 찾아보기 어렵다는 점이다. 물론 다른 집들도 비슷한 사정이기 때문에 서로 도울 형편이 못될 수도 있을 것이다. 그러나 더 중요한 이유는 이제 사회 전체가 상업화되어서 사람들이 이해관계에만 관심을 쏟고 개인적 이기주의가 팽배하여 마을 공동체 의식을 상실해가고 있다는 데서 찾아야 할 것 같다. 만약 이러한 의식이 공고하다면 오히려 젊은이들이 대부분 도시나 공장지대로 떠난 농촌에서 더욱 단결력을 과시하고 협동정신을 발휘할 것이 아닌가. 아니 젊은이들조차 농촌을 지키기 위해 자기의 고장에 머물러 있게 될 것이 아닌가.

사실 옛날에는 우리에게 향약(鄕約)이라는 것이 있었다. 그것은 소규모 지방자치제의 규약이라고 할 수 있는 것으로서 어떤 사람이 자기보다 20세 가량 더 나이가 들었으면 부모처럼 공경하고 남녀가 길에서 우연히 만나게 될 경우 애써 외면하며, 연장이나 농기구를 빌려주는 데 결코 인색하지 않을 뿐만 아니라 물난리나 화재가 나면 우선 양식을 갹출해주고 함께 복구작업에 나선다. 이러한 규약은 매우 엄격한 것이어서 위반할 경우에는 처벌도 강경하다. 단체 행동에 참여하지 않을 때는 말할 나위가 없지만, 가령 옆집에 연기가 나지 않는 것을 사흘 동안 모르고 지내도 태형(笞刑)과 같은 처벌을 받게 된다.

향약이 보편적으로 지켜졌기 때문에 별로 배우지 않아도 높은 도덕

인간이 다른 생명체들을 음식으로 사용해도 좋은
철학적 근거는 무엇인가.

성을 과시할 수 있었고 서구식 종교를 믿지 않아도 선량할 수 있었으며 때로는 끼니를 걸러도 느긋할 수 있었다. 비록 개화기의 지도층은 각종 사대주의로 오염되어 있었고 사색당파의 잔재로 풀이 죽어 있었으나 적어도 서민층에서는 그러한 규약의 실천 때문에 민족적 자긍심을 유지할 수가 있었던 것이다. 그러나 오늘날 우리는 어떠한가.

　도시의 아파트 생활은 말할 필요도 없고 오늘 아침 내가 학생들과 직접 확인했듯이 아무도 노인의 재난을 도우려 하지 않는다. 그렇다고 해서 이웃에 사는 최씨나 박씨를 탓할 필요는 없다. 오히려 우리의 미풍양속을 헌신짝처럼 내버리고 서구의 정치제도와 경제체제 및 문화양식을 무비판적으로 수용하고 모방한 데서 그 근본적인 원인을 찾아야 할 것이다. 물론 서양의 여러 문물을 무조건 배척할 필요는 없다. 그러나 넓은 의미의 문화는 '신토불이(身土不二)'라는 표현이 잘 나타내고 있듯이 각기 고유한 풍토에서 오랜 기간 동안 싹트고 자라온 소산임을 상기해둘 필요가 있다. 사회가 변천함에 따라 새로운 문물을 받아들이고 자기 변신을 꾀하는 것이 당연하겠지만, 그러나 그러한 작업을 성공적으로 수행하기 위해서라도 자기 자신이 먼저 존재하지 않으면 안 된다. 만약 나 자신이 존재하지 않는다면 누가 그것을 받아들이고 또 변화를 시도한단 말인가. 우리는 바로 그 '나'를 상실해가고 있기 때문에 정치적 격동기를 심하게 겪고 있고 경제적으로 불안할 뿐 아니라 문화적으로도 늘 동요하고 있는 것이 아닐까. 이것이 바로 미국을 비롯한 서구의 여러 나라가 우리를 만만하게 생각하고 중국이나 동남아 여러 나라가 우리를 진심으로 존경하지 않으며, 일본이 항상 우리를 내심으로 경멸하는 이유일 것이다. 도대체 이 노부부의 재난을, 우리 농촌의 수난을, 아니 내 조국의 불운을 성공적으로 극복할 수 있는 철학적 대응은 과연 무엇인가!

그것은 이른바 '민족적 자아', 다시 말해서 민족적 차원에서 '나'를 확립하고 그것을 선험적(a priori)인 것으로 정립하는 작업일 수밖에 없을 것이다. 그것이 정립되어야 민족국가로서 확고하게 자리잡고 그 임무를 당당하게 수행할 수 있지 않을까.

작업을 마치고 잠시 쉬는 동안 우리들은 직접 체험한 우리 농촌의 실상에 대해서, 그리고 분단의 시대를 겪고 있는 한민족의 운명에 대해서 여러 가지로 이야기를 나누었다. 그것은 어젯밤 비가 들이치는 원두막에서의 귀신 이야기처럼 매우 실감나는 데가 있었다. 사실 우리는 민주주의를 강조하지만 자기 자신이나 가족의 이해관계가 얽히게 되면 단서를 붙이게 마련이다. 마찬가지로 이론적으로는 사해동포적 인류애나 휴머니즘을 부르짖지만 실제로는 불우한 이웃을 돕는 일에서조차 게으름을 피며, 기껏해야 민족적 차원에서의 복지를 실현할 수 있다면 극히 다행스러운 일이다. 그러므로 철학적 관점에서 볼 때 존재론적으로는 인류가 더 본질적인 것이다. 따라서 장기적으로는 국제화를 지향해야 할지 모르겠으나 인식론적으로는 민족이 인류에 선행되기 때문에 민족적 자아의 확립이 더 시급하다고 말할 수 있는 것이다. 이것이 궁극적으로는 국제화 시대의 인류애를 위해서도 더 구체적이고 현실적인 실천 방안이 될 수 있지 않을까.

12시부터 2시까지는 예정했던 대로 미국의 대표적 분석철학자인 콰인(W. V. Quine)의 존재론적 상대주의에 관해 그의 〈있는 것에 관하여(On What There Is)〉라는 논문을 중심으로 세미나를 가졌다. 내가 먼저 그의 철학을 전반적으로 개관하고 현대 철학에서 차지하는 그의 위치를 가늠한 다음 미리 준비해온 논문을 S군이 발표하였다. 발표가 끝

여기서 철학과 우리의 현실을 잇는 진정한 의미의 가교가 마련될 수 있으면 더 바랄 것이 없겠다.

나자 한 시간 정도에 걸쳐 토론을 벌였으나 웬일인지 깊이 파고드는 맛이 부족하였다. "존재는 속박변항(bound variable)의 값어치이다'라는 입장 속에 귀신이나 유령은 어디쯤에 위치해 있는지를 논의했으나 뚜렷한 결론에 도달하지는 못하였다. 시간이 충분하지 못한 이유도 있었으나 아마 오늘 아침의 보수작업을 통해서 농촌의 실상이 더욱 현실적인 문제로 부각되었기 때문일 것이다.

토론이 끝나자 학생들은 원두막과 김 노인의 염소들, 그리고 이명현 교수가 써준 현판 "은곡재(隱谷齋)' 앞에서 기념 촬영을 하고 총총히 서울로 떠났다. 누군가가 다녀가면 늘 그렇듯이 이 산골 마을에 또 다시 섬뜩할 정도의 적막이 찾아왔고 나는 우주의 미아가 된 것처럼 사유의 은하수 속으로 빨려드는 듯한 현기증을 느꼈다. 땅거미가 짙어지고 풀벌레 소리가 좀더 가까이서 들려오자 나는 다시 나 자신으로, 작고 쓸쓸하지만 결코 허약하다거나 외롭다고 할 수 없는 나 자신으로 돌아올 수가 있었다.

8월 4일

아침 8시에 최씨 부인이 전화를 받으라고 소리를 질러서 부리나케 뛰어가보니 반가운 아내의 목소리였다. 목소리는 무척 반가웠으나 그 전하는 내용은 실망스러운 것이었다. 원래 오늘 오후에 《철학과 현실》에 관여하는 교수들이 이곳에 와서 '은곡재' 현판식을 갖고 하룻밤 묵으면서 철학적 담론을 즐겨볼까 하였으나 사정이 여의치 않아 결국 올 수 없게 되었다는 것이다. 나는 풍선처럼 부풀었던 기대가 한꺼번에 꺼지는 듯한 실망감을 느꼈다. 우리의 현실을 위하여 참신한 철학적 사유를 잉태할 수도 있는 절호의 기회를 놓치는 것 같아 몹시 안타까웠다.

하루종일 마음이 가다듬어지지가 않아서 책을 읽거나 어떤 체계적인 생각에 잠길 수가 없었다. 이 일에 내가 너무 집착해 있었기 때문일까. 나는 외롭고 착잡한 마음을 달래기 위하여 하루종일 잡초를 베면서 소일하였다. 결국 인간은 자기의 삶을 홀로 살아갈 뿐이며 어느 날 자기의 죽음을 스스로 죽어야 하는 한 포기의 잡초에 지나지 않는다는 생각이 들었다. 그래서인지 온종일 주위에서 풀을 뜯는 염소 세 마리가 더욱 가깝고 정답게 느껴졌다.

8월 22일

오늘은 아침부터 까치가 유난히 많이 울더니 오후 2시경에 과연 반가운 손님이 찾아왔다. 반갑다기보다 오히려 특이한 손님이라고 해야 더 정확한 표현일 것 같다. 그는 서산에 거주하는 30대 중반의 H 변호사로서 《철학과 현실》을 정기 구독하는 애독자 중의 한 사람이었다. 그는 특히 내가 집필하고 있는 '철학자의 일기'에 많은 관심을 가지고 있는데, 그 이유 중에 하나는 나의 활동무대가 바로 자기의 고장인 당진 근교이기 때문이었다. 얼마 전 그는 서강대학교로 장거리 전화를 했었는데, 은곡에 올 기회가 있으면 찾아보고 싶으니 알려달라는 내용이었다. 그래서 이번 기회에 내가 연락을 했고 약속이 되어서 오늘 찾아온 것이다.

나는 모르는 사람과 이렇게 인연이 맺어져서 만나기는 처음이라 약간 기분이 고조되어 있었던 것이 사실이다. 직업이 변호사라면 어느 정도 인품을 가늠할 수 있지만 어떤 성격을 지니고 있고 어떻게 생겼는지, 그리고 쫓기는 생활 속에서 구태여 나를 만나야 할 이유가 무엇인

지, 그리고 쫓기는 생활 속에서 구태여 나를 만나야 할 이유가 무엇인지 다소 궁금하였다. 막상 눈앞에 나타난 그는 용모가 수려하고 키가 훤칠한 미남형의 신사였다. 더구나 놀란 것은 외모에 못지않게 그가 다부지고 건실한 내면의 세계를 지니고 있다는 점이었다. 언제 어디서나 그러한 인격을 만난다는 것은 쉬운 일이 아니며 그렇기 때문에 매우 소중한 기회처럼 여겨졌다.

우리는 간단히 인사를 건네고 뒤뜰의 나무 그늘에 앉아서 여러 가지 문제에 관해 대화를 나누었다. 나는 주로 철학 개론적인 이야기를 많이 했고 그는 변호사로 활동하는 동안 현장에서 부딪히게 되는 철학적 문제에 관하여 궁금해하였다. 나는 무엇보다도 철학은 문제를 해결하는 것이 아니라 문제를 좀더 넓고 깊게, 그리고 체계적으로 들여다볼 수 있도록 도울 뿐이라는 점을 강조하였다. 그는 바로 그러한 능력이 절실하게 필요함을 깨닫는다고 말하였다.

그는 또한 자기 고향에 내려와서 일함으로써 남달리 보람과 긍지를 느낀다고 하였으나 지적인 욕구가 약해지고 그것을 충족시킬 기회도 충분하지 못함을 아쉬워하였다. 그것이 바로 그가 바쁜 시간에 틈을 내어 이곳까지 찾아온 이유였다. 사실 나는 지적인 욕구가 너무 강하고 그것을 충족시킬 기회도 지나치게 많아서 이곳으로 도피해 온 셈인데, 그런 의미로도 우리의 만남은 의미 있는 것이라는 생각을 해보았다. 얼마 후 우리는 다시 만날 것을 기약하고 헤어졌는데, 표표히 사라지는 그의 뒷모습을 바라보니 매우 흐뭇하였다. 그러한 인물들이 구석구석에 묻혀서 활동하고 있는 한 우리 나라의 장래가 반드시 어둡다고 볼 수만은 없다고 생각을 해보았다.

그의 뒷모습을 바라보니 매우 흐뭇하였다. 그러한 인물들이 구석구석에 묻혀서 활동하고 있는 한 우리 나라의 장래가 반드시 어둡다고 볼 수만은 없다고 생각을 해보았다.

8. 개방화에 버려진 농촌

삶의 터전에 관한 단상

지금 우리는 소외를 당해도 좋으니
마음놓고 노동을 할 수 있는 삶의 터전이 필요하다.
한 인간으로서 온전히 존재하기 위해서 말이다.

9월 25일

토요일에는 워낙 차가 몰려서 피하는 것이 좋다는 것을 알면서도 강행을 했더니 이곳에 오는데 무려 다섯 시간이나 걸렸다. 보통 때 같으면 세 시간이면 충분한 거리다. 물론 승용차 내부도 생각을 하기에는 충분한 공간이라고 할 수 있고, 좋아하는 음악도 들을 수 있을 뿐만 아니라 초가을의 들녘에 출렁이는 벼이삭들을 바라볼 수 있기 때문에 별로 지루한 줄 몰랐으나 지척을 분간할 수 없는 8시경에 이곳 산골마을에 도착하니 여간 불편한 것이 아니다. 여기저기 더듬어서 불을 켜고 축축한 방에 군불을 때면서도 계속 우리 나라의 교통문제에 관하여 곰곰이 생각하게 된다.

급속하게 산업화되고 또 남들이 모두 부러워할 정도로 경제가 성장하여 많은 국민들이 자가용 승용차를 구입할 수 있게 된 것은 물론 자랑스러운 일임에 틀림없다. 그러나 이것을 너나 할 것 없이 모두 거리로 몰고 나와서 교통이 마비되어 할 일을 제대로 하지 못하고 길거리에서 시간을 낭비하게 된다면 차라리 자동차가 없는 것이 더 낫다고 해야 하지 않을까. 엄청난 양의 기름이 소모되어 대기가 심하게 오염되는 것은 말할 필요도 없고, 운전들이 서툴러서 교통사고가 빈발하는데다 제각기 조급하게 먼저 가겠다고 서두르니 아무도 갈 수가 없는 현상을 빚어낸다. 그야말로 '교통지옥'이란 말이 실감난다. 더구나 국도로 접어들면 대형 트럭들이 질풍처럼 달려들어 아슬아슬하게 스치고 지나가기가 한두 번이 아니어서 이곳에 올 때면 마치 목숨을 내걸고 전쟁터로 떠나는 느낌마저 든다. 게다가 총알 택시라는 것이 있어서 무리하게 추월을 하기 때문에 반대 방향에서 달려오는 차들과 충돌하지 않기 위해서는 나도 정신을 바짝 차리지 않으면 안 된다. 그야말로 총알을 피해서 이리 뛰고 저리 뛰는 전투요원의 기분으로 운전을 해야 하니 정말 한심한 노릇이다.

12월 12일

한 학기를 마무리하고 다시 이곳에 왔다. 이번에는 월동 준비를 해야 되기 때문에 여러 가지로 할 일이 많다. 무엇보다도 보일러를 놓지 않으면 안 된다. 그동안 군불 때는 것이 재미있고 시간에 쫓기어 차일피일 미루다가 지금까지 재래식 난방으로 견디어왔다. 그러나 작년 겨울 어느 날 찬 방바닥에서 잠이 든 이후 견비통이 생겨서 너무나 고생을 많이 했으므로 이번에 석유 보일러를 놓기로 결심을 한 것이다. 사실 수도(修道)만을 위해서 이곳에 오는 것도 아닌 이상 산에서 장작을 마련해다가 매일 아침과 저녁에 군불을 땐다는 것은 너무나 많은 시간을 낭비하는 셈이다. 이것뿐만 아니라 이곳에서는 혼자서 생활을 꾸려나가야 하기 때문에 식사준비와 설거지는 물론 청소와 빨래를 모두 도맡아 해야 하므로 상당히 많은 시간을 여기에 할애하게 된다. 그러나 이러한 일들로 시간을 허비하기에 아직 나에게는 읽어야 할 책들이 너무나 많고 또 체계적으로 정리해야 할 생각들이 아무렇게나 흩어진 채로 여기저기에 방치되어 있다. 이러한 작업을 계획대로 마무리하지 못한 채 서울로 돌아가니까 매번 개운하지 못한 기분으로 여기를 떠나야 하지 않았던가. 여기에 홀로 머물러서 철학적 문제들과 외롭게 대결하는 의미를 극대화하기 위해서라도 어느 정도의 편의 시설이 필요하다고 판단된다. 사유의 구조와 사고의 내용이 생활 형편 때문에 변질되어서는 안 될 것이다.

집을 대강 정리하고 텃밭 주위를 산책하였다. 예년 같으면 배추가 모두 거두어져서 처리가 되었을 시기인데 그냥 방치되어 있는 것을 보고 최씨에게 그 이유를 물었다. 그는 한숨을 쉬며 그것을 모두 폐기하라는 지시가 내려온 경위를 자세히 설명하였다. 그의 하소연은 금방 울분으로 돌변하고 말았다. 농사꾼의 즐거움은 농사를 짓고 그것을 거두는 데 있는데도 불구하고 이러저러한 이유로 이것을 못하게 하니 무슨 재미로 세상을 살겠느냐는 것이다.

나는 그를 위로하려고 애썼으나 여의치 않았다. 지금은 온 세상이 격동기를 겪고 있으니 잘 견디어내자는 말만 거듭할 뿐이었다. 비록 시들고 얼어붙은 상태였으나 여전히 탐스러운 배추 몇 포기를 뽑아서 한참 대화를 나누다가 돌아왔다. 배추들은 응답이 없고 전혀 명랑한 모습도 아니었다.

저녁에는 내일 시작하기로 한 보일러 공사를 준비하기 위해 방을 정리하고 가구를 치우는 일로 보냈다. 이제 고생을 덜하고 시간을 허비하지 않으며 따뜻한 방에서 지낼 수 있다고 생각하니 조금도 피곤한 줄 모르겠다.

12월 13일

아침 일찍 오기로 약속되어 있었으나 거의 정오가 다 되어서야 보일러공 형제가 나타났다. 기다리다 지친 상태였으나 와준 것만 고마워서 반색을 하였다. 물론 늦게 된 이유가 있을 것이다. 그리고 그 설명을 들으면 충분히 납득할 수 있는 내용일 것이다. 더구나 이 산골 마을에 전화도 없이 지내는 나에게 연락할 방도도 없을 터이니 어쩔 수 없었으리

라. 그러나 마르셀(Gabriel Marcel)이 지적했듯이 "인간은 약속하는 동물"이다. 인간만 약속할 수 있고 또 그 약속을 지킬 줄 아는 동물이다. 그렇기 때문에 '약속'이라는 현상이 인간을 다른 동물과 구분할 뿐 아니라 그 현상을 어떻게 이행하느냐에 따라 한 인간을 다른 인간과 구분할 수 있게 된다. 그런 의미로 약속은 아리스토텔레스가 말하는 '실천적 이성' 혹은 '행덕(行德)'의 구체적이고도 포괄적인 표현이라고 할 수도 있을 것이다.

나는 그러한 생각을 하면서 두 기술공들의 작업을 지켜보는 동안 그들의 숙련된 솜씨와 전문성에 놀라지 않을 수 없었다. 무엇이든지 잘한다는 것은 좋은 일일 뿐만 아니라 아름답기까지 하다는 생각이 들었다. 진실하지 않으면 좋을 수가 없고 좋은 것이 동시에 아름다운 것이기도 하다면 이 세 가치가 승화될 때에 어느 순간 그 구분은 무의미하다는, 하나의 세 측면에 불과하다는 플라톤의 견해 역시 정당한 것이 아닐까. 그렇게 될 때 내가 그들의 모습에서 경건한 마음마저 느끼게 되니 이것을 종교적 태도의 원초적 모습이라고 한다면 결국 사실적 가치와 윤리적 가치, 그리고 예술적 가치와 종교적 가치를 구분하는 것은 모두 인간적 관점의 표현일 뿐이라는 생각을 해보았다.

생각이 여기에 미치자 그들이 오늘 아침에 약속을 지키지 못한 것이 대수롭지 않은 것으로 여겨지기도 하였다. 약속을 지킨다는 것은 윤리적 의무를 이행한다는 뜻인데, 무슨 사정이 있어서 그것을 못 지켰다는 이유로 그들의 인격 자체를 평가하는 것은 무리가 아닐까. 그것은 이성적 능력을 위주로 해서 인간을 규정하는 고대 그리스적 전통의 유산에 지나지 않는 것인가. 사실 아인슈타인이 그림을 잘못 그린다고 해서 인간적으로 격하되는 것이 아닌 것처럼 고갱이 가정에 충실하지 못하였

예년 같으면 배추가 모두 거두어져서 처리되었을 시기인데
그냥 방치되어 있는 것을 보고 최씨에게 그 이유를 물었다.
그는 한숨을 쉬며 그것을 모두 폐기하라는
지시가 내려온 경위를 자세히 설명하였다.

다고 해서 그를 백안시해서는 안 될 것이다. 우리가 권투선수나 연예인들의 비행을 너그러운 눈으로 보게 되는 이유도 여기에 있는지 모른다. 인간을 평가한다는 것은 참으로 복잡하고 미묘한 일이라는 생각을 해 보았다.

땅거미가 짙어질 무렵 마침내 공사가 끝났다. 요란한 소리를 내며 보일러가 작동을 하자 금방 시멘트로 바른 방바닥에 김이 무럭무럭 나고 구석구석에까지 온기가 돌기 시작하였다. 역시 기술의 발달은 좋은 것이다. 우리가 그것을 제대로 다루고 충분히 제어할 능력만 있다면…….

보수를 넉넉하게 받고 돌아가는 그들의 당당한 뒷모습에 몹시 흐뭇함을 느꼈다. 구태여 묻지는 않았지만 오늘 아침에 그들이 약속을 지키지 못한 데에는 정말 충분한 이유가 있을 것 같았다. 저렇게 유능한 청년들이 그냥 무책임한 짓을 할 것 같지가 않았기 때문이다. 오늘 저녁에는 보일러 장치가 된 방을 쓸 수 없기 때문에 위채에 있는 다른 방에다 군불을 때었다. 이제 나는 군불을 때면서 깊은 생각에 잠길 수 있을 뿐만 아니라 보일러로 덥혀진 방에서 독서하고 집필할 시간도 넉넉히 가질 수 있겠다고 생각하니 여간 즐겁지 않았다. 공자(孔子)가 《논어》에서 말한, "배우나 생각하지 않으면 공허하고, 생각하나 배우지 않으면 위험하다(學而不思則罔, 思而不學則殆)"라는 말을 실감할 수 있을 것 같다.

12월 14일

오늘은 수은주가 온종일 영하 10도 안팎을 오르내렸다. 공기가 맑아서 하늘은 수정과 같이 투명해 보였고 추위는 뼛속까지 파고드는 듯 더욱 예리하게 느껴졌다. 해가 중천에 뜨자 보일러를 놓은 방이 어느 정도 말랐고 날씨도 다소 누그러졌으므로 최씨 내외의 도움을 받아 도배를 시작하였다. 비록 어느 구석 하나 반듯한 데가 없이 울그러진 방이지만 한겨울 동안 혼자 지낼 나만의 방을 손수 도배하니까 조금도 힘든 줄 몰랐다. 이곳에 올 때만 느끼는 것이지만 적당한 육체노동은 몸에도 좋을 뿐 아니라 정신건강에도 좋고 노동이야말로 총체적 자아 실현의 가장 확실한 방법이라는 점에서 자기의 존재를 다각적으로 실감할 수 있다는 효험도 있다. 마르크스가 주장하는 바와 같이 노동을 통해서 우리는 자연을 가공하여 생산수단을 마련하며 다른 사람들과 구체적이고 현실적인 관계를 맺고 또 거기서 새롭게 변모하는 자기 자신과 만날 수 있기 때문이다.

저녁에는 산책길에 나섰다가 너무 추워서 반장 일을 맡아보는 박씨네에 잠시 들렀다. 마침 그는 소여물을 주기 위해 아궁이에 불을 지피고 있었다. 그것은 분명한 목적이 있어서 불을 때는 것이므로 '군' 불이 아니었다. 우리는 아궁이 앞에 앉아서 이런저런 이야기를 나누었다. 웬일인지 박씨는 오늘따라 우울해 보였다. 사정을 알아보니 오늘 읍에서 열린 회의에 참석했다가 요즈음 '우루과이 라운드(UR)'니 '관세 및 무역에 관한 일반 협정(GATT)' 등에 관한 설명을 듣고 자세히는 모르겠지만 농촌 사정이 점점 더 어려워지는 것 같아서 걱정이 된다는 것이었다.

그는 내가 그렇게 복잡한 국제관계에 관하여 좀더 자세히 설명해줄 수 있는지 물었다. 그러나 그 질문에 제대로 응답할 수 없는 것이 안타까울 따름이었다. 나는 다만 지금 우리가 격변하는 시대에 살고 있다는 것, 이러한 때일수록 정신을 바짝 차리고 자기가 하고 있는 일에 더욱 충실하여 우왕좌왕하지 않는 것 등이 매우 중요하다는 점을 강조하는 것이 고작이었다. 조용히 듣고만 있던 박씨가 나의 시원치 않은 답변에 그만 울분을 터뜨리고 말았다. 자기가 무엇을 잘못하였길래 이렇게 사는 것이 점점 더 어려워지느냐고 하소연을 하기도 하였다.

박씨는 이 고장에서 태어나 한평생 언덕에서 밭고랑을 일구고 논을 돌보며 지금까지 열심히 살아왔다. 그동안 가장 큰 변동이 있었다면 30여 년 전, 그러니까 그가 20대 중반에 몇십 리 떨어진 송산마을에서 "색시를 데려다가 살림을 차리게 된 사건"뿐이었다. 그 당시 다른 사람들은 색시를 소등에 태워서 데리고 왔는데 자기는 요행히 "허름한 추럭을 빌려서 싣고 온 것"이 항상 크나큰 자랑거리였다. 그러다가 어느 해 갑자기 초가지붕을 슬레이트로 바꾸게 되고 또 얼마 있다가 전기가 들어오면서 라디오를 들을 수 있게 되더니, 이것이 흑백 TV로 바뀌고, 다시 천연색 TV와 전화, 냉장고, 선풍기들이 들어와서 순식간에 이 산골 마을이 온통 다른 세상으로 변하였다는 것이다. 그는 이러한 변화를 "도깨비에 홀린 것"으로 묘사하였다. 혹은 박을 켠 다음 온갖 보화가 다 쏟아지는 것을 경험한 흥부의 심정에 비유하기도 하였다. 백여 년 가까이 쓰고 있는 움막집 안방에 이 세상 구석구석에서 생기는 일에 대한 갖가지 정보가 모두 쏟아져 들어오고 호화찬란한 각종 쇼 프로가 연일 계속되어 정신을 차릴 수가 없기 때문이라는 것이다.

그러나 그는 이러한 변화에 항상 불안을 느꼈다고 한다. 그 엄청난 행운을 차지할 정도로 자기가 무엇인가를 한 적이 없다고 생각한 것이다. 그런데 오늘 오후에 읍에 다녀와서 "결국 올 것이 왔다"고 판단하게 되었던 것이다. 아무리 열심히 농사를 지어도 자식들 교육은커녕 점점 더 먹고 살기조차 어려워지고 도시에 사는 사람들과 생활의 격차만 더욱 벌어지니, 결국은 이 손바닥만한 농토도 버리고 어디론가 떠날 수밖에 없어진다면 그것이 도깨비에 홀린 다음 처자권속을 비롯하여 초가삼간에 이르기까지 모든 삶의 터전을 내놓으라고 으름장을 놓는 것이 아니고 무엇이란 말인가.

이러한 박씨의 하소연을 들으면서 실제로 농민들이 오늘날 급박하게 전개되고 있는 개방화니 국제화, 혹은 세계화의 찬바람에 대해서 느끼고 있는 체감온도가 어느 정도인지 실감할 수 있었다. 실제로 그는 지금 우리가 처한 상황을 을사보호조약 전후에 자행되었던 불평등 개국의 한 형태로 인식하는 것 같았고 오늘날 이곳 산골 마을에까지 팽배해 있는 서구 문명의 식민화 현상을 일제 치하의 신사참배나 창씨개명과 비유하는 듯하였다. 박씨는 평소에 말이 적고 생각을 깊이 하는 사람이기 때문에 오늘 그의 진술과 하소연을 나는 매우 진지하게 받아들였다. 어떠한 의미로도 그가 지금 체험하고 생각하며 느끼고 있는 것들이 절대로 무시되어서는 안 된다고 생각하였다. 그가 행복해야 농민들이 평안을 누릴 수 있고 농민들이 평안을 누릴 수 있어야 나라가 오랜 기간의 표류를 끝내고 안정을 되찾을 수 있을 것이다. 어떻게 그것이 가능한가. 이 순박한 사나이가 행복해질 수 있는 필요충분 조건은 무엇인가. 내가 지금 당장 박씨를 위해서 할 수 있는 일은 무엇이란 말인가.

나는 소 여물 주는 것을 도운 다음 박씨 내외와 고기 한 점 없이 빈약한 저녁상을 나누면서 밤이 깊을 때까지 이야기를 나누었다. 내가 할 수 있는 일은 심신이 모두 박씨 곁에 될 수 있는 한 오래 머물러 있는 것이라고 생각했기 때문이다.

12월 15일

오늘도 여전히 영하 10도를 맴도는 추위가 계속되고 있지만 보일러 장치가 된 온돌방에서 따뜻하게 자고 나니까 기분이 상쾌하고 몸도 한결 가볍게 느껴졌다. 모처럼 뒷산에 올라가서 죽도를 한참 휘두르고 샘물을 들이켜니 오래간만에 날아갈 듯한 기분이 들었다.

점심 때까지는 짐을 다시 정돈하고 책을 분야별로 정리하면서 시간을 보냈다. 무엇을 하기 위해서 준비하는 시간이 이렇게 많이 필요하니 참으로 안타까운 일이다. 점심에는 라면을 간단히 끓여먹고 설거지를 한 다음 비로소 책상에 앉을 수가 있었다. 밀려 있던 논문 〈신개념의 철학적 분석〉을 마무리하였다. 이것은 비트겐슈타인(L. Wittgenstein)의 신관을 정리하는 논문인데, 그의 입장이 정확하게 어떤 것인지 가늠하기가 어려웠다. 지난 반 년에 걸쳐서 이 문제를 집중적으로 조명해왔지만 그의 언어관과 철학관 자체가 난삽하고 일관성이 결여되어 있기 때문에 거기서 종교관을 파악하고 신개념을 정리한다는 것은 좀처럼 쉬운 일이 아니다. 중세에는 신의 존재에 관하여 철학자들이 관심을 쏟았고 근대에는 신의 인식에 관하여 신경을 더 썼다면 현대에는 신개념의 분석에 더 큰 비중을 두는 셈이다. 그런데 철학적 개념의 분석에 관한 한 비트겐슈타인이 중심적인 위치를 차지하는 것은 분명한 사실이므로 신개념에 관한 그의 입장을 조명하는 것은 의미 있는 일일 것이다. 특히 그의 정확한 입장을 가늠하기가 어려워서 여러 가지 해석이 나오고 있는데, 이른바 비트겐슈타인적 신앙주의(fideism)라는 것은 분명히 잘못된 해석인 것 같아 우선 이 입장에 대한 반론으로 시작하는 것이 바람직하다고 판단하였다. 4시경까지 닐슨(Kai Nielson)의 논문을 검토하다가 산책을 하러 밖으로 나왔다. 그러나 반찬거리며 몇 가지 필요한

박씨는 한평생 일구어온 농토를 버리고 떠나야 하는 위기감에 시달리고 있다.

개방화에 버려진 농촌

물건들이 있어서 문득 읍으로 향하였다. 나는 좀처럼 읍에 나오지 않는 편이었으나 오늘은 웬일인지 나도 모르게 발길이 옮겨진 셈이었다.

　대강 볼일을 마친 다음 궁금하여 집에 전화를 걸어보았다. 집안 일을 돕는 아주머니가 전화를 받았는데 뜻밖에도 기쁜 소식을 전해주었다. 월간지인 《여성동아》에서 매년 여성 작가들의 장편소설 현상 공모를 하는데 아내가 당선되었다는 것이다. 아내는 그 소식을 듣고 그 잡지사로 달려가서 집에 있지 않았다. 내가 이곳으로 떠날 즈음에 발표할 시기가 지났는데도 아무 소식이 없으니 낙선했음이 틀림없다고 아내는 무척 낙담을 했었다. 그런데 이제 그 반가운 소식을 들으니 얼마나 기쁜 일인가. 많은 원고료도 대단하고 명예도 소중하지만 이제 명실공히 '작가'가 되어 쓰고 싶은 글을 마음껏 쓸 수 있게 되었으니 참으로 다행스러운 일이 아닌가.

　집에 돌아와서도 일이 손에 잡히지 않았다. 작품의 내용 중 내가 읽어본 장면들이 떠오르기도 하고 그 작품의 주제인 운명과 선택에 관하여 열띤 토론을 벌이던 생각도 난다. 지금쯤 무슨 생각을 하며 어떤 표정을 짓고 있을까. 나는 간단히 저녁을 끓여먹고 조바심이 나서 최씨네로 올라갔다. 집에 다시 전화를 해보기 위해서였다. 그러나 최씨 내외는 집에 없었다. 박씨네도 가보았으나 집이 비어 있었다. 아랫동네 잔치집에라도 몰려갔는지 오늘 이 산골 마을이 텅 비어 있었다. 갑자기 우주의 미아가 된 듯한 적막감이 엄습해 왔다. 불현듯 짐을 챙겨서 서울로 돌아가고 싶은 충동을 느꼈으나 꾹 눌러서 참았다. 상금을 타면 유럽 여행도 하고 이곳에서 추운 날씨에도 견딜 수 있도록 아주 두터운 양말을 서너 켤레 사주겠다고 농담을 했었는데… 내가 이곳에 내려올 때마다 자기가 글을 많이 쓰게 된다고 하여 이번에는 "또 하나의 작품을 쓸 기회를 주기 위해 떠난다"고 둘러대지 않았던가. 그런데 정말 당선이 된 것일까. 그 아주머니가 잘못 알고 전한 것은 아니겠지.

밤 늦게까지 비트겐슈타인의 신개념에 관한 논문과 씨름을 하였으나 별 성과가 없고 아내의 당선 소식만 어른거려서 잠을 이룰 수가 없었다.

12월 16일

아침에 늦잠을 자고 일어난 지 얼마 되지 않았는데 서울에서 전화가 왔었다고 박씨가 전하러 왔다. 같이 가서 기다리고 있으면 10분 후에 다시 전화하겠다고 했다는 것이다. 잠시 기다리고 있으려니까 과연 아내로부터 반가운 전화가 걸려왔다. 어제 전한 당선 소식은 사실이라는 것이었다. 나는 진심으로 축하한다고 말했다. 아내도 감격해서 한동안 말을 잇지 못하였다. 정말 꿈만 같았다. 무엇에 대해 진정으로 간절한 꿈을 꾸고 또 그만큼 열심히 노력하면 이루어진다는 말은 역시 거짓이 아니었다. 그러나 어떻게 우리에게 이렇게 큰 행운이 찾아온단 말인가. 나는 오늘 짐을 정리하고 내일 일찍 올라가겠다고 약속을 한 다음 수화기를 놓았다.

박씨는 몹시 궁금한 표정을 짓더니 집에 무슨 일이 생겼느냐고 물었다. 나는 아내가 소설을 써서 현상 공모에 응모하였는데 그것이 당선되었다고 설명해주었다. 그러나 그는 더욱 의아한 표정을 지으며 그것이 왜 그렇게 흥분할 정도로 좋은 일이냐고 다시 물었다. 이 질문에 제대로 대답해내기란 여간 어려운 일이 아니다. 나는 한참 궁리 끝에 이렇게 설명을 해보았다. 아내는 원래 글 농사를 지을 재주가 있었고 그것을 간절히 원했으나 마땅한 땅 한 뙈기가 없었다. 그런데 이번에 어떤

오래 간만에 지게를 져보았다.
그것은 이 산골 마을에서 아직도 소중한 도구이며 우리의 조상이 물려준 가장 아름다운 문화적 유산 중의 하나이다.

기관에서 글 농사짓는 재주를 시험한 다음 땅을 열 마지기나 선물하여 이제 실컷 글 농사를 짓게 되었다. 대강 이러한 설명을 하자 비로소 납득이 간 듯 축하를 해주었다. 같은 동네에 사는 사람이 그렇게 큰 행운을 얻었으니 그것은 우리 동네 전체의 기쁨이라고 하며 진심으로 축하하는 것이었다.

나는 저녁에 최씨와 박씨 내외를 초대하여 조촐한 축하연을 벌였다. 비록 3분 만에 만들 수 있는 즉석 북어국이지만 넉넉히 끓이고 햄과 생선 통조림도 있는 대로 모두 꺼내어 나로서는 푸짐한 잔치상을 마련하였다. 마침 초 토막도 찾아서 불을 밝혔고 흥겨운 음악도 틀어서 잔치 기분을 더욱 고조시켰다. 최씨와 박씨는 여전히 어딘가 석연치 않은 듯 의아해하는 표정을 지었다. 내가 흥겨워하는 이유보다는 오히려 "도대체 남편이 아내의 일 때문에 저렇게 노골적으로 좋아할 수 있을까…" 하는 표정들이었다. 아마 이 동네에서는 흔한 일이 아닐 것이다. 그러한 일은 정말 흔한 일은 아니다. 세 아이를 길러낸 중년의 주부가 문단에 등단한다든가 그 일을 이렇게 들뜬 마음으로 축하하는 남편도 있다는 사실 모두가……

이들이 돌아간 후 나 자신이 들뜬 마음을 가라앉히며 아내의 당선을 이렇게 뜨거운 마음으로 축하하는 이유가 과연 어디에 있는지 곰곰이 생각해보았다. 물론 자기가 하고 싶은 것을 하게 되었고 사람들이 인정해주었으며 어느 정도의 재정적 도움도 받게 되었으니 남편으로서 그 영광을 축하하는 일은 너무 당연한 일일 것이다. 그러나 이 축하하는 마음이 일종의 존재론으로 확장되는 느낌이 드는 이유가 과연 어디에 있는 것일까.

그렇다. 그것은 역시 아내가 글 농사를 짓는 풋내기 농부로서 엄청나게 큰 농토를 얻었다는 사실에 있을 것이다. 아마 최씨나 박씨가 그것을 비로소 실감하게 된 이유도 여기에 있지 않을까. 바야흐로 많은 사람들이 삶의 터전을 얻지 못해서 우왕좌왕하고 있고 또 지니고 있던 터전들마저 점차 잃어가고 있는데 이것을 새롭게 마련할 수 있었다는 것은 정말 축하할 일이 아닌가. 이른바 '총알 택시' 기사들의 조급함도 그 터전을 잃지 않기 위한 몸부림이고 보일러공의 지각도 한 군데라도 일을 더 맡아보려는 조바심에서 생긴 일일 것이다. 최씨는 애써 가꾼 배추포기들을 밭고랑에 그냥 방치해둘 수밖에 없고 박씨는 한평생 일구어온 농토를 버리고 떠나야 하는 위기감에 시달리고 있다. 어찌 그뿐이랴. 그렇게 정성껏 길러낸 나의 여러 제자들도 학위를 취득했음에도 불구하고 여러 해 동안 가르칠 마당을 구하지 못하여 우울한 나날을 보내고 있지 않은가.

 이러한 사람들이 각 분야에 얼마든지 깔려 있는데 더구나 개방화의 급류가 밀어닥친다면 앞으로 어떤 일이 벌어질 것인가. 인간을 노동하는 존재로 규정한 마르크스의 식견은 매우 놀랍다. 그러나 노동을 통한 인간의 자기 소외를 염려한 그의 절규는 오늘날 우리의 관점에서 볼 때 오히려 사치스러운 데가 있다고 생각된다. 지금 우리는 소외를 당해도 좋으니 마음놓고 노동을 할 수 있는 삶의 터전이 필요하기 때문이다. 한 인간으로서 온전히 존재하기 위해서 말이다.

9. 한 줄기 연기처럼

행복한 사람

오후에는 외로움을 달래기 위하여
거의 두시간 동안이나 뒤뜰에서 모닥불을 피웠다.
그것은 방을 덥게 하는 난방의 역할조차 하지 않는 것이므로
완전무결한 '군불' 이라고 할 수밖에 없었다.

1월 10일

또 다시 새해를 맞이하였다. 신정(新正)을 지낸 지 벌써 열흘이나 지났으니 이미 한 해가 지나가버렸다는 사실을 이제는 도저히 부정할 도리가 없다. 연말연시에는 으레 그렇게 마련이지만 이번에는 특히 어수선한 분위기에서 새해를 맞이하고 있다는 느낌이 든다. 아마 여러 가지 일들이 많이 생겼기 때문일 것이다. 그 중에는 좋은 일도 있었지만 언짢은 일이 더 많았다. 특히 칠순에 접어든 큰누님의 병세가 더욱 악화되고 있다는 것은 매우 안타까운 일이다. 더구나 누님은 작년에 며느리마저 앞세우고 말았다.

태어나서 늙어가고 병들면 죽게 되는 일이 모두 마음대로 되는 것이 아닌 줄은 알고 있지만 이렇게 홀로 외딴 곳에 앉아서 명상에 잠긴들 그것이 다 무슨 소용 있으랴. 이 짓거리들이 모두 무의미하고 가소롭기까지 하다는 생각을 좀처럼 떨쳐버릴 수 없는 이유가 도대체 어디 있을까.

이번에는 이곳 은곡에서 두 주일 가량 있을 예정이므로 짐이 제법 많아졌다. 더구나 지금이 일년 중에 제일 추운 시기이니까 단단히 각오를 하지 않으면 안 된다. 짐을 정리하면서 나는 지난 몇 주 동안 일어난 일들을 회상하는 한편 앞으로 당분간 이곳에서 지낼 일들을 이리저리 궁리하였다. 비트겐슈타인은 젊은 시절에 그의 《공책(Notebook)》에다 행복한 사람은 항상 "현재에 살며 죽음에 직면해서도 공포를 느끼지 않는다"고 쓴 적이 있다. 아마 행복한 사람에게는 회한에 젖을 과거가 없고 불안해할 미래도 없기 때문에 삶 전체가 현재로 느껴진다는 뜻일 것이다. 물론 살아 있는 사람들에게는 누구에게나 과거와 미래가 있겠지만 거기에 너무 집착하지 않고 지금 처해 있는 상황에서 힘이 닿는 한 최선을 다하면서 살아간다면 행복을 누릴 수 있다는 정도의 뜻인지도 모

행복한 사람에게는 회한에 젖을 과거가 없고 불안해할 미래도 없기 때문에 삶 전체가 현재로 느껴진다.

른다. 그러나 그것은 좀처럼 쉬운 일이 아니다.

가령 지금 나도 지난 일에 대해서 너무 많이 생각하는 편이고 턱없이 쌓여만 가는 일거리들을 주체하지 못하여 노심초사할 뿐 아니라 약속을 지키지 못했을 경우에 생길 일에 대해서 지나치게 불안해하고 있다.

그러나 곰곰이 생각해보면 지난 일에 대해서 회한에 젖고 앞으로 생길 일에 대하여 불안해하며 정작 지금은 아무 일도 못하는 채로 안절부절못하는 것도 인간의 모습 중에 한 부분이 아닐까. 육중한 돌덩이처럼 부동 자세로 앉아 있는 것이 아니라 강풍을 만나 몸부림치는 나무 둥치처럼 번뇌하며 살아가는 것이 참으로 인간적인 삶이 아닐까. 사람들은, 아니 나는 진정으로 무엇을 원하는 것일까.

저녁에 인기척이 있는 것을 알고 최씨가 건너왔다. 간단히 인사를 나누고 집 앞의 텃밭에 주차시켜놓은 트랙터에 대해 물었다. 오늘 오후 이곳에 도착할 때부터 이 트랙터에 대해서 궁금해하던 터였다.

최씨의 설명에 의하면 그 사연은 이렇다. 그것은 아랫마을 조씨의 소유인데, 그 트랙터를 살 때 최씨로부터 돈을 꾸어갔으나 차일피일 지금까지 갚지 못하기 때문에 담보로 가지고 왔다는 것이다. 더구나 조씨는 얼마 전부터 읍에 자주 드나들더니 술집에서 어떤 여자를 사귀어 살림까지 차렸다며 최씨는 분을 참지 못하였다. 틈틈이 벌어들인 푼돈을 모두 그 여자에게 쏟아부었으므로 빚을 도저히 갚을 수 있을 것 같지 않아서 그러한 조치를 취할 수밖에 없었다는 것이다.

조씨는 40대 초반의 건장하고 성실한 인상을 주는 사나이로서 나도 여러 번 만난 적이 있었다. 그는 원당리 전체를 통하여 네댓 명밖에 안 되는 차세대 농부로서 이 동리에서 기대를 많이 걸고 있는 인물이고, 더구나 이농(離農) 현상이 뚜렷한 우리 나라의 실정을 참작해서라도 그의 책임은 막중하다. 그러한 입장에 있는 그가 처자를 외면하고 외도를 즐기고 있으며 경제적으로 궁핍하게 되었을 뿐만 아니라 온 동리 사람들로부터 혹독한 비난을 받고 있으니 무척 안타까운 일이다.

물론 조씨를 비난하거나 질책하는 것은 쉽고 또 극히 당연하기도 하다. 그러나 훤칠한 키에 허우대가 좋은 그가 읍에 자주 드나들면서 도시에서 밀려드는 온갖 유혹으로부터 초연한 태도를 취하기도 결코 쉬운 일은 아니었을 것이다. 노동에 찌든 육체를 한 잔 술로 풀고 싶어 현란한 풍물로 가득한 읍에 자주 가게 되었을 것이며 마침내 어느 날 도시의 세련미와 농촌의 순박성이 어지럽게 혼재되어 있는 이른바 '읍' 문화에 휩쓸리고 말았을 것이다. 그렇게 생각하면 그의 심경을 어느 정도 이해할 수 있고 또 어쩔 수 없었던 그가 가엾다는 느낌도 든다. 조씨도 결국 동서고금의 문화가 일시에 격돌하여 격랑을 일으키는 거대한 물줄기에 휩쓸려 표류하는 한 잎의 낙엽에 지나지 않는다고 여겨지기 때문이다. 그러나 그렇게 해석한다면 도대체 누가 자기의 행동에 대해서 책임을 진단 말인가. 그의 어린 자식들과 처의 불운을 누가 보상한단 말인가.

나는 트랙터 주위를 둘러보고 또 그 운전석에 걸터앉아서 조씨의 운명에 대하여 한동안 생각에 잠겼다. 문득 저 노예 출신의 스토아 철학자인 에픽테투스의 말이 머리에 떠올랐다. 그는 《제요(*Encheiridion*)》에서 이렇게 설파한다.

그대는 저자가 선택한 대로 그러한 종류의 드라마에 등장하는 하나의 배우에 지나지 않음을 기억해두라. 짧으면 단편에 나오는 것이고 길면 장편에 나올 뿐이다. 그대가 가난뱅이의 역할을 하는 것이 그의 즐거움이라면 그 역할을 잘해내도록 주의하고 그것은 불구자나 지배자 혹은 일반 시민도 마찬가지이다. 주어진 역할을 잘해내는 것이 그대의 임무이며 그것을 선택하는 것은 다른 사람에게 속하기 때문이다.

그렇다면 조씨의 역할은 무엇이고 최씨의 배역은 또 무엇이란 말인가. 그것은 정말 선택인가, 운명인가, 아니면 그러한 것들의 복합체인가. 나는 땅거미가 짙어져서 그 육중한 트랙터가 어둠 속으로 자취를 감출 때까지, 그리고 찬바람이 옷깃을 파고들어서 더이상 밖에 머물러 있기가 곤란할 때까지 텃밭 주위를 돌며 이 드라마의 저자는 누구이고 여기서 나의 역할은 무엇인지에 관하여 곰곰이 생각하였다.

1월 14일

어제는 밀(J.S.Mill)과 마르크스(K. Marx)의 인간론에 관한 논문이 상당히 진척을 본 셈이었다. 불을 많이 때어 방이 따뜻했으므로 온종일 책상에 앉아 작업을 계속할 수가 있었다. 더구나 이 주제에 몰두했기 때문인지 몸이 한결 가벼워져 거의 새벽 2시가 되도록 집필을 계속하였는데도 별로 피곤한 줄 몰랐다. 그러나 오늘 아침 7시가 되기 전에 잠이 깨어서인지 온종일 머리가 맑지 못하였다. 하루에 4시간만 자면 20시간 동안 졸게 된다는 어떤 사람의 농담 섞인 충고를 이해할 것 같다.

원래 이 논문은 최근 5년 동안 구상했던 것인데, 마침 교육부의 학술진흥재단으로부터 연구비를 받아서 지난 1년간 구체화된 것이다. 이 달 말까지 완성된 논문을 제출해야 하기 때문에 서두르지 않으면 안 된다. 그러나 다른 논문도 마찬가지이지만 시간이 지날수록 점점 더 욕심이 생겨서 마무리하기가 무척 힘에 겨웁다. 그들의 인간론에서 나는 너무 많은 것을 도출해보려는 것이 아닐까. 사실 나는 평소에 인간을 무엇으로 보느냐에 따라, 좀더 구체적으로는 자기 자신을 어떠한 존재라고 파악하느냐에 따라 자연관과 사회관이 달라지고 여기에 걸맞는 정치적 이데올로기가 파생된다고 생각해왔다. 원래 이 논문을 시작할 때는 밀과 마르크스의 인간관이 현저하게 다르다는 것을 전제로 했다. 따라서 그들이 표방하던 자유민주주의와 공산사회주의도 바로 그러한 이질적 인간관에 근거해 있다고 생각하였던 것이다. 그러나 자료를 연구하면 할수록 유사점이 더욱 많이 드러나기 때문에 인간관과 사상의 체계 사이에는 함수관계가 성립되지 않을 수 있다는 의구심을 갖게 되었다. 그런데 최근에는 오히려 이들 사이의 사회철학에는 차이점보다 유사점이 더 많다는 심증이 더욱 굳어진다. 어제 잠을 이루지 못한 것도 바로 그러한 점들을 발견하고 다소 흥분하였기 때문이다. 이 작업을 오늘도 계속하고 싶지만 모처럼 귀한 손님을 맞이하게 되었으니 어쩔 수 없이 중단하지 않으면 안 된다.

오후부터는 그동안 비워두었던 아래채에 군불을 때었다. 미국에서 학위를 받고 방금 귀국한 N군과 나를 지도교수로 하여 이번 학기에 석사과정을 마무리하는 S군, 서울대학교로 옮겨서 분석철학을 공부하고 있는 L군과 칸트를 비롯하여 여러 분야에 관심이 많은 S군 등 네 명이 오늘 이곳을 찾아오기로 하였다. 여러 날 동안 혼자 있다가 누가 찾아오기라도 하면 항상 그렇게 마련이지만 오늘도 이 구석 저 구석을 치우고 음식도 장만하며 한낮을 무척 분주하게 보냈다.

원래 오후 2시경에 도착하기로 약속을 했으나 3시가 넘고 5시가 가깝도록 그들은 나타나지 않았다. 나는 공연히 걱정이 되었다. 혹시 오다가 무슨 일이 생기지는 않았을까. 아무리 교통이 혼잡하더라도 이렇게 늦지는 않을 텐데… 못 오는 것은 아니겠지. 그렇다면 최씨네로 연락을 했을 것이다. 다시 6시가 지나고 8시가 가까워졌다. 나는 초조해하지 않을 수 없었다. 마침내 나는 시골길을 따라 거의 30분 가량 마중을 나갔다. 그러나 밤하늘에 무수한 별들만 총총할 뿐 아무런 인기척이 없었다. 하는 수 없이 돌아오는 길에 박씨네 들러서 S군의 집에 전화를 해보았더니 4시경에야 떠났다는 것이다. 어수선한 마음을 가라앉히고 서둘러서 집으로 돌아왔다. 잠시 후 그들이 도착하였다. 그 순간 비로소 안도의 숨을 쉴 수 있었으나 온종일 노심초사하여 기다리다 보니 반갑다기보다는 오히려 원망스러운 느낌이 들었다. S군은 군 입대를 위한 서류를 갑자기 준비하게 되어 늦게 출발할 수밖에 없었다고 설명을 해주었다. 그러한 이유가 있었다면 늦게 출발하는 것은 너무도 당연한 일이었다. 비록 그렇더라도 그러한 사실을 미리 알려주었더라면 좋지 않았을까. 그러나 나에게 전화가 없고 갑자기 생긴 일이니 그러한 마음의 여유를 갖기도 어려운 일이었을 것이다. 그런데 나는 왜 그토록 불안해하고 조바심을 내며 허둥대고 있었는가.

한 가지 분명한 것은 내가 그러한 사정이 있었다는 것을 모르고 있었다는 사실이다. 그냥 단순히 모르고 있기만 한 것이 아니라 모르고 있었던 상황에 대하여 온갖 상상력을 다 동원하였고, 그것도 가능한 한 최악의 사태 같은 것을 상정하였기 때문에 그토록 불안해하였던 것이다. 게다가 그런 사태가 벌어지지 말기를 간절히 바라고 있었기 때문에 안타까운 심정을 가누지 못했던 것이 아닐까. 그러나 이제 모든 것이 한낱 쓸데없는 공상에 지나지 않았음이 드러났다. 비로소 안도의 숨을 내쉬게 된 이유도 바로 여기에 있는 것이다. 그렇다면 그들을 맞이함에

이윽고 학생들이 짐을 챙겨서 서둘러 떠났다.
다시 나는 형이상학적 미아가 되어 산골 마을의 적막 속에 파묻혀버렸다.

있어서 유별나게 반가워할 이유도 없는 것처럼 불가피한 사정이 있어서 몇 시간 늦은 것에 대하여 구태여 원망할 이유도 없는 것이다. 이 모든 것이 인간으로서 구조적으로 지닐 수밖에 없는 무지의 소치에 지나지 않는 것이니까… 그렇다면 마음의 평화는 이 무지를 극복하거나 수용함으로써만 가능하다고 볼 수 있다. 스피노자(B. Spinoza)는 그의 《윤리학(*Ethica*)》에서 이렇게 말한다.

 삶에 있어서 가장 값진 것은 지성, 또는 이성을 가능한 한 최대로 완성하는 일이며 바로 이것이 인간의 경우 최고의 행복 또는 축복이다. 행복이란 자연에 대한 참된 인식에서 우러나온 마음의 평화이기 때문이다.

 그러나 주위에서 일어나는 잡다한 현상에 관하여, 수많은 사람들과의 인간관계에 관하여, 그리고 궁극적으로는 자연의 인과적 필연성에 관하여 어떻게 참된 인식을 얻어낼 수 있단 말인가.

날씨는 몹시 추웠고 바람도 강하게 불었으며 학생들도 많이 피곤해 보였다. 나는 우선 중단했던 군불을 다시 때기 시작하였다. 8년 간의 유학생활을 마무리하고 귀국한 N군이 이 향토문화를 신기해하였다. 오늘따라 유난히 많은 별들을 쏟아낸 산골의 밤하늘을 그는 특히 좋아하는 것 같았다.

"미시간에서보다 훨씬 더 밤하늘이 아름답습니다. 별들도 더 많이 보이구요"

좀처럼 감정을 잘 드러내지 않는 그가 연거푸 탄성을 발하는 것이었다. 미시간에서 본 별들은 광활하게 펼쳐진 대지와 수평선까지 끝없이 뻗어나간 호수가 함께 어우러져 참으로 아름답고 많아 보였던 것으로 기억된다. 그 미시간에서 N군과 나는 젊음의 대부분을 철학적 탐구로 불살랐던 것이다. 더구나 그는 이곳에서 나의 지도를 받고 학부와 석사 과정을 마무리한 뒤에 나의 추천서를 가지고 이제 우리들의 모교가 된 미시간 주립대학교로 유학을 갔었다. 그리고 내가 좀더 연구하고 싶었던 비트겐슈타인의 언어철학을 주제로 하여 나의 은사였던 수우터(Ronald Suter) 교수의 지도를 받아 학위를 마치고 귀국한 것이다. 물론 귀국 즉시 만나서 어느 정도 회포를 푼 적이 있었지만 오늘 밤 디시간의 밤하늘과 그 숱한 별들을 회상하며 이곳 은곡의 어둠 속에 파묻히게 되었다는 것은 여간 큰 감회를 느끼게 하는 것이 아니었다.

우리는 밤늦게까지 시간 가는 줄 모르고 이야기를 나누며 술과 음식을 즐겼다. 마침 학생들이 불고기감이며 반찬과 안주, 맥주와 소주 등을 사 가지고 왔으므로 푸짐한 잔치를 벌일 수가 있었다. 군불을 때는 부엌 안쪽으로 마련해놓은 헛간을 간이 응접실처럼 차려놓았기 때문에 이곳에 앉아서 계속 불을 지피는 동안 식사와 술을 나누고 음악을 들으며 담소를 즐기니 러시아의 페치카와 한국 농촌의 아궁이 사이에서 새롭게 창출한 낭만을 만끽하는 느낌이었다. 마침내 우리는 치솟는 흥을 억제하지 못하고 석유 난로를 들고 원두막으로 옮겨갔다. 겨울 모자들을 쓰고 외투를 두둑하게 껴입었지만 워낙 추운 날씨라 오래 앉아 있지는 못하였다. 그러나 혹한이 몰아친 겨울밤 원두막에서의 기이한 낭만을 아무도 포기하려 들지 않았다.

그것은 매우 즐겁고 또 의미 있는 밤이었다. 나는 맑은 정신으로 지적인 담소만을 즐기도록 유도할 입장이었으나 그러한 역할을 제대로 해낼 수가 없었다. 오히려 관능적 쾌락을 추구하는 아리스티푸스(Aristipus)처럼 나는 그러한 분위기 속으로 학생들을 이끌었고 또 그것을 마음껏 즐겼다. 나는 아무래도 스토아 계열의 학자는 못되는 모양이다.

1월 15일

우리는 모두 늦잠을 잤다. 날씨는 여전히 맑고 추웠으나 바람은 불지 않았다. 아직 음식이 많이 남았으므로 아침과 점심을 겸해서 푸짐한 식사를 한 다음 두 시간 동안 간단한 세미나를 가졌다. 주제는 N군의 학위 논문인 〈비트겐슈타인의 사밀언어(Private language)〉에 관한 것이었다. 그는 논문의 중요한 논제와 논변의 구조에 관해서 설명할 뿐 아니라 그러한 주제를 택한 동기며 거기에 접근한 방법, 그리고 논문을 쓰는 과정에서 생긴 일들에 관하여 자세히 이야기해주었다. 그것은 후배들에게 학문적 자극을 유발할 뿐 아니라 자기가 도달한 지점에서 그들이 출발할 수 있도록 자상한 관광 안내자 같은 역할도 동시에 수행할 수가 있었다. 나는 논제의 일관성과 논변의 타당성, 그리고 몇 가지 해석에 관해 질문을 던진 다음 학생들에게 도움이 되도록 비트겐슈타인의 사밀언어 논변이 지니는 철학사적 의의를 설명해주었다. 좀 과장된 표현이 될지 모르나 내가 이해하는 한 그것은 서양 근대철학이 관념론의 극단적 형태인 유아론(唯我論)에서 헤어날 수 있는 활로를 제공하였다고 생각되었던 것이다.

정오가 지나자 날씨가 다소 풀렸으므로 우리는 산촌의 주위를 산책하며 몇 군데서 기념 촬영을 하였다. 이윽고 학생들이 짐을 챙겨서 서둘러 떠났다. 다시 나는 형이상학적 미아가 되어 산골 마을의 적막 속에 파묻혀버렸다.

오후에는 외로움을 달래기 위하여 거의 두 시간 동안이나 뒤뜰에서 모닥불을 피웠다. 그것은 방을 덥게 하는 난방의 역할조차 하지 않는 것이므로 완전무결한 '군불'이라고 할 수밖에 없었다. 나는 마른 장작이며 신문지, 상자, 볏짚과 낙엽 등으로 계속해서 불을 지폈다. 타는 물건이 달라짐에 따라서 연기가 각양각색으로 변하는 것을 바라본다는 것은 흥미 있는 일이었다. 바싹 마르면 금방 타버리므로 나는 연기의 율동과 형태를 즐기기 위하여 가끔씩 물을 뿌리기도 하였다. 그렇게 하면 볏짚이며 낙엽 혹은 나무토막들이 불꽃조차 보이지 않은 채로 직접 연기가 되는 것이었다. 한동안 그러한 현상을 지켜보고 있노라면 나를 비롯한 모든 존재가 온통 연기로 변하고 말 것만 같았다. 어떻게 우리는 이 엄청난 사실을 무심코 지나칠 수 있단 말인가. 그것은 너무도 흔한 일들이기 때문인가. 흔하다는 사실은 놀랍지 않다는 것을 함축하는가. 나는 그러한 변화에 대해 화학적 혹은 물리학적 설명을 듣고 싶은 것이 아니다. 나의 관심은 그것이 어떠한 절차로 그렇게 변하는지의 문제가 아니라 어떻게 해서 이 모든 변화가 가능한지의 문제이다.

참으로 신비스러운 것은 모든 것이 변한다는 사실이다. 물론 파르메니데스(Parmenides)나 제논(Zenon)처럼 변화는 한낱 환상에 지나지 않는다고 주장할 수 있다. 그러나 여전히 신비스러운 것은 그러한 환상을 우리가 지닐 수 있다는 사실이다. 어떻게 환상이 가능한가. 결국 이러한 문제는 젊은 비트겐슈타인이, "신비스러운 것은 사물들이 이 세상에 어떻게 그렇게 있는지가 아니라 도대체 그러한 것들이 존재한다는 사실이다"라고 주장한 것과 관계가 있다. 참으로 신비스러운 것은 트랙터가 저기 여전히 그렇게 있다든가, 학생들이 어제 왔다가 오늘 떠났다든가, 한 다발의 볏짚이 순식간에 연기로 변했다든가 하는 사실들이 아니다. 아니 그러한 것들이 존재한다든가 혹은 그러한 존재들이 변할 수 있다는, 다시 말해서 존재나 변화의 문제도 아니다. 그러한 것은 모두 착각이거나 환상일 수 있으니까 말이다. 참으로 신비스러운 것은 어떻게 환상이나 착각조차 있을 수 있는지의 문제이다. 그리고 이것보다 더 신비스러운 것은 그러한 것을 문제로 삼는 나 자신이 존재한다는 사실이다. 혹은 나 자신이 존재한다는 또 하나의 착각이나 환상이 있을 수 있다는 점이다.

2월 10일

오늘은 설날이다. 나는 신정을 쇠었기 때문에 이곳에 내려와서 홀로 여러 날 지내고 있지만, 아무래도 가족과 멀리 떨어져 있는 것이 마음에 걸렸다. 모처럼 온 동리가 귀향 가족으로 웅성거리는데 나 혼자 빈 농가를 지키고 있다는 것이 왠지 자연스럽게 느껴지지 않는다. 더구나 집집마다 조상을 위해 많은 음식을 장만하고 차례를 지내는 상황에서 나만 맨숭맨숭하게 빵 한 조각으로 아침을 때우는 것도 역시 어색한 데가 있다. 로마에 가면 로마 식으로 하라는 서양 속담도 있는 것이다.

나는 어제 오후 늦게 이곳에서 다시 한번 차례를 지내기로 하고 읍에 가서 간단한 음식을 마련해 왔었다. 이곳이 마침 선친의 고향이고 여기서 다시 한번 부모님의 영혼을 모신다는 것이 조금도 나쁠 이유가 없다는 생각이 들어서였다. 그렇게 결심을 하고 보니 갑자기 바빠졌다.

어제 《논리에의 초대》라는 책의 집필을 구상하다가 새벽 3시쯤에 잠이 들었으므로 좀 늦잠을 잤지만 차례를 지내기에는 늦은 시간이 아니었다. 나는 우선 세수를 하고 뒷산에 올라가 잠시 목검으로 아침 운동을 한 다음 음식을 준비하기 시작하였다. 제대로 격식을 갖추어 지내기는 불가능한 일이었으나 밥과 국과 술과 과일, 그리고 박씨 부인이 마련해준 나물과 생선전 등이 준비되어 제법 푸짐한 인상을 주었다. 150년이나 된 텅 빈 농가의 방 한구석에 기억도 희미한 부모님을 위해 제사상이 마련되었다. 이윽고 술을 따라 올리고 머리를 조아려 연거푸 절을 하였다. 나는 어떤 일이 인간의 의지와 노력만으로 이루어지는 것이 아님을 잘 알고 있다. 그렇다고 해서 간절히 기도하고 정성을 바친다고 되는 것이 아니라는 점도 충분히 이해할 수 있다. 그러나 인간이 할 수 있고 또 해야 하는 것은 이것뿐임을 또한 나는 절감하고 있는 것이다.

비록 간소하지만 온갖 정성을 다하여 마련한 차례를 마친 다음 나는 이생강류의 농악과 대금 독주, 그리고 비교적 최근에 작곡된 것이 분명한 황병규의 가야금곡을 들었다. 서양 음악에 비해서 국악이 생소하고 덜 귀에 익은 편이지만 이 곡조를 통해서만 비로소 고향에 돌아온 듯한

노동의 진미를 맛본 사람만이 휴식의 즐거움을 경험할 수 있으며
더 나아가서는 인생의 의미를
진정으로 음미할 수 있을 것이라는 생각이 든다.

안도감을 느낀다. 나는 비발디나 바흐, 베토벤이나 브람스를 들을 때 나 자신과의 대면을 경험하지만 사물놀이나 판소리, 가야금 산조나 대금 독주를 들을 때 비로소 '민족적 자아'를 확인하게 된다.

피히테(J. G. Fichte)는 1808년에 행한 그의 '독일 국민에게 고함'이라는 강연에서, "한 인간이 인격을 지니는 것과 독일인이 되는 것은 의심의 여지 없이 똑같은 일"이라고 주장한 적이 있다. 러셀(B. Russell)은 이것을 지나친 과장이라고 일소에 부쳤지만 자세히 음미해보면 상당한 의미를 지니는 발언이라고 해석된다. 물론 그가 영국인이나 한국인으로서, 혹은 프랑스인으로서 인격을 갖는 것이 곧 독일인이 되는 것을 의미한다고 주장하지는 않았을 것이다. 그렇다면 한 사람의 독일인이 인격을 갖다는 것은 독일인이 된다는 것을 의미한다고 해석할 수 있는데, 여기에 무엇이 가정되어 있다는 말인가. 독일인이 독일인으로서 바람직하게 존재한다는 것이 인격을 지닌다는 뜻이라면 그것은 곧 '독일인의 정의(定義)'가 아닐까.

그러한 뜻으로 나는 "한 사람이 인격을 갖는 것과 한국인이 되는 것은 의심의 여지 없이 똑같은 일"이라고 말하고 싶다. 그러나 한국인이 된다는 것은 무엇을 의미하는가. 한국인으로서 인격을 갖춘다는 것은 구체적으로 무슨 뜻인가. 물론 여기에는 여러 가지 뜻이 들어 있을 것이다. 한국의 국적을 가지고 있고 한민족의 성원이며 한국의 전통을 존중하고 미풍양속을 지킨다는 것 등이 모두 한국인이 되기 위한 조건이 아닐까. 그러나 이러한 것이 한국인의 필요충분 조건은 아니다. 한국 국적을 가지고 있지만 한민족은 아니며 한민족이지만 남한의 국적을 포기한 사람도 많이 있기 때문이다. 도대체 한국인이 된다는 것은 무슨 뜻일까. 그것을 밝히는 것은 참으로 어려운 일이다. 그것은 한국인으로서 인격을 갖추는 것만큼이나 복잡한 일이다. 한국인, 과연 우리는 누구인가?

오후에는 팔순이 가까운 두 김씨 노인 내외분에게 세배를 하였다. 두 분은 처음 있는 일이기 때문에 좀 당황해하는 기색이었으나 금방 반색을 하며 푸짐한 설음식을 대접하였다. 술잔이 몇 순배 돌고 전통적인 음식을 배불리 먹으며 이 촌로들의 인생역정에 대해 이야기하면서 나는 비로소 내가 한국인이 되어 있음을 느꼈다. 한국인이 된다는 것은 역시 음력설을 쉰다는 뜻이었다. 그러나 우리는 동시에 개방화 시대를 맞이하여 신정도 쇠지 않으면 안 된다. 그러므로 한국인이면서 동시에 세계인이 되려면 결국 이중과세(二重過歲)를 하지 않을 수 없는 것이다.

저녁에는 최씨로부터 초대를 받아서 다시 한번 설음식으로 포식을 하였다. 식사가 끝난 다음 모처럼 집에 전화를 하였다. 마침 통화가 되어서 아내에게 미안한 마음을 전하였다. 아내는 나를 안심시키며 하는 일에만 전념하라고 격려를 해주었다. 그러자 더욱 미안한 생각이 들었다. 이곳에 오면 생활 그 자체를 모두 꾸려가야 하므로 "하는 일"에만 전념할 수가 없고, 더구나 그것이 무엇인지조차 가늠하기가 어렵기 때문이다. 그러나 여하튼 나는 최선을 다하고 있다고 얼버무렸다.

잠시 후 수화기를 내려놓자 불현듯 절해고도에 홀로 남겨진 것 같은 적막감을 느꼈다. 아내를 지척에 두고 결코 다시 만나지 못했던, 그러한 상황에 반항하여 식음을 거부한 채로 숨을 거두었던 화가 이중섭처럼 형언하기 어려운 중압감이 가슴을 눌렀다. 그러나 곧 이것이 사람 사는 모습이라는 생각이 들었고, 그래서 다시 마음의 평온을 되찾을 수 있었다.

10. 부서지는 농심
자화상을 그리며

낯선 고장을 방황하다가 내 얼굴의 구석구석을 핥아내듯
그 표현을 재현해보고자 애쓸 때 나는
나의 실체와 오히려 더욱 가까이 밀착되어 있음을 느낀다.

4월 4일

오늘은 오래 계속된 가뭄 탓인지 대지가 온통 메마른 느낌이 들지만 바람이 강하게 불고 하늘이 투명하여 여전히 상쾌한 느낌을 준다. 전형적인 농촌의 봄 날씨를 만끽할 수 있는 날이다. 그러나 농사에는 결코 좋은 날씨가 아니다. 물론 아직 본격적인 농사철은 아니지만 메마른 땅에서는 아무런 생명도 소생할 수 없을 뿐만 아니라 여러 가지로 계획을 세우고 있는 농심(農心) 그 자체를 메마르게 하기 때문이다. 사실 노동력으로서의 농심이란 실현이 보장된 하나의 가능성으로서의 역동적 힘을 의미하고 그렇기 때문에 그것은 일종의 '신바람'일 수밖에 없다. 그러나 봄 가뭄이 너무 오래 계속되고 있기 때문에 그런 의미의 신바람도 메말라갈 수밖에 없는 것이다. 보수적인 박씨가 이러한 틈을 이용하여 변소를 개조하기로 한 것은 매우 적절한 판단이었다.

사실 우리 나라 농촌의 주택구조에서 변소라는 것은 가장 취약한 부분 중의 하나이다. 그것은 '화장실'로서의 기능보다 오히려 비료로 사용할 거름을 보관해두는 장소로서 더 큰 의미를 지니고 있었다. 그러나 이제 비료가 충분히 공급되고 있는 이상 변소는 근본적으로 개조되지 않으면 안 된다. 정부에서 50만 원씩 보조하여 농가마다 개량된 변소를 새로 짓기를 권장하는 이유도 바로 여기에 있을 것이다.

이장인 김씨와 최씨가 박씨 내외를 도와 온종일 개량된 변소를 지었다. 벽돌로 벽을 쌓는 일은 별로 어렵지 않았으나 철근 콘크리트 지붕을 만드는 것은 여간 고된 작업이 아니었다. 먼저 철근을 촘촘히 깔고 묽게 갠 시멘트를 덮는 일인데 생각보다 훨씬 많은 양이 소모되어 거의 온종일 나는 그 일을 도왔다. 허리가 휘듯 힘에 겨운 작업이었으나 일손이 모자라는 탓에 중간에 그만둘 수가 없었다.

오후 3시경에 잠시 휴식을 취하며 새참을 즐기고 있는데 갑자기 길 건너 앞산에서 검은 연기가 치솟았다. 이장이 허둥지둥 그곳으로 뛰어갔다. 약 한 시간 후에 돌아온 그는 불평이 대단하였다. 읍에서 소방차가 와서 겨우 진압은 하였으나 그 동리의 주민이 전혀 협조하지 않아서 불이 상당히 많이 번졌다는 것이다. 그는 나날이 삭막해져가는 농심을 걱정하였다. 이제는 농민들도 예전과 달리 점점 더 이기적으로 되어가서 협동정신을 찾아보기 어렵다고 하소연하였다. 이장으로서 체험적인 고백이기 때문에 그것은 결코 과장된 표현이 아닌 것 같았다. 내가 산불의 원인을 물으니 간질병 환자인 그 동네 어떤 주민의 실화라고 설명해주었다. 간질병 환자가 실화를 하였다면 그것은 어쩔 수 없었던 상황이 아닌가. 그렇다면 그에게 책임을 묻기도 곤란한 일이다. 자세한 상황은 이장도 알 수 없다고 하지만 만약 그 환자가 발작을 한 상태에서 실화를 하였다면 그를 탓하기가 어렵지 않을까. 그러나 이장의 말에 의하면 경찰서에서 그를 연행해 갔다고 한다. 그 환자를 어떻게 처리하였는지 궁금하다.

변소 짓는 작업은 저녁 늦게까지 계속되었다. 결국 오늘 마무리하지 못하고 내일로 미룰 수밖에 없었다. 식사 후에는 한국철학회 춘계 발표회에서 발표할 논문을 몇 군데 손질하였다. 오는 5월에 개최될 이 발표회의 주제는 '문화철학'이다. 한국문화에 관한 분과에서 발표하게 될 내 논문의 제목을 '민족문화와 민족적 자아'로 정하였다. 나는 여기서 우리 나라가 오랜 역사를 통해서 어떻게 독자적인 문화를 창출해왔는지 점검하고 '민족적 자아'라는 개념을 도입하여 개방화 시대를 맞고 있는 오늘날 민족문화의 창달만이 실질적인 국경의 역할을 하게 될 것이라는 입장을 전개할 것이다. 그러나 나는 역사학자나 인류학자 혹은

우리 나라 농촌의 주택 구조에서 변소라는 것은
가장 취약한 부분 중의 하나이다. 그것은 '화장실'로서의 기능보다
오히려 거름을 보관해두는 장소로서 더 큰 의미를 지니고 있다.

종교학자가 아니기 때문에 실제로 우리 나라가 어떻게 문화를 형성해 왔는지, 그리고 그것을 과연 '독자적'이라고 평가할 수 있는지에 관해서 전문적인 입장을 개진할 도리가 없다. 그러므로 이 부분에 관해서는 그 분야의 서적들을 참고할 수밖에 없다. 그리고 이렇게 참고하는 과정에서는 나의 판단이 개입되기 때문에 결국 나 자신의 견해를 밝히게 되는 셈이다.

이러한 작업을 통해서 우리 나라의 정신문화가 전개된 양상을 어느 정도 정리해볼 수 있을 것이다. 우선 처음에는 무속적인 원시문화가 자생적으로 형성되었다가 중국의 당나라로부터 불교가 들어오면서 형이상학적인 체계가 갖추어지기 시작하였다. 불교는 다시 원효와 지눌 같은 고승들에 의해서 비판적으로 수용되었고 이 과정에서 우리 나라의 특유한 정신문화가 발전적으로 전개되었다. 가령 원효가 성(聖)과 속(俗)을 융화시키고 지눌이 교(敎)와 선(禪)을 양립시킨 것은 한국적 비판정신을 통한 종합적 수용의 좋은 예라고 할 것이다. 한편 조선왕조에 들어와서는 유교가 전래되어 한국문화에 합리적 사고와 실천적 이성을 유입시켰고 이것이 체계적인 사회윤리와 정치적인 이데올로기를 정립하는 데 결정적인 역할을 하였다. 이러한 측면에서도 단순히 수동적인 자세만을 취한 것이 아니라 이퇴계는 주자학을 좀더 높은 차원으로 승화시켜서 독자적인 경지를 개척하였고 서화담은 이(理)보다 기(氣)의 중요성을 더욱 강조하여 독창적인 사유를 전개하기도 했던 것이다. 이러한 입장들을 다시 비판적으로 종합하고자 했던 이율곡의 시도에서는 칸트적 비판철학의 흔적을 추적해낼 수도 있다.

오늘날 우리는 이러한 사상적 변천 못지않게 큰 변화를 서양의 종교와 과학을 통해서 겪고 있다. 기독교를 통해서 우리는 초월적인 인격신의 존재를 체험하게 되었으며 과학기술의 도입으로 삶의 태도뿐만 아니라 사고방식 자체가 본질적으로 변화하고 있는 것이다. 그러나 이러한 변혁기를 맞이하여 불행하게도 우리 민족은 남과 북으로 분열되어 동족상잔을 겪었을 뿐 아니라 반세기가 지나도록 분단상태를 지속하고 있으니 어떻게 고유한 새 문화를 창출할 수 있을 것인가. 정신분열증에 걸린 사람이 능동적이고 독창적 사유를 전개할 수 없듯이 우리는 지금 서양의 문물을 비판적으로 수용할 태세를 갖추지 못한 채 표류하고 있을 뿐이다. 이러한 상황에서 무엇보다 중요한 것은 개인에게 인격동일성의 확립이 전제되어야 하듯이 비록 분단의 상태에서라도 '민족적 자아'의 정립이 선행되어야 하는 것이다. 그러나 이것을 어떤 방식으로 실현할 것인지, 또 '민족적 자아'라는 개념을 어떻게 설명할 수 있을지 여간 어려운 문제가 아니다. 과연 우리의 문화현상을 정신분열증과 비교할 수 있으며 개인에게 인격적 자아가 존재하듯이 민족에게도 그러한 자아가 있다고 주장할 수 있을까. 이러한 설명과 주장이 얼마나 설득력을 지니게 될 것인가…….

낮에 너무 힘든 일을 했기 때문인지 피곤해서 더이상 작업을 할 수가 없었다. 11시경 잠자리에 들었으나 쉽사리 잠을 이룰 수도 없었다. 논문에 대한 생각보다는 오늘 앞산에 산불을 놓았다는 그 간질병 환자 때문이었다. 실제로 어떤 상황에서 그러한 일이 벌어졌는가. 가령 담배를 피우려다가 갑자기 발작을 일으켜서 실화를 했을까. 발작에 의한 실화라면 자기의 의지로 어찌해 볼 수 없으니까 책임을 물을 수 없다. 그러나 발작에 의한 실화와 충동에 의한 방화의 진정한 차이는 무엇인가. 충동도 정도의 차이가 있을 뿐이지 어쩔 수 없다는 점은 발작과 마찬가지가 아닐까. 그렇다면 우리가 책임을 묻는 근거는 어디에 있는 것일까. 어쩔 수 있다든지 없다든지 하는 것은 우리가 임의로 정하는 사회적 관행에 지나지 않는단 말인가. 불길이 치솟았을 때 그 사람은 어떤 표정을 짓고 있었을까. 나는 한 번도 본 적이 없고 또 실제로 어떤 일이 벌어졌었는지 알지도 못하면서 오늘 낮에 일어난 산불과 그 앞에서 당혹해하는 그 사람에 대한 연민 때문에 자정이 넘도록 잠을 이룰 수가 없었다.

4월 18일

이제 농부들이 바빠질 시간이다. 이른 아침부터 경운기 소리가 멀리서 들려온다. 대지가 기지개를 펴고 꿈틀거리는 모습이 눈에 보이는 듯하다. 뽀오얀 안개 속에서 원두막도 점차 그 모습을 드러낸다. 까치 우는 소리가 유난히 경쾌하다. 반드시 반가운 손님이 찾아오지 않아도 좋다. 시심(詩心)이 끓어오르는데 좀처럼 표현할 길이 없다. 철학적 사고의 한계를 처음으로 실감해본다.

오늘은 온종일 이 산촌이 떠들썩하다. 아랫마을에서 들려오는 트랙터 소리와 김씨 노인의 황소 모는 소리가 이상하게 서로 화답하듯 조화를 이룬다. 천년의 세월을 뛰어넘어 한눈에 바라보는 듯한 자연이 연출된다. 사실 신라 때 사람들은 트랙터와 경운기를 상상할 수 없었으리라. 자기네들이 모는 황소 옆에서 그러한 기계들이 나란히 움직일 수 있다는 사실을… 여하튼 그러한 기계들 때문에 농심(農心)이 기심(機心)으로 바뀌지 말기를 바랄 뿐이다. 편리한 기계를 쓸수록 요행을 바라는 마음이 생긴다고, 그렇게 되면 그만큼 도(道)와 멀어진다고 장자(莊子)도 가르치지 않았는가. 모처럼 '글 농사'를 포기하고 한가한 하루를 보내었다.

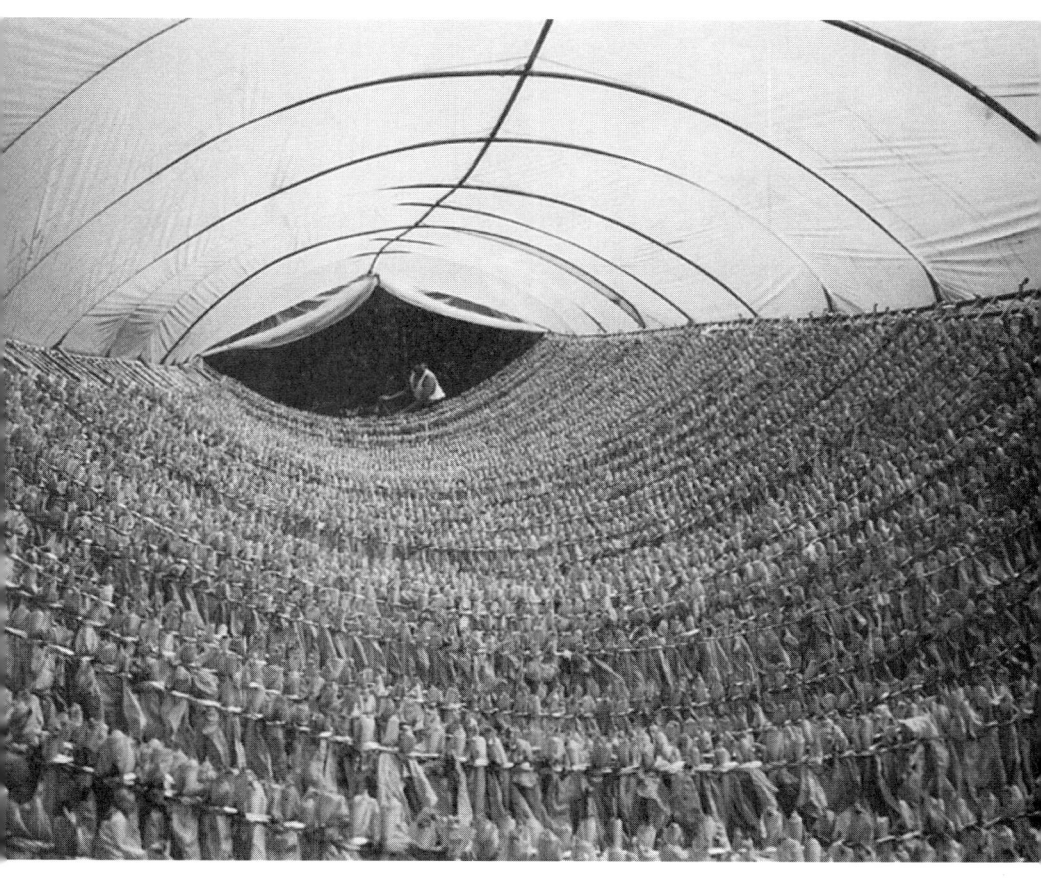

담배 농사는 확실한 수입을 보장해준다는 점에서
벼 농사보다 더 인기가 있다. 그러나 이러한 과정에서
농민은 농심을 더 잃어가고 있는 것인지도 모르겠다.

7월 21일

어제 담뱃잎을 말리는 작업이 본격화되었다. 특히 이 산골 마을에서는 담배 농사만이 가장 확실한 수입원이 되었고 노동력이 많이 요구되기는 하지만 그 대가도 넉넉한 편이어서 집집마다 여기에 몰두하게 된 것이다. 그렇게 되니 자연히 농촌의 풍경도 달라질 수밖에 없다. 몇 년 전만 해도 '비닐 하우스'가 가끔 눈에 띌 뿐이었는데 이제는 담뱃잎 말리는 장치가 필요해서 비닐 하우스 촌에 농가들이 몇 개 섞여 있는 인상을 줄 정도가 되었다. 이러한 추세로 나아간다면 어느 날 농촌은 비닐로 뒤덮이고 그리하여 알래스카나 시베리아처럼 때아닌 '설경'을 즐기게 될지도 모른다. 뜨겁게 내려 쪼이는 햇빛이 비닐 지붕에 반사되어서 눈 덮인 산촌을 연상시키기 때문이다.

오늘은 아침부터 무더위가 기승을 부리므로 '언어철학의 쟁점'에 관한 논문을 덮어두고 언덕 위의 김씨 노인네로 가서 담뱃잎 엮는 일을 도왔다. 김씨는 이제 팔순이 넘었지만 동년배의 다른 노인들보다 훨씬 더 정정하고 농사일에 오히려 젊은이들보다 더욱 의욕적이다. 사실 삼 년 전 그가 경운기 전복사고로 맏아들을 잃었을 때에는 건강도 좋지 않았고 또 농사일도 포기한 듯한 인상을 주기도 하였다. 그래서 동리 사람들은 그 집이 아예 폐가가 될 것이라고 믿었었다. 그러나 놀랍게도 김 노인은 건강을 되찾은 다음 시름에서 헤어나더니 마치 40대의 젊음을 과시하듯 일에 열중하고, 특히 힘이 들지만 수익이 좋은 담배 농사에 몰두하고 있다.

섭씨 36도에 육박하는 이 무더위를 이겨내고 비지땀을 흘리는 그의 열정은 어디에서 오는 것일까. 무엇이 그에게 새삼스럽게 삶의 의욕을 불어 넣은 것일까. 아버지를 잃은 손자의 교육비를 마련하려는 것일까.

혹은 자기를 배반하려는 운명과의 마지막 대결을 벌이려는 셈인가.

나는 김 노인의 활기찬 의욕과 눈부신 일솜씨에 아연해질 수밖에 없었다. 도대체 무엇이 인간의 삶을 이끌어가는 요인이 되고 있는가. 인간의 생명을 비롯하여 자연의 모든 현상을 가능하게 하는 궁극적 원인은 무엇인가. 그러한 원인이 과연 존재한다고 볼 수 있을까. 이 모든 것을 가능케 하는 단 하나의 원인을 설정하는 것은 너무 작위적인 발상이 아닐까. 여하튼 그 궁극적 원인은 어떠한 과정을 거쳐서 이 노인의 삶을 촉진시키고 있는가. 그렇게 해서 촉진된 삶은 또 무엇의 원인으로 작동하게 되는가. 김 노인의 그 모든 동작을 노동이라고 부르는 이유는 무엇인가.

김 노인의 일솜씨를 한동안 바라보고 있으니까 마르쿠제(H. Marcuse)가 마르크스적 개념의 노동에 하이데거의 '현존재'를 결부시킨 이유도 어느 정도 짐작할 수 있을 것 같았다. 그는 마르크스의 인본주의에서 한 걸음 더 나아가 노동을 인간이라는 '현존재'의 본래적 양식으로 규정하고 그것이 지닌 대상에 대한 지향성을 각자의 자기 표현으로 여겼다. 그는 노동이 일상 생활에서 정해진 일정한 과업을 수행하는 데 불과한 것이 아니라 인간의 자아실현이라고 아주 넓은 뜻으로 사용했던 것이다. 더구나 노동은 인간에게 본래부터 맡겨진 것으로서 간헐적인 작업이 아니라 지속적인 행위이므로 실존주의자들이 말하는 실존 그 자체가 된다. 김 노인에게서 나는 오늘 그것을 실감할 수 있었던 것이다. 그에게 노동은 곧 삶이고 삶은 노동 외에 아무것도 아니었다.

저녁에는 울산에서 공업고등학교에 다니는 김 노인의 손자가 다니러 왔다. 삼 년 전 그가 상주로서 나를 맞이했을 때 그는 아직 어린 소년이었다. 그러나 이제 그는 어엿한 청년이 되어 있었다. 적어도 체격과 얼

잠시 휴식을 취하는 것은 즐거운 일일 뿐 아니라 반드시 필요한 일이기도 하다.

굴 표정만은 성숙한 모습을 보여주었다. 나는 그 당시 그에게 여러 가지로 위로의 말을 건넸었다. 그리고는 아버지를 여의었을 당신의 내 모습을 그려보고 있었다. 그때 나는 네 살 난 어린아이였던 것이다.

김 노인의 손자가 거들고 있으므로 나는 집으로 돌아와서 언어철학에 관한 자료를 수집하였다. 그러나 서너 시가 가까워오자 폭염이 극에 달하였으므로 아무 일도 할 수가 없었다. 땀이 온몸에 줄줄 흘러내리기 때문에 글을 쓸 수 없음은 물론 책장조차 넘기기가 싫었다. 더구나 김 노인의 손자가 조용한 산골 마을을 뒤흔들어놓을 정도로 서양의 팝 뮤직을 크게 틀어놓아서 체감온도는 더욱 높게 느껴졌다. 마지막 은신처라고 생각하고 있던 이 적막한 산골에까지 서구의 요란한 음악이 귀청을 찢어버릴 듯 울려 퍼지니 형언하기 어려운 좌절감이 느껴졌다. 이십 년 후에 이 한적한 마을은 어떤 모습으로 변모되어 있을까.

나는 견디다 못하여 다시 김 노인네로 올라가서 라디오를 줄여달라고 부탁하였다. 김 노인은 미안하다고 사과하며 곧 볼륨을 낮추었으나 소년은 의아한 표정을 지을 뿐이었다. 그는 아직 입장을 바꾸어서 생각할(易地而 思之) 능력이 없는 것 같았다. 아마 폭염 때문인지도 모른다. 웬일인지 나도 모든 것을 곰곰이 생각하기가 싫어졌다. 논리적 사유와 윤리적 태도가 가능한 온도는 몇 도나 되는 것일까.

해가 기울 무렵 모처럼 그림을 그리기 시작하였다. 작년 겨울에 그리다가 팽개쳐둔 자화상을 손질하는 일이다. 지난 겨울에는 만삭이 된 아낙네가 출산을 서두르듯 그토록 허겁지겁 또 고통스럽게 그림이 그리고 싶었다. 그것도 자화상만을 그리고 싶었다. 어떤 상념에 젖어 있을 때 나 자신이 가장 소중한 벗이 되어주듯이 어떤 충동을 이기기 어려울 때 나 자신의 표정이 가장 충실한 오브제가 되어준다.

나는 깊은 밤에 홀로 앉아 나 자신에 대해서 생각할 때보다는 낯선 고장을 방황하다가 내 얼굴의 구석구석을 핥아내듯 그 표정을 재현해 보고자 애쓸 때 나의 실체와 오히려 더욱 밀착되어 있음을 느낀다. 나그네가 정처 없이 거리를 헤매다가 결국 자기 집으로 돌아올 때 비로소 안도의 숨을 내쉬듯이 나는 자화상을 그리다가 태어날 때부터 사귀어 오던 아주 친숙한 표정을 찾았을 때 일종의 종교적 희열 같은 것을 느낀다. 아마 예술 활동을 통해서 구도(求道)가 가능하다면 그러한 종류의 경험 속에서 찾아야 할 것이다. 나의 경우 그림 그리기는 마음을 맑은 물처럼 청정하게 만들고 마침내 텅 빈 항아리처럼 아무것도 아닌 것으로 빚어낸다. 마종기(馬鍾基)의 〈그림 그리기〉는 그러한 경험을 이렇게 노래한 것 아닐까.

그림 그리기를 시작했다.
겨울같이 단순해지기로 했다.
창 밖의 나무는 잠들고
형상의 눈은
헤매는 자의 뼈 속에 쌓인다.

항아리를 그리기 시작했다.
빈 들판같이 살기로 했다.
남아 있는 것은 모두 썩어서
목마른 자의 술이 되게 하고
자라지 않는 사랑의 풀을 위해

어둡고 긴 내면의 길을
핥기 시작했다.

그러나 오늘 내가 다시 그림 그리기를 시작한 것은 "나 자신에로의 귀향" 같은 것을 경험하기 위해서가 아니라 숨을 쉬기가 거북할 정도의 무더위를 이겨내기 위해서다. 샘터에 앉아서 거의 한 시간마다 온몸에 물을 끼얹고 하였으나 오 분이 채 지나지 않아서 다시 땀이 줄줄 흘러내리는 것을 모면할 방법은 없었다. 지독한 무더위를 견디기 위하여 나는 최후의 수단으로 그림 그리기를 시도하였다. 그러나 그것도 별로 큰 도움이 되지 못하였다. 수은주가 햇볕에 노출되었기 때문인지 무려 40도를 가리키고 있었다. 이러한 상황에서 무엇을 한다는 것은 불가능한 일이다.

나는 오늘 비로소 종교가 주로 열대지방에서 탄생한 이유를 어느 정도 이해할 수 있을 것 같다. 인간의 사유기능이 정상적으로 작동할 때는 매사를 합리적으로 따지고 체계적으로 정리하고자 하는 경향이 있다. 그리하여 절대자인 신의 존재를 믿기 위해서 이것저것 알아보고자 애쓰고 경험적으로 증거를 찾거나 논증을 통해서 자기의 신앙을 정당화하고자 한다. 그러나 너무 더워서 몸을 움직이고 싶지 않고 논리적 사유를 전개하기가 귀찮을 때는 터틀리아누스(Terturianus)가 잘 표현해주었듯이 오히려 "불합리하기 때문에 믿는다(credo, quia absurdum est)"고 주장하게 되는 것이다. 그늘 한 조각 찾기 어려운 골고다 언덕이나 바람 한 줄기 없이 무덥기만 한 보리수나무 아래서 종교가 생겨나고 또 무럭무럭 자라났다는 것은 조금도 놀라운 일이 아니다. 종교는 윤리와 달리 좀더 바람직한 삶을 위해 있는 것이 아니라 삶 그 자체를 위해, 다시 말해서 죽음을 피하거나 극복하기 위해 있음을 비로소 실감할 수가 있다.

물론 종교가 생겨난 데에는 여러 가지 이유가 있을 것이다. 또 문명권에 따라 다양한 형태의 종교가 있을 수 있다. 그러나 아무도 종교현상을 부인할 수 없고 나름대로의 종교적 체험을 부정하지는 못할 것이다. 무신론자의 대명사와도 같은 포이어바흐(L. Feuerbach)도《종교의 본질에 관한 강의》에서 이른바 '자연종교'를 신봉한다고 고백한 적이 있다. 그는 자기 자신이 경험한 종교적 체험에 관하여 다음과 같이 말한다.

> 나는 자연으로부터 인간을 격리시키는 관념을 증오한다. 나는 내가 자연에 의존하고 있다는 것을 부끄러워하지 않았다. 나는 자연의 작용이 나의 외모나 피부 혹은 육체뿐이 아니라 심성의 가장 깊숙한 곳까지 영향을 미치고, 화창한 날에 내가 들여마시는 공기는 폐뿐만 아니라 정신도 맑게 해주며 햇빛은 나의 눈뿐만 아니라 영혼과 마음도 비추어준다고 솔직하게 고백한다.

이러한 종교는 분명히 사치스럽고 호화롭게까지 느껴진다. 내가 들여마시는 공기가 폐뿐만 아니라 정신도 흐리멍텅하게 해주고 이글이글 타오르는 태양이 나의 눈뿐만 아니라 영혼과 마음도 멀게 한다면 아마 자연종교로서는 충족되지 않는 종교적 충동을 느낄지도 모른다.

물론 자연의 횡포가 종교의 기원을 모두 설명하지는 못할 것이다. 신을 만드는 공포는 자연만이 아닐 것이기 때문이다. 가령 레닌(Nikolai Lenin)은 〈종교에 대한 노동자들의 태도〉에서 이렇게 말한다.

오늘 날 종교의 가장 근본적인 원인은 전쟁이나 지진과 같은 엄청난 사건보다 천 배 정도나 더 혹독하게 노동자들을 날마다 혹은 시시각각으로 고통스럽게 하는 자본주의의 무분별한 힘 앞에서 노동자 대중들이 완벽하게 무기력을 느끼는 상황과 그들이 사회적으로 억압받고 있는 상황이다. 공포가 신을 만든다.

그는 이어 이렇게 주장한다.

자본의 무분별한 힘에 대한 공포, 다시 말해서 프롤레타리아와 소자본가에게 '돌발적이고 기대하지 못했던' 뜻밖의 파산, 파멸, 빈곤, 타락, 아사 등을 야기시키는 자본의 힘에 대한 공포가 근대 종교의 근원이다.

그러나 여전히 나는 무더위가 근대 종교의 근원이 될 수 있다고 주장하고 싶다. 사람들은 삶과 죽음의 기로에 섰을 때 종교를 필요로 하는 것이지 좀더 바람직한 삶을 위해서 종교를 찾지는 않기 때문이다. 행복한 삶을 위해서라면 윤리로 충분할 것이다. 종교와 윤리의 관계는 무엇일까. 도대체 언제까지 이 무더위가 계속될 것인가. 아무래도 당분간 철학하기를 멈추지 않으면 안 되겠다. 그때까지 적막한 산골처럼 살기로 하자.

II. 나 자신을 찾아서

나는 도대체 누구인가

이 곳에 올 때마다 또 하나의 내가
안타까운 마음으로 나를 기다리고 있음을 경험한다.
그 나는 감성과 충동의 주체가 아니라
이성과 사유의 실체로서 투명한 눈빛으로 나를 맞이하는 것이다.

9월 10일

새벽 여섯 시에 일어나서 대강 짐을 챙겨 가지고 차를 몰아 세 시간 만에 이곳 은곡에 도착하였다. 떠날 때부터 비가 내리기 시작하여 잠시도 쉬지 않고 퍼부었기 때문에 무척 조심하지 않으면 안 되었다. 어떤 때는 지척을 분간할 수 없을 정도로 장대비가 시야를 가리기 때문에 실제로 운전을 하기가 어려울 지경이었다. 때로는 갑자기 잠이 쏟아져서 도저히 참기가 어려운 경우도 있었다. 하는 수 없이 도중에 몇 번이나 차를 길가에 정차하고 비가 뜸해지기를 기다릴 수밖에 없었다. 사실 나는 여러 번 어려운 고비를 넘기기도 하였다. 그러한 상황에서 여하튼 여기까지 왔다는 것은 위험하게 운전을 하였음을 의미한다. 그런데도 불구하고 무엇이 나를 폭우가 쏟아지는 길거리로 내몰았던가. 왜 나는 아무도 기다리고 있지 않은 이 텅 빈 농가로 달려왔는가. 나는 이제 여기에 잠시 홀로 머무르며 무너져 내리는 흙 벽을 바라보는 동안 무엇을 하고자 하는 것인가. 무엇이 나를 산골 마을의 이 막다른 집에 홀로 쭈그린 채 한 톨의 밤송이처럼 뒹굴게 한 것일까.

칸트(I. Kant)는 내부에서 끓어오르는 충동에 따라 움직이는 것도 외부의 억압에 의해 행동하는 것 못지않게 '타율적'이라고 지적한 바 있다. 자기의 이성적 판단과 의지의 힘이 미치지 못하였다는 점에서는 둘 다 '자율적'인 행위가 아니기 때문이다. 그러나 오늘 내가 허둥대며 이곳에 온 것도 단순히 충동이나 욕구의 소산이 아니고 그 어느 누구의 강요나 억압에 의한 행위도 아니다. 그렇다면 그것은 분명히 자율적 행위일 터인데, 도대체 어떠한 의미로 자율적인가. 그렇다. 내가 이곳에 오는 것은 충동이나 강요가 아니라 합리적인 판단에 근거해서 강력한 의지를 표현한 것 외에 아무 것도 아니다. 그런 의미로 나의 행동은 자율적인 것이다.

사실 이곳에 올 때마다 나는 또 하나의 내가 안타까운 마음으로 나를 기다리고 있음을 경험한다. 그리고 그 나는 감성과 충동의 주체가 아니라 이성과 사유의 실체로서 투명한 눈빛으로 나를 맞이하고 있는 것이다. 그러한 성격의 자아가 부르는 음성에 따라 질풍같이 달려온 것이므로 여기에 오는 나의 행동은 칸트적 의미로 자율적인 것이었다고 볼 수 있지 않을까.

집 앞에 놓인 다리가 폭우에 한쪽 구석이 쓸려나갔으므로 조심스럽게 차를 몰아 진흙길을 올라가서 겨우 문 앞에 도착하자 비로소 안도의 숨을 몰아 쉴 수 있었다. 그러나 여전히 초가을답지 않게 천둥과 번개를 동반한 폭우가 계속 퍼부었다. 그렇기 때문인지 평소와는 달리 이곳에서 나를 기다리고 있던 그 나는 몹시 화가 나 있는 듯이 느껴졌다. 나는 불청객처럼 어색한 몸짓을 할 수밖에 없었다.

우선 젖은 몸을 말리고 집안의 습기를 제거하기 위해 석유 보일러의 스위치를 눌렀다. 그러나 오 분쯤 지나 뒤뜰에 있는 늙은 참죽나무 근처에 천둥소리와 함께 큰 벼락이 떨어졌고 동시에 보일러는 작동을 멈추었다. 여기저기 손을 보아도 소용이 없었다. 모터가 파손된 모양이었다. 습기를 말리기 위해 아궁이에 불을 지폈으나 바닥으로 새어 들어온 물기 때문인지 좀처럼 불을 당길 수가 없었다. 그 대신 연기만 꾸역꾸역 뿜어 나와서 온 집안을 구석구석까지 메워갈 뿐이었다. 시간이 갈수록 더욱 심해져 더이상 군불을 땔 수도 없었다. 나는 얼굴이 눈물범벅이 되어 모든 것을 포기하고 방바닥에 벌렁 드러눕고 말았다. 그때서야 비로소 나는 '다시 이곳에 왔구나!' 하고 느낄 수가 있었다. 그러나 비는 오후 늦게까지 계속 퍼부었다.

주위를 둘러보니 워낙 갑자기 많은 비가 내렸기 때문인지 도랑이 여기저기 많이 패였고 샘물을 받아놓은 연못도 그 축대의 일부가 무너져서 큰 공사를 하지 않으면 안 되었다. 날이 어두워지자 서재에 들어와서 '소크라테스적 자아의 인식과 현대의 윤리적 상황'이라는 제목의 논문을 손질하다

이제 과거에 쓰이던 농기구들은 거의 모두 폐기되어가고 있다.
그러나 농심도 함께 사라지고 그 자리에
'기심(機心)'이 자리잡아가고 있는 현상을 감지할 수 있다.

가 문득 천장을 올려다보니 책꽂이 위 한쪽 구석이 물에 흥건히 젖어서 내려앉아 있었다. 작년 가을에 깨어진 기왓장을 시멘트 반죽으로 메워놓았던 부분이 갈라져서 비가 샌 모양이었다. 그러나 지금으로서는 아무런 대책을 세울 도리가 없다. 당분간 비가 그만 내려주기만을 바랄 뿐이다.

저녁에는 일찌감치 식사를 마치고 계속 소크라테스적 자아에 관한 자료를 정리하였다. 그 중에서 특히 키에르케고어(S. Kierkgaard)의 해석이 흥미를 끌었다. 사실 나는 학부 때 졸업 논문으로 그의 세 가지 실존의 단계, 즉 심미적 단계와 윤리적 단계, 그리고 종교적 단계에 관하여 비판적인 글을 쓴 적이 있었다. 그러나 그 후 분석철학을 전공하는 동안 그의 철학에 관하여 별로 관심을 기울이지 않았었다. 더구나 그 당시 윤리적 단계에서 서둘러 종교적 단계로 넘어가는 그의 접근 방법이 못마땅하게 여겨졌고 아직도 그에 대한 부정적 인상을 지우지 못하고 있었다. 그러나 나는 최근에 비트겐슈타인을 통해서 그를 다시 대면하게 되었고 그의 진정한 관심은 그리스도적인 종교적 실존이었다기보다 오히려 소크라테스적 자아의 실현이었다는 심증이 굳어지면서 점차 흥미를 느끼기 시작한 것이다.

무엇보다 요즈음에는 그의 문제의식이 새삼스럽게 마음을 끈다. 그는 철학에서 가장 중요하다고 생각되는 주체성을 거듭거듭 강조했던 것이다. 진리의 의식이 객관성의 확보라기보다 주체성의 확인이라는 그의 입장은 새롭게 해석되지 않으면 안 된다. 무엇보다 자기 자신의 문제를 철학화하려는 그의 주체적 태도가 매력적이다. 그는 일기에 이렇게 쓰고 있다.

나의 사명을 이해하고 신이 나에게 원하는 것이 무엇인지 알아내는 것이 중요하다. 진리를 발견하고 내가 생사를 걸 수 있는 이념을 찾아내는 것이 중요하다. 나에게 필요한 것은 인식적인 삶이 아니라 인간의 완전한 삶을 살아가는 일이다. 그러므로 나는 나 자신의 사상적 발전을 나 자신의 것이 아닌 그 무엇에 기초해서는 안 된다.

그는 이어 이렇게 말한다.

비록 이 세계가 무너진다고 해도 내가 붙들고 놓을 수 없는 것, 내 실존의 가장 깊은 뿌리와 관련되어 있는 것 위에 기초지어야 한다. 바로 이것이 나에게 결핍되어 있는 것이므로 내가 그것을 향해 노력하고 있는 것이다. …중요한 것은 인간의 내적 행위이며 신적인 측면이지 인식의 분량은 아니다. …이와 같이 인간이 자기 자신을 이해할 때에만 스스로 독립된 실존을 유지하고 자기 자신의 자아를 포기하지 않을 수 있게 되는 것이다.

아마 이러한 문제의식 때문에 나는 오늘 아침 위험을 무릅쓰고 폭우 속의 아스팔트 길을 세 시간 동안이나 질주해 왔는지 모른다. 그렇게 해서 만나고 싶었던 나는 역시 소크라테스적 자아, 좀더 정확히 표현하면 키에르케고어가 이해한 바로서의 소크라테스적 자아였던 것이다. 나는 불기 없는 축축한 방에 피곤한 몸을 눕히고 잠을 청하며 코펜하겐에서 키에르케고어가 소크라테스를 갈구하던 심정으로 그를 절박하게 필요로 하고 있었다. 그는 《철학적 단편》에서 "소크라테스의 시대에서와 같이 아니 그 이상으로 사람은 어느 정도 소크라테스식으로 굶주릴 필요가 있다"고 주장하며 "사람들이 최고의 것을 이해했다든가 파악했다는 그러한 단언들을 들을 때마다 웃음과 눈물을 빚어낸다"고 토로하기도 했었다. 그는 계속해서 이렇게 적는다.

소크라테스여, 소크라테스여, 소크라테스여! 그렇다. 당신의 이름을 세 번 부르지 않을 수 없다. 그렇게 해서 무엇인가 도움이 된다면 열 번을 불러도 지나침이 없을 것이다. 세계는 하나의 공화국을 필요로 한다고 사람들은 말한다. 새로운 질서와 새로운 종교가 필요하다고도 한다. 그러나 바로 이 광범위한 지식의 혼란 때문에 이 세계가 한 사람의 소크라테스를 필요로 하고 있음을 아무도 생각해내지 못한다.

7년 전 그의 사상을 더듬으며 코펜하겐에 찾아갔을 때와는 다른 종류의 음성을 오늘 밤 나는 이 산골 마을에서 듣고 있는 것이다.

10월 2일

오늘은 귀한 손님들이 찾아오기로 약속이 된 날이기 때문에 아침부터 매우 분주하였다. 철학문화연구소의 기획에 참여해 있는 이명현, 이한구, 황경식 교수 등이 개천절 연휴를 이용하여 농촌의 무르익은 가을도 즐기고 작년에 미루어두었던 '은곡재'의 현판식도 가질 겸해서 이곳에 오기로 한 것이었다. 대강 주위를 정리한 다음 만나기로 약속한 삽교천으로 향하였다. 이곳 지리에 익숙하지 않아서 내가 그곳까지 마중을 나가기로 했던 것이다.

약속한 시간인 10시 30분이 조금 지나서 그곳에 도착하였는데, 황경식 교수 일행은 이미 도착하여 나를 반갑게 맞이해주었다. 더구나 황 교수의 부인과 두 따님까지 대동하여 나로서는 여간 자랑스런 일이 아니다. 나 혼자 지내기에도 불편한 이 초라한 농가를 찾아주니 말이다. 그러나 함께 오기로 한 이명현 교수와 이한구 교수는 좀처럼 나타나지 않았다. 무려 한 시간 반이나 지난 12시가 넘도록 그들의 모습은 보이지 않았다. 집으로 전화를 해보았으나 제 시간에 떠났다는 것이다. 공휴일이라 차가 밀린다고 해

결국 '은곡재'라는 현판을 걸어놓고 좋아하는 것은 내가 정한 나만의 기준에 따라 나만의 방식으로 이 집을 소유하는 방식일 뿐이다.

도 너무 늦는 셈이다. 기다리고 있는 다른 사람들의 입장도 있고 해서 우리 일행은 은곡으로 일단 돌아와서 계속 연락을 취해보기로 하였다.

초조한 마음을 달래며 집으로 돌아오자마자 즉시 최씨네 들러서 다시 전화를 걸고 있을 때 그들이 기진맥진한 모습으로 나타났다. 차가 워낙 밀린 데다가 길까지 잘못 들어서 그렇게 늦어졌다는 것이다. 초조와 원망은 갑자기 환희와 감격으로 바뀌었고, 그래서 나는 그들을 마구 부둥켜안았다. 자주 어울리는 사람들이지만 이곳에서 만나니 무척 반가웠고 더구나 노심초사 끝에 맞이하게 되니 더욱 감격스러웠던 것이다.

우리는 점심식사를 준비하는 동안 우선 '은곡재(隱谷齋)'의 현판식을 갖기로 하였다. 그러나 그러한 예식을 어떻게 갖추어야 하는지 아는 사람은 아무도 없었다. 나는 기억나는 대로 격식을 갖추고 정성을 모아 고사를 지내기로 하였다. 우선 창호지로 가려진 현판 앞에 간단한 제사상을 차려놓았다. 굵은 초에 불을 켜고 한과와 과일을 올려놓았다. 마침 미처 엄두도 못 내었던 돼지머리의 일부를 최씨가 구해와서 갑자기 분위기가 고조되었다. 이렇게 고사를 지낼 준비가 갖추어지자 이명현 교수와 나는 현판에 씌워두었던 창호지를 떼어내었다. 참석했던 사람들이 환호성과 함께 모두 크게 박수를 쳐주었다. 이렇게 해서 나의 이 초라한 이 농가가 비로소 '은곡재'라는 이름을 갖게 된 것이다.

이윽고 나는 농주를 한잔 따라놓고 현판 아래 켜놓은 촛불 앞에서 큰절을 올렸다. 절을 하면서 나는 우리 모두에게 축복이 있기를 마음속으로 빌었다. 그리하여 우리에게 맑은 정신이 깃들어서 신통하고 훌륭한 생각을 많이 할 수 있게 해달라고 천지신명에게 빌었다. 특히 이 농가가 그러한 사유의 터전이 되고 사상의 산실이 될 수 있도록 축복해줄 것을 빌었다. 그러한 기원이 얼마나 효력이 있을지, 그리고 그것이 구체적으로 무엇을 향한 것인지 나로서는 분명하지 않다. 그러나 나로서는 그토록 간절하게 기원하는 마음의 자세 그 자체가 중요한 의미를 지닌다고 생각되었다.

  나는 이윽고 다시 술을 따라 올리며 이한구 교수와 황경식 교수에게 함께 절을 하자고 권하였다. 그들은 기꺼이 따라해주었다. 그것은 엄격한 종교적 예식이라기보다는 일종의 축제이고 공식적인 축제라기보다 차라리 한마당의 놀이에 불과한 것이었다. 그렇기 때문에 이 교수와 황 교수는 노래방에서 마이크를 잡듯 아무 부담감 없이 참여해주었을 것이다.

  이렇게 간단히 고사를 지내고 우리는 다소 늦은 점심을 즐겼다. 워낙 준비가 없었기에 공연히 우왕좌왕하며 바쁜 시간을 보내었다. 그러나 황 교수의 부인이 많이 도와주어서 그럭저럭 푸짐한 잔치상을 마련할 수 있었다.

  점심식사를 끝내고 모두들 밤나무 밑으로 흩어졌다. 밤나무가 여기 저기에 열 그루는 되었으므로 일행이 밤을 줍고 또 나무에 올라가서 흔들며 즐기기에는 충분하였다. 나는 그들의 흥겨워하는 모습을 멀리서 바라보면서 무척 흐뭇한 기분에 젖어 있었다. 황 교수의 두 따님은 물론이고 한국 철학계를 풍미하고 있는 이 중진 철학자들이 어린아이들처럼 즐겁게 이리 저리 뛰놀며 소일하는 것을 보는 것은 여간 흐뭇한 일이 아니었다. 황 교수는 욕심을 내어 늙은 밤나무의 중간쯤 올라갔다가 미끄러져서 혼쭐이 났고, 이명현 교수는 누구에게 들킬세라 조용조용 발걸음을 옮기며 부지런히 밤을 한 톨 두 톨 비닐 봉지에 주워담고 있는데 흘깃 들여다보니 벌써 반 이상 채웠다. 정말 모두들 즐거운 표정이었다. 사람들은 이렇게 다람쥐처럼 밤톨만을 의식하며 맑은 눈동자로 살아갈 수는 없는 것일까. 인간의 길과 다람쥐의 길 사이에 진정한 차이가 있다면 그것은 무엇일까. 우리를 바라보는 다람쥐의 관점은 어떠한 것일까.

  날이 어둑어둑해지자 우리는 자두나무 밑에 설치해놓은 테이블에 앉아

서해안의 일몰은 항상 아름답고 장엄하다. 거기서 우리가 배우는 것은 무엇인가.

서 시원한 맥주를 마시면서 환담을 즐겼다. 이백 년은 충분히 되었을 듯한 감나무 가지 사이로 펼쳐진 서해안의 장엄한 석양이 흥취를 더욱 돋워주었다. 나는 마침 준비해왔던 오디오로 미샤 마이스키의 첼로 소품을 틀었다. 잠시 우리는 석양을 바라보며 음악을 감상했다. 마이스키의 연주 중에서 바흐의 '아다지오'와 보케리니(L. Boccherini)의 '미뉴엣'은 특히 가슴을 파고들었다. 오래도록 간직해두고 싶은 꿈 같은 장면들이 연출되었다. 그러나 어둠이 짙어지자 그것은 정말 한바탕의 꿈처럼 어둠 속으로 묻혀갔다. 상경길이 복잡하기 때문에 더이상 머무를 수가 없었고 또 각자의 '현실'이 있기 때문에 나로서도 계속 붙들어둘 수가 없었다.

순식간에 그들이 모두 떠나자 나는 잠시 배웅을 하고 돌아와서 음악을 들으며 그 자리에 계속 앉아 있었다. 마이스키의 연주가 끝났으므로 이번에는 무스타키(J. Moustaki)의 샹송 테이프를 틀었다. 촛불로 칠흑 같은 어둠을 밝혔다. 하나 둘 낙엽이 흩어지고 있었고 이따금씩 밤송이 떨어지는 소리도 들렸다. 마침 무스타키는 "나는 고독과 함께 있으므로 결코 외롭지는 않네. 조금도 외롭지 않네…" 하며 명백한 역설을 흐느끼듯 노래하였다. 이제 그들은 현실 속으로 돌아갔는데 나의 '현실'은 어디에 있는지 나는 짓궂게, 그리고 엄숙하게 묻고 있었다. 그 순간 "내가 그토록 안타깝게 오고 싶었던 곳이 바로 여기였던가?" 하는 질문도 동시에 제기되었다. 그렇게 묻고 있는 나는 도대체 누구인지 계속 나 자신에게 묻고 있었다.

10월 3일

오늘은 개천절이다. 말하자면 우리 나라의 하늘이 열린 날이니까 개국 기념일이 되는 셈이다. 어떠한 근거로 계산된 것인지 정확히 알 수는 없으나 4327년 전 환웅의 아들인 단군 왕검이 하늘을 열고 백두산에서 내려와 우리 나라를 세운 날이 바로 오늘이다. 그러나 그동안 이 나라는 여러 조각으로 나뉘어서 서로 싸우다가 광활한 만주벌판을 중국에게 내어주고 일본의 속국이 된 적도 있었으며, 이제 겨우 독립이 되었으나 여전히 손바닥만한 한반도에 갇힌 채 남북이 서로 다투고 있는 실정이다. 단군 왕검이 이 나라를 세운 의도가 진정으로 무엇이었고 지금 우리는 어디쯤에 서 있으며 또 어디로 흘러가고 있는지 곰곰이 생각해보아야 할 시점에 와 있다.

유달리 일찍 깨어났으므로 나는 뒷산에 올라가서 검도로 몸을 푼 다음 잡초를 뽑고 마당도 쓸며 집안을 구석구석 깨끗하게 단장하였다. 우리 민족에게 가장 의미 있고 성스러운 날을 맞이하기 위해서였다. 과연 양력으로 10월 3일이 바로 그날인지가 역사학적으로나 민속학적으로는 쟁점이 될지 모르겠으나 철학적으로는 중요한 문제가 아니다. 정작 중요한 것은 적어도 일년에 하루쯤 우리가 한민족(韓民族)의 한 성원이라는 것을 음미하고 개국의 이념인 홍익인간(弘益人間)의 정신을 되새기며 단군이 의도한 대로 하나의 통일된 국가를 이룩하기 위한 의지를 다짐하는 일이다. 말하자면 '민족적 자아'를 정립하고 그러한 자아로서 명확하게 자기 존재를 다시 확인하는 일이 무엇보다 중요한 일인 것이다.

나는 그러한 자아를 확인하기 위하여 태극 마크도 선명한 국기를 대문 옆의 기둥에 단단히 매달았다. 어제 감을 따는 데 사용하던 긴 대나무를 이용하여 산골 마을 어디에서든지 잘 보일 수 있도록 아주 높이 게양하였다. 비록 잔뜩 찌푸린 날씨였으나 대나무 게양대 높은 곳에서 활개치듯 펄럭이는 국기를 바라보니 무척 상쾌한 기분이 들었다. 역시 인간에게는 자기가 부여한 의미를 확인하기 위하여 어떤 구체적인 상징이 필요한 모양이다.

그러나 유감스럽게도 마을에서 태극기를 게양한 집은 한 군데도 눈에 띄지 않았다. 아직 추수철이 아니니까 너무 바빠서 잊어버렸다고 할 수도 없는 일이었다. 나는 우선 박씨네를 찾아가봤다. 마침 박씨 내외가 마당에 마주앉아서 철 늦은 담뱃잎을 줄로 엮고 있었다. 아침 인사를 나눈 다음 오늘이 개천절인 것을 아느냐고 물었다. 그는 어렴풋이나마 그런 줄은 알고 있었다고 대답하였다. 그때서야 생각난 듯 박씨 부인이 소죽 쑤는 아궁이 옆 헛간에서 태극기를 찾기 시작하였다. 그러나 그것은 좀처럼 나타나지 않았다. 10여 분이 지나서야 겨우 찾아내었는데 박씨 내외는 모두 계면쩍은 표정을 짓고 있었다. 지금은 서울로 옮겨간 자식들이 있을 때에는 그런 것을 잘 챙겼는데 이제는 먹고 살기가 바빠서 미처 신경을 쓸 겨를이 없다는 것이었다. 나는 그들을 도와서 돼지우리 옆 앵두나무에 높은 장대를 달아서 국기를 게양해주었다. 박씨는 나에게 계속 송구스러운 표정을 짓더니 툇마루에 앉아서 추석 때 쓰던 약주나 한잔 하자고 권하는 것이었다.

약주를 몇 잔 기울이면서 나는 국경일을 맞이하여 국기를 게양해야 하는 이유를 설명하려고 애썼다. 그것이 동회 직원의 사무적인 지시의 성격을 띠지 않도록 하려니까 무척 힘이 들었다. 나는 우선 일제(日帝)가 통치하던 시대에는 국기를 달고 싶어도 달 수 없었던 상황이었음을 환기시켰다. 그런데 개인의 경우와 마찬가지로 지금도 우리 나라는 정신을 바쯔 차리지 않으면 살아 남기 매우 힘든 상황에 처해 있고, 태극기를 높이 달아서 자기 조국을 확인하는 것은 국민의 한 사람으로서 "정신을 차리고자 애쓰는" 행위에 해당된다고 설명하였다.

사실 개인이나 국가의 경우 정신을 차린다는 것은 철학적 관점에서 볼 때 여간 중요한 일이 아니다. 그것은 자기가 한 개인으로서 혹은 어떤 국가의 한 성원으로서 자기 자신을 확인한다는 뜻인데 이것은 자신의 자아동일성(self-identity)을 의미한다고 할 수 있다. 이런 동일성은 선험적인 문제로서 자기를 그 어떠한 사람으로 확인하는 인격 동일성(personal identity)과는 구별된다. 전자는 자기가 그 누구도 아니고 바로 자기 자신이라는, 그리하여 다른 사람과 확연히 구분되는 개체임을 확인하는 논리적 혹은 존재론적 작업인 반면 후자는 자기가 어떠 어떠한 사람이라는, 따라서 어제의 내가 여전히 내일의 그 나일 수 있는 근거를 제시하는 경험적 혹은 인식론적 작업인 것이다. 이런 구분을 한 국가나 민족에 적용해볼 때에도 마찬가지이다. 어떤 국가의 자아동일성은 그 국가가 다른 국가가 아니라 바로 그 국가라는 것을 확인하는 작업이고 그 국가의 국가 동일성(national self)은 그 국가가 지닌 국민과 국토와 국권을 확인하고 유지하는 작업이 되는 셈이다.

나는 박씨에게 이러한 구분과 그 의미, 그리고 그러한 의미를 확인하는 것이 얼마나 중요한 것인지를 설명해보려고 애썼다. 우리 나라는 너무 오래 지속되고 있는 분단상황 때문에 제정신을 잃고 혼미해진 어떤 개인처럼 그 정체성을 잃고 있다는 것을 쉽게 설명해낼 도리가 없었다. 박씨는 노골적으로 지루한 표정을 지었으므로 나는 자리에서 일어나 모처럼 한가롭게 마을 여기저기를 산책하였다. 정말 놀랍게도 태극기를 게양한 집을 한 군데도 찾아볼 수가 없었다. 혹시 내가 잘못 생각하고 있는 것은 아닐까. 오늘날과 같이 민주화된 시대에 누구나 자기가 원하는 대로 행동할 수 있음에도 불구하고 국경일이라고 해서 획일적으로 국기를 게양해야 한다고 생각하는 것은 너무 경직된 사고방식의 표현이란 말인가.

그러나 20여 채나 되는 이 마을에서 태극기를 한 집도 내걸지 않고 있다는 것은 무엇을 의미하는가. 건강도 자기가 누리고 있을 때 지키라는 말이 있다. 국권을 제대로 지키지 못하면 그것을 잃었을 때는 건강처럼 아무리 회복을 위해 투쟁을 해도 너무 늦게 마련이다. 더구나 요즈음과 같이 개방화니 세계화니 하며 구호가 요란한 상황에서 정부의 시책만을 원망하며 국

농촌에서 키가 큰 나무들은 이제 하나씩 베어져가고 있다.
쓸모없는 것은 모두 사라져야 하는 세상이 되었다.

민으로서 갖추어야 할 최소한의 자세마저 보여주지 않는다면 어떻게 이른바 '민주국가'를 유지해나가겠는가.

나는 오후 시간을 이 마을의 여러 집을 찾아다니며 마치 안창호 선생이 환생해 온 듯 '민족적 자아'를 일깨우는 일로 보내었다. 나는 여러 사람이 단체 행동을 할 때일수록 각자가 자의식이 강하고 자긍심을 유지해야 그 단체가 잘될 수 있듯이 개방화되고 세계화되는 시대일수록 민족적 자아가 강해야 하고 민족적 자존심을 드높이지 않으면 안 된다고 역설하였다. 이러한 작업이 먼저 이루어져야 그러한 자존심과 자긍심에 걸맞게 행동할 수 있고 또 그렇게 의연하게 살아갈 때 민족과 국가의 장래가 밝아지는 것이라고 이야기하였다. 그러나 이 모든 것은 오늘과 같은 국경일에 국기를 게양하는 일로부터 시작되지 않으면 안 된다는 말로 끝을 맺었다.

물론 삼황오제(三皇五帝) 때와 같은 황금시대의 '격양가'와 같이 땅파서 물 먹고 농사지어 양식을 얻으며 태평세월을 구가하는데 왕이 누구이며 나라가 무엇인지 알 필요가 있겠느냐고 반문할 수도 있다. 그러나 지금은 분명히 그러한 시대가 아니다. 더구나 조금만 가뭄이 들어도 관계자들을 비난하고 농업정책이 잘못되었다고 입이 마르게 정부를 비난하는 것이 민주화된 국가에서 흔히 볼 수 있는 농민들의 모습이 아닌가.

오늘은 이래저래 우울한 하루를 보내었다. 정말 '국가'라든가 '민족'의 존재론적 지위는 어떠한 것일까. 철학적으로 '인류'라는 보편과 '개인'이라는 개체에 관심을 많이 쏟으면서 그 중간 어디쯤엔가 존재할 것이 분명한 '가정'이나 '민족'의 실재에 관해서 논의를 회피하는 이유는 무엇인가. 그것은 사회학자나 정치학자 혹은 인류학자의 전유물에 불과한가. 오히려 인류나 개인보다 민족이 더 높은 실재성을 지니고 있는 것이 아닐까… 한 사람의 철학도로서 이 분단시대를 살아가는 자세와 임무는 무엇일까.

12. 모여 사는 갈대들

철학자의 인술

사실 소크라테스는 마음의 의사요
히포크라테스는 마음의 철학자가 아니었던가.
그렇다면 철학은 어떤 의미로 인술이 될 수 있는가.
오늘날의 심리철학은 깊이를 더할수록
몸과 마음의 경계가 모호함을 입증해준다.

10월 16일

오늘은 황경식 교수 부인인 강명자 한의원 팀이 이곳 은곡에 와서 가을철 야유회를 겸한 무료 진료를 해주기로 약속한 날이다. 원래 어제 이곳에 내려와서 여러 가지 준비를 할 계획이었으나 서울에서 밀린 일들을 마무리하느라고 오늘 아침에 서둘러서 출발할 수밖에 없었다. 그러나 사벽부터 가을 날씨에 어울리지 않는 폭우가 퍼부어서 운전하기 어려웠다. 평택을 거쳐서 달려왔는데 고속도로보다는 오히려 지방을 잇는 국도가 더 위험한 것 같았다. 길이 좁고 구부러져 있는데도 차들이 속력을 줄이지 않을 뿐만 아니라 여전히 추월하는 경우가 많기 때문이었다.

거의 네 시간이 걸려서야 겨우 이곳에 도착하였다. 그러나 비는 여전히 계속 퍼부었다. 더구나 집 앞에 설치된 다리는 한쪽 귀퉁이의 나무토막이 무너져 내려서 자동차가 지나갈 수 없을 정도로 훼손되어 있었다. 차를 입구에 세워둔 채 필요한 짐만 챙겨들고 안으로 들어갔다. 집안은 물론 텅 비어 있었으나 생각보다 을씨년스러워 보이지는 않았다. 지난번에 다녀간 지 얼마 되지 않기도 하지만 비워둔 동안에도 이곳을 항상 생각하고 있었기 때문이리라.

집안을 대강 정리하고 아래채에 군불을 지피려고 할 때 일행이 들어섰다. 야유회를 겸한 여행이라 짐이 많았으나 마당까지 차를 몰고 들어올 수 없는 형편이어서 불편한 점이 많았다. 그러나 점차 비가 멎기 시작했으므로 산골 마을에서 무르익어가는 늦가을의 정취를 마음껏 즐길 수가 있었다. 일행은 황 교수 내외와 보조 의사, 간호사, 운전기사 등 여덟 명에 이르렀다. 이들은 아직 부슬부슬 내리고 있는 가을비를 맞으면서도 다소 철이 지난 밤과 감, 대추, 호두 등을 따느라고 정신이 없었다. 자연은 누구에게나 정다운 보금자리를 마련해주는 모양이었다. 특히 한의학에 종사하는 이들

이백여 년이 된 감나무는 올 가을에도 무수한 감들을 산출해내었다.
우리는 그것을 고마워하고 또 그 모습에 감탄한다.
그러나 감나무는 침묵을 지킬 뿐이다.

에게 아직 손때가 묻지 않은 이 산촌은 각별한 의미를 지닐지도 모른다.

즐겁고 푸짐한 식사를 즐기는 동안 이곳의 이장인 김씨는 노인정 앞에 설치되어 있는 확성기를 통해 한의원 팀이 진료차 이 마을에 왔음을 널리 알려주었다. 2시부터 진료를 시작하기로 하였기 때문에 우리는 서둘러 식사를 끝내고 노인정으로 향하였다. 이곳이 오늘 이동 병원의 역할을 하게 된 셈이었다. 우리가 도착하였을 때 벌써 대여섯 명의 아낙네들이 와서 기다리고 있었다. 이 여인들의 얼굴에는 병색이 완연했고 힘든 노동과 정신적 고통으로 인하여 자기 나이보다 훨씬 더 늙어 보였다. 유심히 살펴보니 걸음걸이도 정상적인 것 같지 않았다. 사실 의학적 관점에서 볼 때 등이 구부정하고 갈지자로 걸음을 걷는다는 것 자체가 이들의 건강에 문제가 있다는 사실을 입증해준다고 볼 수 있을 것이다.

삼십 분 가량 지났을 때 상당히 많은 주민들이 몰려들었다. 거의 네 시간 동안 진료가 진행되었고 혜택을 받은 사람들이 50명은 되는 듯했다. 황 교수와 나는 노인정 밖에서 찾아오는 사람들을 맞이하며 내방한 한의원에 관해 설명하고 진료의 순서를 정해주기도 하였다. 철학과 의학이 만났을 때 철학이 할 수 있는 일이 무엇인지를 보여주기라도 할 것처럼 우리는 강 의원의 진료를 열심히 거들어주었다. 이장을 비롯하여 이 마을의 원로들도 우리의 일을 도와주며 강 의원의 인술을 입에 침이 마르도록 칭찬하였다. 그들은 또한 이러한 대규모 진료를 알선해준 나에 대해서도 깊은 감사의 표시를 잊지 않았다. 그러나 막상 그럴 때마다 나는 몸 둘 바를 모를 정도로 송구스럽다는 생각이 들었다. 그것은 내가 이 마을을 드나드는 동안 그들을 위해서 별로 도움이 되는 일을 한 것이 없기 때문이기도 하지만, 그보다는 철학이 현실을 위해 구체적으로 무엇을 할 수 있는지 가늠하기가 어렵기 때문이었다. 그동안 이 마을 사람들은 나에게 취직을 부탁하기도 하고 자녀들의 진학문제를 상담하기도 하며 우루과이 라운드나 개방화에 임하여 농촌의 진로에 관해 질문을 던지기도 하였다. 그러나 나는 구체적인 답변을 제시하지 못하였고 실질적인 해결책을 마련할 수도 없었다. 이러한 문제라면 텔레비전의 해설을 귀담아 듣는 편이 더 낫다고 충고할 뿐이었던 것이다.

저녁 6시가 되어서야 겨우 진료를 마무리할 수가 있었다. 강 의원과 보조 의원을 비롯하여 간호사들은 기진맥진한 모습이었다. 그러나 그들의 얼굴빛은 보람과 긍지로 빛났다. 때마침 구름이 걷히고 하늘이 맑게 개이자 유별나게 강한 햇빛이 쏟아져 내려왔다. 석양에 반사된 그들의 모습은 단순히 자랑스러울 뿐만 아니라 숭고한 아름다움마저 뿜어내었다. 의술이 인술의 성격을 띨 때 결국 실천적인 의미의 철학이 되는 것이 아닐까.

강 의원 의료팀은 다시 나의 농가로 돌아와 아직 남아 있는 밤송이를 주우며 피로를 풀었다. 날이 어두워지자 일행은 간단히 저녁식사를 마치고 은곡을 떠났다. 지난번 서울로 돌아갈 때 길이 많이 막혔기 때문에 더이상 지체할 수가 없는 모양이었다. 그들이 떠난 지 얼마 안 되어 박씨 부인이 감과 밤을 한 소쿠리 들고 왔다. 강 의원에게 다소나마 보답을 하기 위해서 가지고 왔다는 것이다. 그들이 이미 이곳을 떠나버린 것을 알고 무척 아쉬워하였다. 오랫동안 허리병을 앓아왔고 읍에 가서 침을 맞고 오는 일이 얼마나 번거로운 일인지 잘 알고 있는 그녀로서는 특별히 감사해야 할 이유가 있었을 것이다. 여하튼 이렇게 훈훈하고 넉넉한 마음이 오고가는 한 이 산골 마을에도 얼마 지나지 않아서 각종 병마가 줄어들게 될 것이다.

밤늦게까지 축축한 아궁이에 군불을 때면서 의학과 철학에 관하여 생각해보았다. 원래 그것은 별개의 것이 아니었을 것이다. 사실 소크라테스는 마음의 의사요 히포크라테스는 몸의 철학자가 아니었던가. 이제 오늘날 심리철학이 그 깊이를 더하면 할수록 몸과 마음의 경계가 점점 더 모호해짐을 입증해줄 뿐이며 의학이 발달하면 할수록 행복한 삶을 위해 공헌하게 된다는 사실이 더욱 명확하게 밝혀지고 있는 실정이다. 가령 여성 불임증의 진단과 처방을 전문영역으로 삼는 강명자 의원도 최근에 펴낸 《삼신할미》에서 이러한 점을 강조하고 있지 않은가.

강 의원은 이렇게 주장한다.

피붙이를 갖고자 하는 원초적이고 본능적인 욕구가 한국인만큼 강한 민족도 없을 것이다. 이에 비례해서 아이를 갖지 못한 여인의 설움과 한이 한국처럼 애절하고도 깊은 곳은 없을 것이다. 의술이 진정한 의미에서 인술이 되는 도리는 바로 이러한 고통을 줄여주는 인간적 기술이 된다는 점에 있다고 생각한다.

그렇다면 철학은 어떤 의미로 인술이 될 수 있는가. 형이상학적 사유와 논리적 분석이 현실적으로 이 분단의 시대와 세계화의 시대를 동시에 살아가야 하는 한국인들에게 공헌할 수 있는 방법은 무엇인가. 민족문제의 존재론적 측면을 규명하고 '민족적 자아'라는 개념을 명료화하여 그것이 세계화나 개방화에 논리적으로 선행된다는 사실을 제대로 규명할 수 있다면, 만약 그럴 수 있다면 이 시대를 살아가는 철학도로서 어느 정도의 '인술'을 펴는 셈이 아닐까. 그러나 그것은 어떻게 가능한가. 나는 팔뚝만한 대여섯 개비의 장작이 한 줌의 재가 될 때까지 불길을 지켜보며 '철학자의 인술'에 관하여 곰곰이 생각해보았다.

12월 18일

  오늘 오후에는 이화여대 중강당에서 내가 석사논문을 지도한 바 있는 S군의 결혼식이 있었다. 나는 이 결혼식에 단순한 하객으로서가 아니라 그 예식을 주재하는 주례로서 참석하였다. 주례는 이번이 세번째인데 그동안 여러 번 청탁을 받았으나 대부분 이러 저런 이유를 대며 거절해왔다. 내가 이해하기에 결혼이란 것은 인생에서 가장 큰 사건이고 동시에 가장 중요한 행사이므로 그것을 주재한다는 것은 여간 조심스러운 일이 아니다. 주례를 서면 그 결혼 자체를 마치 내가 책임져야 할 것 같은 부담감이 들어서 그동안 망설여왔던 것이다. 그러나 S군의 경우는 다르다. 그는 평소에 성실하고 근면할 뿐 아니라 학업성적도 우수하여 호감을 주던 학생이었다. 그래서 비록 서투르지만 주례로서 그의 결혼을 도와주고 싶었다. 이 결혼식이 끝나자마자 간단히 요기를 하고 곧장 차를 몰아 이곳 은곡에 도착한 것이다.

  고속도로를 달리면서도 나는 계속 '결혼'의 의미에 대하여 생각해보았다. 그것은 인간이 살아 있는 동안 가장 중요한 의미를 지니는 사건이 아닐 수 없다. 물론 탄생과 죽음이 더 큰 사건이겠지만 이러한 것들은 우리가 살아가는 동안 삶의 일부로서 생겨나는 일이 아니다. 탄생은 삶의 시작일 뿐이고 더구나 자의로 선택할 결단의 문제가 아니어서 주체적인 의미를 지니지는 못한다. 죽음도 마찬가지이다. 그것은 생명의 종식을 의미하므로 삶의 일부가 될 수는 없으며, 우연적인 요소가 너무나 많이 개입되기 때문에 삶의 한가운데서 적극적인 역할을 하지는 못한다. 이에 비해서 결혼은 우리들 모두에게 인생의 가장 중요한 시기에 어떠한 종류의 삶을 살 것인지에 관하여 중대한 결단을 내릴 것을 요구하므로 그 어떠한 사건보다도 그 의미가 심장하다. 그렇다면 그것은 구체적으로 어떤 의미를 지니는가.

  첫째로, 결혼은 '만남'의 의미를 지닌다. 그것은 무엇보다 하나의 성숙한 남자와 여자가 개체로서 만난다는 것을 의미한다. 그런데 하나의 개체는 육체와 정신으로 구성되어 있으므로 결혼은 육체의 결합인 동시에 정신의 결합이기도 하다. 이러한 결합이 잘 이루어지기 위해서는 무엇보다 건전하고 건강한 심신을 지녀야 하고 서로 보완관계를 이루는 조건들이 갖추어지지 않으면 안 된다. 그러나 결혼은 단순히 개체와 개체의 만남이 그치는 것이 아니다. 하나의 개인이 존재하려면 부모가 있어야 하고 성장해가는 동안 형제와 친척, 친지들의 도움이 필요하다. 이들과의 관계가 자기의 문화를 형성하는 것이라면 결혼은 서로 이질적인 두 개의 문화가 만난다는 의미도 지니게 되는 것이다.

둘째로, 결혼은 창조를 의미한다. 결혼이란 만남을 통해서 우리는 하나의 가정을 창조할 뿐만 아니라 자녀를 낳아서 새로운 개체들을 창조하며 두 개의 문화권이 어우러지면서 새로운 가치관을 창조하기도 하는 것이다. 만약 어떤 남녀가 결혼을 하고도 특별한 이유 없이 하나의 가정을 이루어 동거하지 않거나 자녀를 갖지 않는다면, 그리고 자기 자신의 가치관과 사고방식만을 고집한다면 이들은 결혼의 참다운 의미를 외면하는 셈이 될 것이다. 이와 같이 결혼은 그 이전에 존재하지 않았던 개체들과 가정과 가치를 창조하는 역할을 한다고 볼 수 있다.

끝으로 결혼은 진보를 의미한다. 우리가 결혼을 통해서 창조한 것들이 그 이전의 상태에 보탬이 되지 않거나 오히려 퇴보를 야기시킨다면 그것은 모두 무의미한 것이 아닐까. 그러므로 결혼에 어떤 의미가 있다면 바로 이 진보라는 현상에서 찾아야 할 것이다. 그리하여 한 개체로서의 남녀는 인격적으로나 기능적으로 좀더 바람직한 모습을 지니게 되고, 양가는 문화적으로 더욱 풍요로운 상태를 형성하며, 가정을 구성함으로써 국가적으로나 사회적으로 발전의 기틀을 마련할 수 있어야 한다. 그런 의미로 결혼은 단순히 변화가 아니라 발전과 개선을 담은 변화이어야 하는 것이다.

  나는 오늘 행한 주례사에서 결혼의 의미를 이렇게 세 가지로 개진해보았다. 그리고 이러한 의미와 합치되는 결혼이 되기를 빈다는 당부를 잊지 않았다. 그러나 그렇게 바람직한 결혼이 되기 위해서는 당사자들의 노력만 가지고는 부족하므로 하객들의 끊임없는 관심과 보살핌이 필요하다고 당부하였다. 나는 니체의 전기에서 생각나는 하나의 구절을 인용하여 이렇게 주례사를 마쳤다.

  제가 존경하는 철학자 니체는 이렇게 말한 적이 있습니다. "배를 탔으면 정박해 있지도 말고 표류하지도 말고 다만 항해하라." 이제 이 남녀가 '결혼'이라는 배를 타게 되었습니다. 이 배가 정박해 있지도 않고 표류하지도 않으며 순조롭게 항해할 수 있기 위해서 우리 모두 격려의 박수를 쳐주시면 고맙겠습니다.

  나의 요청에 기꺼이 응하여 하객들의 우레와 같은 박수가 터져 나오자 나는 고맙다는 인사를 하고 내 자리로 물러섰다. 그렇게 함으로써 나는 주례로서 임무를 다했던 것이다.

  고속도로를 벗어나고 평택을 거쳐서 계속 이곳 은곡을 향해 달리는 동안 오늘 있었던 결혼식과 결혼의 의미와 나 자신의 결혼생활에 대하여 생각하였다. 나는 과연 그 결혼식에서 주례의 역할을 제대로 수행하였는가. 나의 주례사는 너무 현학적이어서 청중들을 지루하게 하지는 않았는가. S군의 결혼이란 항해는 어떤 모습을 띨 것인가, 여전히 군 복무중이고 신부도 학업을 계속하고 있는 입장에서 가정을 꾸리게 되었으니, 더구나 군 복무를 마치는 대로 외국 유학을 계획하고 있으니 어려운 점이 많을 것이다. 나 자

어쩌다가 나는 오늘 혼자 사는 갈대가 되었는지 나 자신에게 묻고 있었다.
불현듯 어깨를 비비며 많은 낯선 사람들과
함께 있고 싶다는 생각이 들었다.

신은 결혼을 통하여 어떠한 종류의 만남을 이루었고 무엇을 창조하였으며 또 어떠한 의미로 그것이 하나의 진보였다고 말할 수 있는가. 틈틈이 이 산골 마을에 와서 혼자 많은 시간을 보내는 것이 한 여인의 남편으로서 혹은 가장으로서 바람직한 행위인가.

그동안 강추위에 꽁꽁 얼어붙은 이 텅 빈 농가의 아궁이에 군불을 지피고 나서 나는 몸을 녹일 겸 뒷산의 연못가로 뛰어 올라갔다. 역광으로 반사된 갈대들이 추위를 이겨내려는 듯 서로 비벼대고 있었다. 그 모습을 보는 순간 결혼이란 것은 결국 모여 살기 위한 갈대들의 모듬살이일 뿐이라는 생각이 들었다. 그러나 불현듯 거기에는 진정한 의미의 만남이 없고 창조는 하나의 해석일 뿐이며 진보도 자기 정당화에 지나지 않는 것일 수도 있다는 의구심이 생겼다. 여하튼 인간은 파스칼이 말한 것과 같이 분명히 "생각하는 갈대"이지만 동시에 "모여 사는 갈대"이기도 하다는 심증이 굳어졌다. 그래서 마종기 시인도 그의 〈밤노래〉를 이렇게 부르고 있지 않은가.

> 모여서 사는 것이 어디 갈대들뿐이랴
> 바람부는 언덕에서, 어두운 물가에서
> 어깨를 비비며 사는 것이 어디 갈대들뿐이랴.
> 마른 산골에서는 밤마다 늑대들 울어도
> 쓰러졌다가도 같이 일어나 먼지를 터는 것이
> 어디 우리 나라의 갈대들뿐이랴.
>
> 멀리 있으면 당신은 희고 푸르게 보이고
> 가까이 있으면 슬프게 보인다.
> 산에서 더 높은 산으로 오른 몇 개의 구름,

밤에는 단순한 물기가 되어 베개를 적시는 구름,
떠돌던 것은 모두 주눅이 들어 비가 되어 내리고
내가 살던 먼 갈대밭에서 비를 맞는 당신,
한밤의 어두움도 내 어리석음 가려주지 않는다.

어둠이 짙어지고 추위가 더욱 강하게 엄습해 왔으므로 나는 서둘러서 농가로 돌아왔다. 아궁이에 잔뜩 지펴놓았던 장작더미는 이미 한줌의 재가 되었고 집은 여전히 텅 비어 있었다. 어쩌다가 나는 오늘 혼자 사는 갈대가 되었는지 나 자신에게 묻고 있었다. 불현듯 어깨를 비비며 많은 낯선 사람들과 함께 있고 싶다는 생각이 들었다. 한밤의 어두움도 내 어리석음을 가려주지 않는다는 그 시인의 나지막한 음성도 들려왔다.

12월 22일

오늘은 모처럼 당진읍으로 시장을 보러 나갔다. 이곳에도 크리스가스 분위기가 무르익어서 거리마다 즐거운 캐롤이 들려오고 상가는 오색이 찬란한 장식등으로 화려하게 꾸며져 있었다. 나는 콩나물, 오이, 두부 등을 길거리에 앉아서 파는 아주머니들로부터 사들고 '슈퍼'에 들러서 우유와 빵, 그리고 인스턴트 육개장과 북어국도 샀다. 신발가게에서는 싸고 편리한 털신도 샀다. 그리고 전기용품 파는 가게에서는 여러 가지 색깔의 작은 전구가 교대로 켜지면서 반짝이는 장식등도 샀다.

그럭저럭 푸짐한 쇼핑을 한 셈이다. 돌아오는 길에 우연히 앞집의 박씨 부인을 만나서 동행하였다. 곶감을 한 광주리 들고 나와서 하루종일 다 팔고 이제 막 들어가려는 참이었다는 것이다. 나는 산타클로스 할아버지나

인간은 파스칼이 말한 것과 같이 분명히 "생각하는 갈대"이지만 동시에 "모여 사는 갈대"이기도 하다는 심증이 굳어졌다.

된 기분으로 몸과 마음이 꽁꽁 얼어붙은 듯한 이 아주머니를 차에 태우고 은곡마을로 돌아왔다. 선심을 베풀기에는 추운 날씨가 제격이었다. 박씨 부인은 집에 도착하자마자 소매를 잡아당기며 묵은 밥이지만 저녁을 같이 하자고 간청하였다. 거절하는 것이 오히려 결례인 것 같아서 기꺼이 응하기로 하였다. 이래저래 훈훈한 마음이 오고가는 세모의 분위기가 조성되었다.

집에 돌아와서 짐을 푸는데 당혹스러운 일이 생겼음을 알았다. '슈퍼'에서 산 물건을 거기에 두고 그 대신 다른 사람이 산 봉지를 들고 온 것이었다. 사람들이 너무 많이 들끓어서 순간적으로 착각을 했던 것 같다. 나는 박씨 내외와 저녁식사를 하면서 이러한 사연을 털어놓고 어떻게 했으면 좋을지 의견을 물었다. 오늘은 너무 늦었으니 내일 그 가게로 물건을 가지고 가서 바꾸어 오는 것이 좋겠다고 박씨 부인이 조심스럽게 말했다. 그러나 박씨는 만약 내 물건이 돌아와 있지 않으면 어떻게 하겠느냐고 물었다. 그러나 그것은 잘못 가지고 온 남의 물건을 돌려주는 것과 아무런 상관이 없다고 나는 대답하였다. 결국 우리는 내일 아침 일찌감치 읍에 나가서 그 물건을 슈퍼에 돌려주어야 한다는 결론에 도달하였다.

그러나 어떠한 행위가 옳다고 판단하는 것과 그 판단이 정당화된다는 것은 논리적으로 전혀 별개의 문제이다. 사실 철학자들의 진정한 관심은 어느 특정한 행위가 옳은지의 여부를 가리는 데 있는 것이 아니라 그러한 판단을 정당화하는 합리적 근거를 밝혀내는 데 있는 것이다. 이 근거는 종교적 이유를 제시하는 것과도 다르고 정치적 이유와도 일치하지 않는다. 가령 잘못 가져온 물건을 원래 있던 장소에 다시 갖다가 놓는다는 것이 신의 의지에 합치된다든가, 대부분의 사람들이 그것을 원한다는 것은 종교적으로나 정치적으로 정당한 이유가 될 수 있을지 몰라도 철학적으로는 충분하지 않다. 신이 원하는 것, 혹은 대부분의 사람들이 원하는 것은 항상 옳은 것인지 묻는 것은 철학적 관점에서 볼 때 얼마든지 의미 있고 또 중요한 질문이기 때문이다. 그러나 박씨 내외는 이러한 문제에 익숙하지 않으므로 이 문제를 더 거론하지는 않았다.

집에 돌아와서 나는 낮에 읍에서 사 가지고 온 장식등을 처마 밑에 설치한 다음 로버트 쇼 악단의 연주로 녹음된 성탄 음악을 감상하였다. 어둠 속에 깊이 파묻힌 이 산골 마을에서 나는 홀로 성탄절을 맞이하고 있는 것이다. 예수 그리스도가 탄생하였다는 것은 오늘날 이 땅에서 우리들에게 무엇을 의미하는가. 그를 '구세주' 혹은 '하나님'이라고 불렀을 때 실제로 그것이 함축하는 정확한 의미는 무엇일까. 비트겐슈타인이 주장하는 바와 같이 그것은 기독교적 언어 게임에서만 활용될 수 있는 제한된 의미의 어휘에 지나지 않는다는 말인가. 그렇지 않으면 코플스톤(F. Copleston) 신부가 말하는 바와 같이 절대적이고 완전한 창조주를 구체적으로 지칭하는 표현인가. 여하튼 그러한 표현들은 오늘날 이 땅에서 구체적으로 어떤 기능을 하고 있는 것인가. 어둠이 짙기 때문에 더욱 밝게 반짝이는 장식등을 바라보면서, 그리고 은은히 이 깊은 산골 구석구석에 울려 퍼지는 캐롤을 들으면서 나는 이러한 질문들을 계속 허공을 향해 던졌다. 그러나 하나의 질문은 수없이 많은 질문을 잉태하여 가슴을 무겁게 짓눌러 올 뿐 조금도 해결의 실마리를 제공해주지 않았다.

나는 문득 2차대전 중 독일군과 대치하여 참호 속에서 크리스마스 이브를 맞이하던 어느 프랑스 병사의 모습을 떠올렸다. 그는 꽁꽁 얼어붙은 참호 속에서 고향을 향한 그리움과 연인에 대한 갈망과 독일군이 주는 공포를 이기지 못하여 마침내 밖으로 뛰쳐나왔다. 그리고 그는 참호 앞에 우뚝 서서 별들이 무수히 반짝이는 밤하늘을 향해 〈오, 거룩한 밤〉을 목청껏 불렀다. 이번에는 독일군의 참호 쪽에서 응답이 있었다. 기관총을 난사하는 대신 어느 병사가 마틴 루터를 찬양하는 노래를 힘껏 불렀던 것이다. 그 다음 아무 일도 없었던 듯 다시 침묵과 어두움과 공포가 이들을 엄습해 왔을 뿐이었다.

나는 참호를 탈출하듯 농가를 빠져 나와서 캄캄한 산골의 오솔길을 걸었다. 그러나 답답한 심정을 달래려고 고함을 지르거나 큰 소리로 노래를 부르지는 않았다. 철학적인 문제의 해결은 형이상학적 사변과 논리적 분석에 의해서만 가능하다고 믿었기 때문이다.

13. 한 줌의 재가 될 때까지

아버지의 지혜

"우리는 모든 것으로부터 배우지 않으면 안된다.
치열하게 타오르는 하나의 마른 장작개비가
왜 한 줌의 재가 될 때까지 연소됨으로써
자아실현을 하는지 배우지 않으면 안 되는 것이다."

2월 14일

　오늘 오래간만에 맏이인 진우가 친구들과 함께 이곳 은곡을 찾아주었다. 날씨가 무척 쌀쌀해서 아침부터 아래채에 계속 군불을 때었다. 지난 주 최씨가 최근에 구입한 전기 톱으로 뒷산에서 장작을 마련해주었기 때문에 땔감은 충분히 마련되어 있는 셈이다. 죽은 소나무와 밤나무를 비롯하여 각종 잡목들을 잔뜩 베어다가 여기저기 늘어놓았기 때문에 이것을 지게로 날라다 차곡차곡 쌓아놓고 작은 나뭇가지들은 모두 아궁이에 넣었다. 오래간만에 지게를 지니까 서투르기도 하고 또 힘에 겹기도 하다.

　이것저것 준비를 하면서 나는 잠시 상념에 젖었다. 부모에게 자식이란 무엇인가. 아버지에게 맏아들이란 누구인가. 그는 유학시절, 그것도 가장 어렵고 궁핍했던 시기에 첫아이로 태어났다. 공부에 쫓기고 생활비도 충분치 못하였으므로 자식을 돌볼 수 있는 마음의 여유가 없었다. 그 당시 어른들도 모시지 못한 입장에서 아이를 어떻게 길러야 하는 것인지 알 수가 없었다. 나는 전혀 아버지 노릇을 할 수가 없었던 것이다. 그래서 지금도 그를 보면 늘 미안하다는 생각을 하게 된다. 더구나 7년 전 교환교수로 도미하여 온 가족이 일 년 간 머물러 있었을 때 그는 아직 중학교 2학년생이었다. 그는 그곳 생활에 적응하는 데 어려움을 느꼈을 뿐만 아니라 돌아와서도 학업에 지장이 많아 한동안 방황하던 시절도 있었다. 이제 겨우 본궤도에 올라서 전공인 전자공학에 몰두하고 있지만 돌이켜보면 여러 가지로 아버지로서 못할 일을 했다는 느낌을 떨쳐버릴 수가 없다. 아마 그래서 오늘도 무리할 정도로 군불을 많이 때었던 모양이다. 부자관계란 정말 어떠한 인간관계일까. 그것은 단순히 생물학적 관계인가, 혹은 사회학적 관계인가. 아니 그것은 생물학적이라기에는 너무나 사회학적이고 사회학적이라기에는 또 너무나 생물학적이 아닌가.

남루한 농가 한 채를 둘러싸고 각종 꽃들이 만발해 있었다.
시인의 감성적 언어를 지니지 못한 것이
원망스럽고 또 안타까울 뿐이다.

아들애 일행은 예정보다 늦게 서너 시경에야 도착하였다. 이곳에서 이러한 식으로 만나니 무척 반갑고 또 대견해 보였다. 친구들도 처음 보았지만 성격이 쾌활하고 태도가 당당해 보였다. 처음에는 다소 긴장해 있었으나 내가 스스럼없이 대하니까 곧 마음을 놓는 것 같았다. 우리는 같이 집안을 정리하고 음식을 만들며 장작을 패는 등 마치 캠핑하는 분위기를 내면서 오래간만에 경험해보는 농촌의 생활을 만끽하였다.

날이 저물자 아주 푸짐한 식사가 마련되었고 산촌의 늦겨울 밤이 주는 정취도 그윽하였다. 저녁식사를 하며 우리는 많은 이야기를 나누었다. 그들은 무엇이 되어 어떻게 살아가야 할 것인지에 대해서 많은 질문을 던졌다. 무한하게 펼쳐진 미래에 대하여 그들은 대체로 불안하고 막연한 태도를 보였다. 특히 오늘날 워낙 혼란스럽고 복잡하며 예측하기 어려운 상황이 많이 벌어지니 어느 정도 이해할 수 있는 일이다. 그러나 바로 그렇기 때문에 자신감과 자긍심을 가지고 어느 정도 적극적인 자세로 세상과 맞설 필요가 있다고 나는 역설하였다. 나는 마치 그의 아들 니코마코스에게 인생의 지혜를 설파하던 아리스토텔레스가 된 기분으로 차분하게 이야기를 이어갔다.

아리스토텔레스에 의하면 존재하는 것은 모두 '가능태'에서 '현실태'로 옮겨가며, 그것은 곧 질료가 형상을 찾아가는 과정이기도 하다. 모든 생물에게 형상은 영혼(Psyche)인데 이것은 생명의 원리이기도 하지만, 인간의 경우 이성적 판단의 능력을 포함한다. 따라서 인간의 바람직한 존재 방식은 이 능력을 극대화하여 자기 자신의 가능성을 모두 실현해냄으로써 삶의 궁극적 목표에 도달하는 것이다. 그는 《니코마코스 윤리학》에서, "모든 기술과 탐구, 모든 의도적 행위와 추구는 그 목표가 어떤 선(善)을 달성하는 데 있다고 생각된다. 그러므로 우리는 '선'이란 '모든 것이 목표로 하는 것'이라는 견해에 찬동해도 좋을 것"이라고 주장한다. 따라서 인생의 목표도 바로 이러한 의미의 선을 이룩하는 것이며 그것은 인간으로서 자기 자신을 실현하는 것 외에 아무것도 아닌 것이다. 그렇다면 그것을 어떻게 실현할 것인가. 무엇보다 자기 자신이 누구인지 알아야 한다. 내가 나를 모른다면 그것을 어떻게 실현할 수 있다는 말인가. 그러나 나를 안다는 것은 무슨 뜻인가. 나의 무엇을 안다는 말인가.

　우리는 저녁상을 물리고 잠시 시골의 산길을 따라서 산책하였다. 제법 세찬 바람이 불어서 날씨가 더욱 차갑게 느껴졌으나 아무도 머뭇거리지는 않았다. 우리는 장난기 어린 호기심 때문에 매섭게 찬바람이 스쳐가는 원두막에 웅크리고 앉아서 옷깃을 여미었다. 뜻밖에 일어난 사태여서 그런지 모두들 약간 긴장한 모습들이었다. 늦겨울 깊은 밤에 원두막에 앉아 있다는 것은 분명 어울리지 않는 장면이고 그래서 조금은 우스꽝스러운 데가 있었다. 그러나 아무도 그것을 해학으로 연결시키지는 못하였다.

　나는 진우의 모습을 더듬으며 다시 생각에 잠겼다. 자식이란 부모에게 누구인가. 생물학적으로 혹은 사회학적으로 혹은 인류학적으로 어떤 사람의 아버지가 된다는 것은 무슨 뜻일까. 한 가지 분명한 것은 만약 내가 존재하지 않았다면 그 애도 존재할 수 없었을 것이다. 그렇다면 내가 그를 창조했단 말인가. 적어도 그가 존재하는 데 내가 결정적으로 기여한 것만은 사실이다. 그러나 그렇다는 것은 무엇을 함축하는가. 그의 성장과 교육과 인격에 내가 책임을 져야 하는가. 그 책임의 내용과 한계는 무엇인가. 그리고 이러한 나의 책임에 대하여 그가 해야 할 임무는 무엇인가. 효도는 하나의 의무인가 권리인가. 그것은 생리적인 것인가 윤리적인 것인가.

　우리는 원두막에 오래 앉아 있지는 않았다. 농가에 돌아와서 아궁이에 다시 불을 지피고 그 주위에 둘러앉아서 몸을 녹였다. 자정이 가까웠지만 아무도 잠자리에 들고 싶어하지 않았다. 나는 훨훨 타오르는 불길을 보며 아리스토텔레스의 《니코마코스 윤리학》 강의를 마무리하였다.

"내가 이해하는 한 인생의 궁극적 목표는, 만약에 그러한 것이 있다면 자기를 실현하는 것이다. 그것은 자기가 가지고 있는 모든 가능성을 현실화하는 작업이다. 그것을 가장 효과적으로 수행하기 위해서 우리는 경험하고 공부하며 생각한다. 우리는 모든 것으로부터 배우지 않으면 안 된다. 치열하게 타오르는 이 장작으로부터 우리는 무엇인가를 배우지 않으면 안 된다. 하나의 마른 장작개비가 왜, 그리고 어떻게 한 줌의 재가 될 때까지 연소됨으로써 자아실현을 완성시키는지 배우지 않으면 안 되는 것이다. 가령 전혀 불이 붙지 않은 채 시커멓게 그을은, 혹은 타다가 만 젖은 장작개비를 상상해보라. 얼마나 추한 모습인가. 인간도 이 장작개비와 같이 자기를 완전히 연소시킬 수 있을 때 모든 가능성이 현실화된다고 생각한다. 그러한 의미로 인간은 영생할 수 있다고 믿는다. 괴테도 '열성만이 우리를 영원하게 한다'고 말하지 않았는가."

활활 타오르는 불길에 반사되어 젊은이들의 얼굴이 더욱 붉은 빛으로 물들었고 영롱하게 빛나는 눈동자들이 깊은 예지로 빛났다. 침묵이 한동안 계속될 때 그동안 은은하게 듣고 있던 드보르작의 첼로 협주곡의 볼륨을 조금 높였다. 그것은 얼마 전 선물로 받은 음반인데 첼로 대신 카아(Gary Karr)의 콘트라베이스 연주로 되어 있기 때문인지 고음은 간장을 어는 듯 애절했고 저음은 더욱 구성진 효과를 나타내었다. 그러나 나는 너무 피곤했으므로 그 곡을 끝까지 듣지는 못하고 잠자리에 들었다. 젊은이들은 더 앉아 있고 싶다고 했다. 나는 잠자리에 들어서도 한동안 부자관계에 관한 생각에 잠겼다. 그리고 그것을 개인적 인간관계로 환원시킬 수 없었던 공맹(孔孟)의 유학사상에 새삼스럽게 호기심을 느꼈다.

3월 25일

　이번에는 아주 오래간만에 이곳에 온 셈이다. 여러 가지 일들이 많이 겹쳐 있어서 이곳으로 빠져 나올 시간과 마음의 여유가 없었다. 철학회의 상임이사회가 있었고 현상학회의 발표회에 참석하기도 했으며 연세대 박영식 교수의 회갑 논문집에 투고할 논문을 마무리하기도 했다. 또한 민족문제연구회의 초청으로 그동안 관심을 쏟아왔던 '민족적 자아'라는 형이상학적 개념을 소개하기도 하였다. 정말 너무 바쁘게 지내서 그런지 한 달이 지났는데도 이곳에 왔던 것이 별로 오래 되었다는 느낌이 들지 않는다. 시간적으로는 계절이 바뀌었는데도 싸늘한 겨울의 지루한 그림자가 아직 길게 드리워져 있고 화사한 봄 내음을 맡을 수 없기 때문이기도 할 것이다. 아니 이유가 또 하나 있다. 지난 주 토요일에 박씨네 둘째 아들 재현 군의 결혼식이 서울에서 거행되었기 때문에 나는 은곡의 사람들을 거기서 많이 만나지 않았던가. 특히 나는 그 결혼식의 주례를 맡아서 여러 사람들의 인사를 받았었다. 아마 그것이 오늘 오래간만에 이곳에 왔어도 별로 낯설게 느껴지지 않는 가장 큰 이유일 것이다.

　저녁에는 기다렸다는 듯이 박씨 내외가 나를 초대해주었다. 그들은 무엇보다 자기 아들 혼사에 선뜻 주례를 맡아준 것을 고마워하였다. 나로서는 사실 큰 영광이며 또 보람이 아닐 수 없다. 이 고장 사람들을 위해서 무엇인가를 할 수 있었기 때문에 보람있는 일이며, 그것도 주례와 같은 중책을 맡을 수 있었기 때문에 영광스러운 일이 된 것이다. 이 행사로 인하여 정말 이제 심정적으로 이 고장 사람이 되었다는 기분을 실감할 수 있었고 특히 박씨와는 인척관계를 맺은 듯한 느낌마저 들게 되었다. 더구나 나는 그동안 틈틈이 재현 군과 많은 이야기를 나누며 불안정한 생활을 해온 그의 입장에 대해 여러 가지로 조언을 해오지 않았던가. 그러한 의미로 나는 그의

성숙한 관계란 너무 맹목적이거나 이해관계에 얽매이지 않은 관계이다.
그것은 조급하지 않고 근시안적이지 않으며 무관심에 가까울 정도로
담담한 관계이어야 한다. 그러므로 우리는 자연을 생활의 도구로 비하하거나
신앙의 대상으로 우상화해서는 안 된다. 자연은 그냥 자연일 뿐이다.

운명에 적극적으로 개입하게 된 셈이다.

　우리는 저녁 늦게까지 많은 이야기를 나누었다. 주변의 이야기가 끝나자 문득 화제가 얼마 전 어떤 교수가 아버지를 살해한 사건으로 옮겨졌다. 나는 정말 그 얘기가 나오지 않기를 바랐다. 그러나 어쨌든 나와버린 것이다. 내가 의외로 거북해하는 모습을 보이자 박씨가 눈치를 채고 화제를 바꾸려 하였으나 소용이 없었다. 이곳에서 그 사건에 대해 생각한다는 것이 왜 이토록 괴로운 일일까. 내가 눈코 뜰 새 없이 바쁜 중에도 억지로 틈을 내어 이곳으로 탈출하듯 달려오는 이유가 바로 그러한 화제로부터 멀어지려는 것인데, 그리하여 나 자신만의 세계에서 홀로 존재해보고 싶은 간절한 소망뿐이었는데 그 얘기를 또 여기서 듣다니. 나는 서둘러 농가로 돌아와서 밤늦게까지 그 사건에 관해 곰곰이 생각해보느라고 잠을 이룰 수가 없었다. 더구나 나는 며칠 전 어느 일간 신문에 나의 견해를 발표했었다.

　사실 나는 '도덕철학' 과목 강의 준비를 하다가 불현듯 신문사로부터 그 충격적인 소식을 처음 전해들었다. 항간을 떠들썩하게 하던 엽기적인 살인 사건이 현직 대학교수인 친아들에 의해서 저질러졌다는 것이었다. 순간적으로 두 팔에 힘이 빠져서 전화를 들고 있기가 어려움을 느꼈다. 도대체 우리는 지금 어디쯤 서 있으며 어디로 가고 있는가. 아니 어디까지 갈 것인가. 이 사건에 대한 견해를 피력해달라는 요청을 받았지만 나에게는 그럴 만한 여유와 식견이 없다. 더구나 네 살 때 아버지를 여의고 얼굴도 기억하지 못하는 채 희미한 흑백사진 하나만 간직하고 있을 뿐인 나로서는 그러한 사건을 개념화할 수 없고 상상할 수조차 없다.

　대학에서는 과연 어떻게 가르치고 무엇을 배우는가. 어떻게 한 사회의 대표적 지성인으로서 자기 자신을 낳아주었고 길러주었으며 최고의 수준까지 교육시킨 부친을 용의 주도한 계획을 세워서 흉기로 살해할 수 있단 말인가. 내가 아는 한 이렇게 엄청난 사건을 합리적이고도 체계적으로 설명할 수 있는 학문은 아직 우리 손에 쥐어져 있지 않다. 그러한 심리상태의 필요충분 조건을 제시할 수 있는 심리학이나 그것을 단순히 사회병리 현상으로 환원시킬 수 있는 사회과학도 아직 나타나지 않았다. 그렇다고 해서 그것을 자연의 섭리나 신의 의지로 해석하는 것도 무책임한 일이다. 이 사건에 대해서 우리는 당분간 숨을 죽이고 있어야 할지도 모른다. 소크라테스가 지적했듯이 삶과 우리들 자신에 대해서 우리는 너무도 무지한 상태에 있다는 사실부터 깨닫고 있어야 하지 않을까. 그러나 그 다음 우리는 어떠한 자세로 우리의 현실에 임해야 하는가.

우선 무엇보다 중요한 것은 우리의 의식을 지배하고 있는 상업주의를 경계해야 한다는 점이다. 상업주의 때문에 우리는 전근대적 사고방식에서 벗어나서 진취적인 태도로 삶에 임할 수 있었고, 또 어느 정도 풍요한 사회를 이룰 수도 있게 되었으나 이에 못지않게 그 병폐도 매우 심각하다. 모든 대상에 가격을 매기는 타성 때문에 종교와 도덕과 예술의 가치를 상업적으로 평가하는 것은 물론 인간 자신도 이제는 목적으로서가 아니라 한낱 도구로 간주되기에 이르렀다. 배금주의가 팽배한 상황에서 종교는 기업화되는 현상을 나타내고 도덕적 양심을 흥정하는가 하면 예술적 재능도 상품화되고 있는 실정이다. 각종 교육기관이 기술 양성소로 전락하고 이제 대학도 진리를 탐구하는 전당이라기보다는 그것을 제조하는 공장으로 변모한 느낌을 준다. 어디를 가나 표면적으로만 차이가 있을 뿐 본질적으로는 경영인이나 기업가 혹은 상인들로 가득 차 있다. 여기서 진정한 인간관계를 규명하기는 좀처럼 쉬운 일이 아니고 '천륜(天倫)'이라는 개념도 공허해질 수밖에 없는 것이 오히려 당연한 현상일지도 모른다.

그 다음으로 경계해야 할 것은 지나친 개인주의이다. 자유민주주의를 통해서 개인의 소중함을 깨닫고 자기의 정당한 권리를 지키려는 자세는 바람직한 것임에 틀림없다. 그러나 모든 인간관계를 개인과 개인의 관계로 환원하고 이것을 다시 이해관계로 분석할 수 있다고 판단한다면 크나큰 오산이 아닐 수 없다. 그것은 인간의 가치를 상품적 가격으로 환산할 수 있다고 착각하는 행위이며 결국 가족관계의 존립마저 위태롭게 하는 결과를 낳을 것이다.

그밖에도 이 엄청난 패륜의 사건에 접하여 많은 것을 반성해야 할 것이다. 그러나 문화적 식민주의의 산물인 이 상업주의와 개인주의를 능동적으로 수용하지 못함으로써 양질의 인간들이 이 땅에서 점점 사라지고 있음을 특히 명심해야 한다. 우리는 여전히 본질적인 문제를 외면한 채 화려한 구호만을 계속 외치고 있기 때문이다. 무엇보다 우리는 전통을 지키고 미풍양속을 먼저 되살리지 않으면 안 된다. 이웃나라와 무리한 경쟁을 벌여나가기보다는 내 집의 뒷문이 열려 있지 않은지 살펴보아야 한다. 국제화도 좋지만 민족화와 가족화와 인간화가 더욱 시급함을 깨달아야 한다. 도덕성은 인간으로서의 주체성과 자긍심으로부터 도출되는 것이기 때문이다.

그런데 이러한 생각들을 이 깊은 산골 마을에까지 와서 장황하게 펼쳐놓아야 한다니… 좀더 깊은 사유의 절해고도로 피신할 도리는 없을까. 고갱(P. Gaugin)은 화구를 챙겨들고 먼길을 떠날 때 어떠한 심정이었을까. 그는 과연 진정으로 혼자 존재할 수 있었을까.

한 시대를 풍미한 고갱은 한때 선원 생활을 한 적도 있고 파리의 어느 금융회사에도 다녔다. 그러나 결국 그는 화가의 길을 택했는데 어느 날 그 유명한 반 고흐와 불화하게 되고 더구나 그가 귀를 절단하는 사건에 연루되어 마침내 가족과 친구들, 그리고 고국마저 버리고 원시의 타이티 섬으로 건너갔던 것이다. 그는 유서처럼 이러한 말을 남겼다.

화창한 봄볕이 쏟아져서 각양각색의 꽃들뿐만 아니라
이 세상에 존재하는 사물들이 온통 눈부시게 빛을 뿜어내는 듯했다.

나는 다만 홀로 있기 위해서 그리고 문명의 영향으로부터 벗어나기 위해서 떠납니다. 내가 창조하고 싶은 것은 아주 단순한 예술입니다. 이것을 위해 나는 때묻지 않은 자연 속에서 미개인과 어우러지고 그들과 같은 생활을 하겠습니다.

타이티 섬은 어떠한 섬이었을까. 그 당시 거기에는 모든 것이 정말 순수한 원시 상태로 남아 있었을까. 반드시 그랬던 것 같지는 않다. 고갱은 어느 친구에게 또한 이렇게 쓴 적이 있었다.

자연을 너무 충실하게 묘사해서는 안 되네. 자연을 앞에 놓고 꿈을 꿈으로써 자연으로부터 추상을 끌어내도록 하게. 바로 그것이 조물주인 신이 했던 방식이며, 동시에 창조에 의해서 신의 세계에까지 도달할 수 있는 단 하나의 길이라네.

만약 이것이 사실이라면 고갱이 보아낸 타이티는 그의 작품 속에만 존재할 뿐이다. 그 자신이 조물주인 바로 그 추상된 자연 속에만 존재하는 것이다. 이런 작품세계를 체계적으로 철학화할 방법은 없는가? 예술이 할 수 있다면 철학은 왜 그것을 할 수 없단 말인가. 철학은 사유의 한계를 극복하고 언어의 감옥을 탈출하여 존재의 심연 그 자체로 뛰어들 수는 없는 것일까.

4월 16일

또다시 갈증을 느끼며 열흘 만에 이곳 은곡으로 달려왔다. 도저히 눈을 믿을 수 없을 정도로 현란한 장면이 눈앞에 펼쳐졌다. 남루한 농가 한 채를 둘러싸고 각종 꽃들이 만발해 있었다. 시인의 감성적 언어를 지니지 못한 것이 원망스럽고 또 안타까울 뿐이다. 화창한 봄볕이 쏟아져서 각양각색의 꽃들뿐만 아니라 이 세상에 존재하는 사물들이 온통 눈부시게 빛을 뿜어대고 있는 듯했다.

대강 집안을 치우고 자두나무 아래서 늦은 점심을 먹으려고 하는데 마침 윗집의 김 노인이 찾아주었다. 그는 양손에 손수 담근 농주 한 병과 안주 한 그릇을 들고 활짝 웃으며 다가왔다. 나는 그를 반갑게 맞이하였다. 마침 어제 저녁에 제사를 지냈는데 남은 음식이 있어서 들고 내려왔다는 것이다. 아직 깊이 간직한 보석처럼 스스로 빛나는 이곳 산골 마을의 인심이 촉촉하게 느껴져 와서 눈시울이 뜨거울 정도였다.

우리는 마주앉아서 담소를 즐기며 술과 음식을 나누었다. 은은한 배꽃의 향기를 등뒤로 하고 함박눈처럼 쏟아져 내리는 벚꽃 잎을 바라보며 자두나무 아래서 한잔 술을 가득 따라 진달래 꽃잎을 담아서 마시니 무릉도원이 따로 없음을 실감할 수 있었다. 다만 아쉬움이 있다면 물앵두꽃은 이미 시들었는데 아직 복숭아꽃이 피지 않았다는 것뿐이라고나 할까.

김 노인도 무척 흡족한 표정이었다. 그는 이제 곧 팔십을 바라보지만 아주 정정한 편이다. 사실 사 년 전 그의 맏아들이 경운기 사고로 세상을 떠난 뒤 그는 한동안 넋을 잃고 있었다. 그러다가 그의 맏사위까지 갑자기 교통사고로 사망한 뒤부터는 오히려 더욱 정력적이고 매사에 적극적인 자세를 보였다. 생활태도와 사고방식이 이렇게 큰 사고를 치른 다음부터 현격하게 바뀌어진 것이다. 적어도 그것이 이 마을 사람들의 인식이었다. 김 노인은 농주를 두어 잔 마시고 난 다음 가는 눈을 뜨고 먼 산을 바라보면서 이렇게 말하였다.

"이제 먹고 살게는 된 것이여!"

"그럼, 무엇이 문제인가요?"

"그런데 아주 무서운 세상이 되었단 말이여. 몇 년 사이에 젊은 것을 둘씩이나 빼앗아가니……."

김 노인의 설명에 의하면 자기가 어렸을 적에는 끼니를 굶을 정도로 가난했지만 제명에 못 죽은 사람도 그리 많지는 않았다는 것이다. 그런데 이제 끼니 걱정은 안 해도 좋을 세상이 되었지만 사람의 목숨을 느닷없이 빼앗아가니 정말 종잡을 수 없는 세상이 되었다는 것이다. 그렇게 말하면서 그는 나를 원망스럽게 바라보았지만, 나로서도 별로 시원한 답변을 마련할 도리가 없었다. 나는 노인의 불평을 묵묵히 들으며 문득 다산(茶山)의 시 한 구절을 떠올렸다. 그는 강진에서 유배생활을 할 때 〈산옹(山翁)〉이라는 시에서 당시 농민들의 모습을 이렇게 노래했다.

산 늙은이 오늘 아침 산촌에 내려와서
마을 안부 물으려고 처마 끝에 앉았는데
긴박한 남촌 아낙 목소리도 사나워라
시어머니와 다투며 울고 또 소리치네
큰아들 절룩이며 바가지 들고 섰고
작은아인 누렇게 떠 안색이 초췌하네
우물가의 또 한 놈은 너무 야위어
배는 불쑥 성난 두꺼비 같고
볼기짝엔 쭈글쭈글 주름이 졌네
어미 가니 아이는 주저앉아 울어대고
온몸은 똥오줌과 콧물로 범벅됐네
어미 와서 때리자 울음소리 더욱 높아

천지가 찢어지는 듯 구름도 피해가네

오늘날 아프리카의 어느 난민촌을 묘사한 것 같은 이러한 장면을 적어도 남한에서는 찾아보기 힘들 것이다. 그러나 우리는 이것을 위해서 많은 것을 지불했다. 숱한 젊은이들이 생명을 담보로 제공하였고 무엇보다 인간으로서의 존엄성과 민족적 자존심을 잃었다. "먹고 살기 위해서 우리는 아무래도 좋단 말인가" 하는 질문을 스스로 제기하게 된 것이다. 김 노인도 아마 본질적으로는 이러한 사실을 안타까워하고 있는지도 모른다. 김 노인은 "그 애가 살았으면 농사일은 안 하지…"라고 혼잣말을 하며 자리에서 일어섰다. 그의 뒷모습도 유난히 쓸쓸해 보였다. 각종 꽃잎들도 더이상 현란한 빛을 발하지 않았다. 나는 다산의 그 산 노인과 김 노인 사이에서 우왕좌왕하고 있었다. 그들이 우연히 오늘 이 자리에서 만났다면 서로 무슨 대화를 주고받았을까.

이윽고 김 노인의 뒷모습이 사라지자 다시 무릉도원이 찾아왔다. 그리고 갑자기 이상한 두려움이 엄습해 왔다. 이것은 어느 순간 내가 갑자기 신선(神仙)으로 변신하지 않을까 하는 염려에서 생긴 두려움이었다. 물론 그것은 카프카(F. Kafka)의 딱정벌레보다는 나은 변신일지도 모른다. 그러나 그것도 변신임에는 틀림없다. 그러므로 여기에서 파생되는 여러 가지 변화에 대비하지 않으면 안 될 것이다. 내가 신선이 되어도 여전히 강단에서 강의를 계속할 수 있을까. 아마 더 많은 학생들이 몰려올지도 모른다. 신선의 강의를 누구나 한번쯤은 들어보고 싶을 테니까. 그러나 아내는 신선이 된 남편을 어떻게 생각할까. 아이들은 나를 어떤 눈빛으로 바라볼 것인가. 친구들도 여전히 나를 친구로 맞이해줄 것인가. 결국 나는 점차로 소외되지 않을까. 그러나 신선인 주제에 혼자 소외되는 것을 두려워할 이유가 어디 있으랴. 생각이 거기에 미치자 갑자기 "나는 아무데도 없다"는 착각에 빠져 들었다. 그러나 그것은 착각이 아니었다. 왜 나는 지금 여기에 존재한다고 믿는가. 그렇게 주장하는 존재가 무엇인가. 사르트르(J. P. Sartre)는 그의 《구토》에서 로깡땡의 입을 빌려 이렇게 말한다.

나의 생각, 그것은 나다. 그래서 나는 멈출 수가 없다. 나는 생각한다는 사실에 의해 존재한다… 그리고 나는 생각하지 않을 수 없다. 이 순간조차도, 그것은 지긋지긋한 일인데, 만약 내가 존재한다면 그것은 내가 존재하기를 몹시 싫어하기 때문이다. 바로 나다. 내가 갈망하고 있는 저 무(無)로부터 나를 끌어내고 있는 것은 바로 나다.

그는 이어 이렇게 말한다

존재하는 것에 대한 증오와 혐오는 그러한 것들은 나로 하여금 존재하게 하는 방법이며 나를 존재 속에 몰아 넣는 방법이다. 생각은 내 뒤에서 현기증처럼 생겨난다. 나는 생각이 내 머리 뒤에서 생겨나는 것을 느낀다. …만약 내가 그대로 놓아두면, 생각은 내 앞으로, 내 눈 사이로 다가올 것이다.

이윽고 그는 벌떡 일어나며 "생각하는 것을 멈출 수만 있어도 좀 나을 텐데" 하며 중얼거린다. 참으로 그에게 '나'는 부담스러운 존재였던 모양이다. 그러나 《구토》의 그 모든 이야기들은 '나'라는 표현을 사용하지 않고 다시 쓸 수는 없을까. '나'의 존재를 전제로 해야 그 모든 이야기들이 의미를 지니는 것일까. 마찬가지로 '신'을 제외하고 성경을 다시 기술하는 방법은 없는 것일까. '신'과 '나'가 없는 존재의 세계는 어떠한 모습일까. 그것은 단순히 문법적 기능의 산물일까. 혹은 어쩔 수 없는 관념의 유희에 지나지 않는 것일까. 참으로 존재하는 것은 무엇인가.

　다행이라고 할까. 유감스럽다고 할까. 나는 온갖 종류의 꽃구름 속에서 하루종일 지냈지만 신선이 되지는 않았다. 역시 나는 신선이 될 수는 없었던 모양이다. 그리하여 난 이제 서울로 돌아갈 수 있게 되었고 강의도 할 수 있고 채점도 할 수 있게 되었으며 친구들과 어울리고 가족의 품에 안길 수도 있게 되었다. 그것은 역시 다행스러운 일이다.

14. 자연이란 무엇인가

다이몬에게 보낸 편지

나는 진정한 의미의 '나'와 대면하기 위하여

어떤 때는 한용운이 '님'을 부르듯

또 어떤 때는 모윤숙이 '시몬'을 찾듯

나의 내면 깊은 곳에서 소리를 내는

다이몬을 불러대었던 것이다.

5월 18일

개교 기념 축제가 끼어서 모처럼 연휴를 보내게 되었다. 그러나 이곳 은곡으로 달려오는 기분은 그 어느 때보다도 무겁고 우울하다. 아마 오전에 그동안 가까이 지내던 주영락 수사의 추모 미사에 참석했기 때문일까. 오는 동안 내내 그와의 추억을 회상했고 그가 살다 간 삶의 종류와 질, 그리고 죽음 그 자체의 의미에 관해서 생각했다. 정말 우리는 왜 여기 와서 일정한 기간 동안 이렇게 머물러 있다가 훌쩍 떠나간단 말인가. 간다던 과연 어디로 가는 것일까.

주 수사를 위한 추모미사는 엄숙하고 장엄했다. 거기에 참회와 통곡 같은 것은 없었다. 동료 교수들이 많이 참석했기 때문이었는지 어떤 순간에는 다소 중요한 안건을 토의해야 하는 교수회의로 착각할 정도였다. 그러나 미사가 거의 끝나갈 무렵 교목 사제인 류해욱 신부가 조사에 이어 한 편의 자작시를 읽을 때 나는 끝내 눈물을 흘리고 말았다. 그는 '오월에 수사님을 보내드리며'라는 제목의 조사를 읽었다.

당신이 사랑하던 서강 언덕은
영산홍 붉게 물들었는데

아, 수사님!
어찌 이리 길을 서두르십니까?
천상의 향기 그리도 강렬하여
뛰어가시는 것이옵니까?

한 송이 들꽃처럼

은은한 향기를 머금고
길모퉁이 조용히 서 계시던 당신

해맑은 웃음
활짝 띄우시고
짧은 바지 휘휘거리며
달려오실 것 같아
흠칫 뒤돌아봅니다.

허허로운 하늘, 그리운 바람
슬픔이 강물이 되어 흐릅니다.
말이 침묵이 되어 머뭅니다.

당신 삶이 늘 영원을 향하셨기에
흘러간 강물을 바라보며
마냥 슬퍼할 수 없습니다.
저희 슬픔을 내일을 향한 희망으로 바꾸렵니다.

당신이 후배 수사에게
가만히 손을 잡으며
"좋은 사제 되세요"라고 하셨던 말은
붉은 화살이 되어
젊은 수사의 가슴에 꽂혔습니다.

> 꽃피는 오월
> 성모님 달에
> 그분 곁에 간다고 좋아하신 당신
> 가시는 길에
> 저희 마음의 꽃을 깔으오리다.

정말 이 시는 그의 초상을 잘 그려주고 있다. 그가 어떠한 종류의 삶을 살다가 어떠한 자세로 죽음을 맞이했는지, 그리고 어떠한 형태의 흔적을 우리에게 남기고 갔는지 잘 표현하고 있는 것이다. 그는 서강대학교 법학과 교수였지만 수사의 직분에 더욱 헌신적이었고 여러 가지 직책을 맡았지만 지위가 드러날수록 더욱 몸을 움츠렸다. 많은 시간을 같이 지낸 셈이었는데, 목소리를 높이거나 얼굴을 붉히거나 자기 주장을 관철하려고 애쓰는 모습은 결코 본 적이 없다. 아마 그를 표현하는 말로 "한 송이 들꽃처럼 은은한 향기를 머금고 길모퉁이 조용히 서 계시던 당신"보다 더 정확한 것은 없을 것이다. 교무회의에서나 교수회의, 그밖에 어떤 모임에도 그는 반드시 참석했지만 아무데도 존재하지 않는 것 같았다. 장례식을 치른 오늘 비로소 그가 "존재했었다"는 과거완료형으로 나에게 인식될 뿐이다. 그는 우리 모두에게 누구였으며 앞으로 누구로 남아 있을 것인가. 확실히 주 수사는 이제 우리 곁을 떠났다. 그러나 그의 의미는 죽지 않았고 곁에서 더욱 생생하게 많은 것을 생각하게 해줄 것이다. 성 프란체스코(St. Francesco)가 그렇게 하고 있듯이……

그러나 죽음이란 무엇인가. 그것은 주 수사가 그렇게 생각했듯이 '좋아할' 그 무엇인가. 아니면 대부분의 사람들처럼 몸부림치며 거부해야 할 어떤 것인가. 노예 출신의 스토아 철학자 에픽테투스가 말했듯이 "참으로 죽음에 관하여 두려운 것이 있다면 죽음이 두렵다고 하는 인간의 생각일 뿐"인가.

원자론자인 데모크리토스에 의하면 이 우주는 "더이상 나누어질 수 없는 그 무엇" 즉 원자(atom)로 구성되어 있다. 따라서 인간도 이 원자들의 일정한 구성체에 지나지 않으며 삶은 일정 기간 동안 원자들이 어떤 형태를 유지하며 활동하는 상태에 불과하다. 에피큐로스(Epicuros)는 이러한 원자론을 받아들인다. 그러므로 그에게 죽음은 원자들이 갑자기 분산되는 상태이며 이러한 상태에서는 감각의 주체인 나 자신이 존재하지 않으므로 죽음이란 경험도 있을 수 없다. 그리하여 그는 제자인 마노에세우스(Manoeceus)에게 이렇게 전한다.

죽음이 우리에게 아무것도 아니라는 신념에 익숙해지도록 하라. 좋고 나쁜 것은 모두 감각으로 되어 있지만 죽음이란 감각의 상실이기 때문이다. 그리하여 죽음이 우리에게 아무것도 아님을 제대로 인식하면 인생의 사멸성(死滅性)을 즐겁게 만드는데, 그것이 무한한 시간을 보태어주기 때문이 아니라 불멸성에 향한 갈망을 제거해주기 때문이다.

그는 이어 "살아 있지 않음에 아무 두려울 것이 없다는 사실을 진정으로 터득한 사람에게는 사는 동안에도 두려울 것이 없다"고 주장하며 다음과 같이 계속한다.

따라서 죽음이 찾아올 때 고통스러워서가 아니라 고통이 예상되기 때문이라고 말하는 사람은 쓸데없이 지껄이고 있는 셈이다. 죽음이 찾아올 때 고통스럽지 않다는 것은 그것이 예상 속에만 있는 텅 빈 고통에 지나지 않기 때문이

죽음은 한 줌의 재 혹은 한 줄기의 연기를 의미할지도 모른다.

다. 그러므로 가장 두려운 질병이나 죽음도 우리에게 아무 의미가 없는데, 존재하는 한 죽음은 우리와 함께 있는 것이 아니고 죽음이 찾아왔을 때는 우리가 존재하지 않기 때문이다.

이것이 바로 우리가 원칙적으로 죽음을 경험할 수 없는 이유인 것이다. 그러나 과연 누구의 생사관이 더 옳은가. 주 수사님이 "성모의 곁에 간 것"은 하나의 시적인 수사학에 지나지 않는가, 혹은 엄연한 종교적 사실인가. 그가 다른 형태를 구성하는 원자로 해체되었을 뿐이라는 에피큐로스의 해석과 이것이 양립될 수 있는 이론 체계가 존재할 수 있을까.

나는 오늘 농가에 도착해서 집안을 정리하고 잡초를 뽑아주면서 저녁을 먹고 이 책 저 책을 뒤적이면서도 계속 죽음에 관하여 생각해보았다. 그래서인지 살아 있다기보다는 어떠한 형식으로든 죽음을 체험했다는 느낌이 들었다. 서해안 쪽으로 기우는 거대한 태양도 색다른 모습으로 다가왔다.

7월 6일

오늘 늦은 아침을 먹고 이광세 교수가 서울로 떠났다. 모처럼 즐겁고 의미 있는 시간을 보내었는데 좀더 같이 있지 못하는 것이 못내 아쉬울 뿐이다. 물론 서울에 볼일이 있기 때문에 떠나는 것이지만 너무 불편해서 더이상 머무를 수 없는 것도 사실일 것이다. 그의 얼굴에 피곤의 빛이 역력했기 때문이다. 사실 그는 30년 이상 미국의 켄트 대학교에서 교수 생활을 해왔으므로 이 산골 마을에 호기심은 있겠지만, 이 농가에서 지내기가 여간 불편하지가 않았을 것이다. 그는 최근에 쓴 논문 원고 〈로티와 장자〉를 건네주고 홀로 서울로 돌아갔다. 우리는 어제 버스로 서울을 떠나 당진으로 오는 동안 그 논문과 칸트의 선험적 자아에 관하여 이야기했다. 그 버스에 탄 시골 사람들의 눈총을 받을 정도로 우리는 큰 소리로 이야기에 열중했었다. 그러나 철학 이야기는 항상 아쉬운 채로 마무리되게 마련인가 보다.

이광세 교수가 떠난 후 어제 함께 이곳에 온 Y군과 앞마당에 잔뜩 자란 풀을 뽑고 무너져 내리는 흙벽 여기저기를 수리하였다. 시멘트 바닥에 구멍이 생겼는지 물이 모두 빠져 나간 웅덩이도 손질을 해보았다. 인위적으로 물을 막아둔다는 것이 얼마나 어려운 일인지 실감할 수 있었다. Y군이 도와주어서 나에게는 큰 도움이 되었으나 평소에 힘든 일을 안 허보았던 탓인지 무척 힘에 겨워하는 것 같았다. 오후에는 그늘 아래서 쉬면서 비트겐슈타인의 자연주의에 관해서 이야기를 나누었다. 그것은 이번 학기에 그가 제출한 석사학위 논문의 주제였는데, 구체적으로는 비트겐슈타인의 입장을 자연주의로 해석한 가아버(Newton Garver)의 해석을 논박하는 내용이었다. 나는 그의 논문 지도교수로서 일단 비트겐슈타인의 입장을 문맥에 따라 정확하게 이해하도록 하고 가아버의 입장을 면밀히 검토한 다음 그의 해석에 무리가 없는지를 추적해보라고 지시했었다. 우리가 도달한 결론은 비록 비트겐슈타인의 입장에 자연주의적인 요소가 있다고 하더라도 이에 못지않게 비자연주의적인 요소도 많이 추적할 수 있으므로 자연주의라는 말을 무리하게 확대하지 않는 한 가아버의 입장은 설득력이 약하다는 것이었다. 우리는 공동 관심사를 가지고 이렇게 밀착된 인간관계를 갖게 된 것을 비트겐슈타인과 가아버에게 감사하였다.

저녁에는 몹시 피곤하였으므로 과일을 깎아 먹으며 잠시 쉬다가 박성배 교수의 논문 〈민족문화와 세계문화〉를 검토해보았다. 8월 중순에 연세대학교에서 '한민족 철학자대회'가 열리는데 나는 그의 논문에 관한 논평을 하도록 위촉받았다. 그는 현재 뉴욕 스토니 부루크 대학교의 종교학과에서 불교학을 가르치고 있으며 한국에서는 승려 생활을 하다가 환속한 경력이 있다고 한다. 나는 이 분야를 전공하지 않았고 그를 개인적으로 만난 적이 없으나 민족문화의 창출에 관심이 있으므로 기꺼이 논평을 맡기로 한 것이다.

박성배 교수는 〈민족문화와 세계문화〉라는 제목의 이 논문에서 두 유형의 문화가 지닌 위상을 규명하고 서로 어떠한 관계에 놓여 있어야 하는지를 검토하고 있다. 그는 또한 오늘날 서구문화가 세계문화로 잘못 인식되어 있고 한국의 민족문화가 무분별하게 서구문화를 추종함으로써 심각한 위기에 처해 있다고 주장하기도 한다. 무엇보다 그는 민족문화의 고유성과 특수성이 소중하므로 문화적 보편주의와 세계문화로의 획일화를 경계해야 한다고 설파한다. 물론 모두 공감이 가는 내용들이다. 그러나 이러한 주장들은 궁극적으로 바람직한 것이고 또 실제로 실현될 가능성이 있을까. 역사상 과연 그러한 기대와 희망이 이루어진 적이 있었는가.

도대체 문화란 무엇인가. 대체로 보아서 그것이 자연과 역사의 도전에 대한 인간의 대응 방식을 표현한 것이라면 그 방식의 다양성만큼이나 우열성이 있다는 사실도 간과해서는 안 될 것이다. 모든 문화가 동등한 가치를 지니는 것은 아니기 때문이다. 따라서 역사의 전개에 따라 다양성이 드러나겠지만 그 우열성도 판가름이 나게 마련이다. 어떤 민족문화가 그 고유성이나 특수성을 유지하고 인정받으려면 이 판가름에서 살아 남지 않으면 안 된다. 그러나 각 민족문화는 바로 그 다양성 때문에 우열성에 있어서 동등한 위상을 주장할 수는 없을 것이다. 그러한 의미에서 세계문화와 마찬가지로 민족문화도 끊임없이 새롭게 창출되어야 하는 미래의 문화라고 생각된다. 따라서 세계문화와 평화롭게 공존하기 위하여 민족문화는 지속적으로 자기 변신을 시도할 일이지 안일하게 보호받기를 바라기만 해서는 안 될 것이다. 박 교수의 논문에서 "부딪히고 깨지는 과정에서 우리들이 한번 크게 죽었다가 다시 살아나는 고비를 넘기지 않고는 이루어지지 않는다"는 이 마지막 구절은 바로 이러한 맥락에서 이해되어야 한다고 믿는다. 그러나 이러한 시도가 성공적으로 이루어지려면 개인의 경우와 마찬가지로 민족문화에도 그것을 확인하고 전수하여 다시 창출할 수 있는 강한 '민족적 자아에의 의지'가 필요한 것이다.

내가 박 교수의 논문을 제대로 이해했는지, 혹은 그가 의도하는 것이 거기에 충분히 나타났는지 나로서는 확인할 수 없는 일이다. 그러나 그 요지는 요즈음 환경문제가 대두되자 유행처럼 번져나가는 주장, 즉 서양문화의 대안은 동양문화밖에 없다는 슬로건의 반영임에 틀림없다. 그러나 이 주제는 좀더 진지하게 생각해보아야 하지 않을까. 가령 인디언과 서구의 자연관이 격렬하게 충돌하는 역사적 사건을 통해 이 문제를 살펴보자.

1854년 미합중국 대통령 피어스는 백인 대표단을 파견하여 서부 지역에 거주하던 두아미쉬 스쿠아미쉬 족의 추장이던 시애틀에게 이 부족이 전통적으로 살아오던 땅을 팔 것을 제안하였다. 지금 워싱턴 주에 해당하는 그들의 삶터를 차지하는 대신 인디언 보호구역을 주겠다는 제안이었다. 돋집이 장대하고 목소리가 우렁찼다고 전해지는 이 추장은 그 제안을 완곡하게 거절하는 '우리는 모두 형제들이다'라는 연설문을 남겼다. 그는 이렇게 호소한다.

그대들은 어떻게 저 하늘이나 대지의 온기를 사고 팔 수 있는가. 우리로서는 이상한 생각이다. 대기의 신선함과 반짝이는 물을 소유하고 있지 않은데 어떻게 그것들을 팔 수 있단 말인가. 우리에게는 이 대지의 모든 부분이 신성한 것이다. 빛나는 솔잎, 모래 기슭, 어두운 숲 속 안개, 맑게 노래하는 온갖 벌레들, 이 모두가 우리의 기억과 경험 속에서 신성한 것들이다. 나무 속에 흐르는

자연주의자들의 자연관과 인생관,
그리고 그 세계관과 가치관은
과연 객관적인 사실과 부합되는 것이며 또 바람직한 것인가.

수액은 우리 홍인(紅人)의 기억을 실어 나른다. 백인은 죽어서 별들 사이를 거닐 적에 그들이 태어난 곳을 망각해버리지만 우리는 죽어서도 이 아름다운 대지를 결코 잊지 못한다.

그는 이어 백인과 자기들 사이에 자연에 대한 인식에 차이가 있음을 다음과 같이 설명한다.

그 이유는 여기가 바로 우리 어머니의 품속이기 때문이다. 우리는 대지의 한 부분이고 대지는 우리의 한 부분이다. 향기로운 꽃은 우리의 자매이다. 사슴, 말, 큰독수리, 이들은 우리의 형제들이다. 바위산 꼭대기, 풀의 수액, 조랑말과 인간의 체온 모두가 한 가족이다.

그는 결국 그 땅을 팔고 백인이 마련한 보호구역에서 여생을 마치게 되리라고 예감하며 이렇게 절규한다.

마지막 홍인이 이 땅에서 사라지고 그의 기억이 다만 초원을 가로질러 흐르는 구름의 그림자가 될 때도 이 기슭과 숲들은 여전히 내 종족의 영혼을 간직하고 있을 것이다. 새로 태어난 아이가 어머니 심장의 고동을 사랑하듯이 그들도 이 땅을 사랑하는 것이다. 그러므로 우리가 땅을 팔더라도 우리가 사랑했듯이 이 땅을 사랑해달라. 우리가 돌본 것처럼 이 땅을 돌보아달라. 당신들이 이 땅을 차지하게 될 때 이 땅의 기억을 지금처럼 마음속에 간직해달라. 온 힘을 다해서, 온 마음을 다해서 당신들의 아이를 위해 이 땅을 지키고 사랑해달라. 하느님이 우리 모두를 사랑하듯이…….

인디언 추장인 시애틀의 연설문에는 놀라웁게도 박 교수가 말하는 동양 문화의 진수가 모두 들어 있다. 거기에는 화엄교적 전체와 개체의 공존이 있으며, 자연과 인간이 장자의 돌쩌귀 비유에 걸맞게 인식되어 있고 더구나 진정한 사랑을 모르는 백인들을 위선적인 '위인지학(爲人之學)'의 희생물로 보고 있는 것이다.

그러나 이러한 자연관과 인생관, 그리고 그 세계관과 가치관은 과연 객관적인 사실과 부합되는 것이며, 또 바람직한 것인가. 비록 그렇다고 하더라도 우리는 실제로 그 방향으로 문화의 진행을 되돌려놓을 수 있으며 또 그것을 소망하고 있는가. 말하자면 우리는 지금 당장 컴퓨터와 에어컨과 냉장고와 자동차와 비행기를 모두 포기하고 모기가 물어뜯고 뱀이 우글거리며 맹수가 날뛰는 동굴이나 가죽 텐트로 돌아가고 싶은가. 아마 아무도 그러한 것을 원하지는 않을 것이다. 내 주위에 많은 사람들이 이곳 산촌의 맑은 공기와 물, 그리고 아름다운 풍치를 사랑하면서도 잠자리와 화장실의 불편함, 먹을 것과 냉온방의 부실함, 그리고 알 수 없는 벌레들이 꺼려져서 오래 머물러 있지 못하기 때문이다. 정말 우리가 원하는 것은 무엇일까. 이 질문에 대답하는 것은 결코 쉬운 일이 아닐 것이다. 그러나 한 가지 분명한 것은 심사와 숙고를 통한 자아의 인식이다. 나는 무엇을 진정으로 원하고 무엇을 할 수 있으며 또 나 자신과 인류와 자연과 신을 위해서 무엇을 해야 하는지 알아야 한다는 것이다.

7월 29일

오늘 비로소 다시 이곳에 올 수 있게 되었다. 그동안 장마가 계속되었고 때로는 강한 비바람뿐만 아니라 천둥과 번개까지 동반한 적이 많았기 때문에 이곳 사정이 몹시 궁금했다. 더구나 지난번 이곳에 왔을 때 함석으로 만든 처마 끝의 차양이 무너져 내려서 150년 가까이 된 이 낡은 농가가 마치 앞니 빠진 노파의 모습과도 같아 무척 불안하고 송구스러운 기분이었다. 그러나 그동안 밀려 있던 논문들을 기일에 맞추느라고 눈코 뜰 새 없이 바빴고, 또한 방학까지 미루어왔던 가벼운 글들을 써내느라고 좀처럼 기회를 찾을 수가 없었던 것이다.

끝까지 나를 물고 늘어졌던 글은 《교수신문》에 실린 일종의 '회고록' 같은 것이었다. 이러한 종류의 글을 당분간 쓰지 않기로 하였으나 워낙 부탁이 간곡했고 웬일인지 요즈음 너무 바삐 쫓기는 나 자신에 대해서 차분한 기분으로 반성할 기회를 갖고 싶은 충동도 있고 해서 마지못해 응낙을 했었다. 그러나 이러한 글을 쓰기 위해 결국 더 바빠지게 되니 아이러니가 아닐 수 없다. 정말 어떻게 하다가 지금 이 순간까지 이러한 식으로 살아오게 된 것일까. '우리 시대를 지피는 학문과 예술'이라는 고정 난에서 나 자신의 그러한 이야기를 더듬어보았다. 그것은 나를 개인적으로 소개하는 공간이 아니라 나를 통해서 우리의 현대 지성사와 철학계를 소개하려는 기획이므로 나의 철학적 관심으로부터 그 실마리를 풀어본 것이다.

다른 사람들은 왜 학문을 하는지, 그 중에서도 철학을 하는 이유가 무엇인지 나로서는 알 수 없는 일이다. 그러나 내 경우에는 그것이 비교적 분명한 셈이다.

지금까지 나에게는 '나' 자신이 유일한 철학적 주제였고 또 앞으로도 계속 이 문제를 고심하게 될 것이다. 물론 '자아(自我)'라는 것은 누구나 관심을 가질 만한 주제이고 또 반드시 철학적으로만 접근해야 할 대상도 아니다. 실제로 사춘기에 접어들면 누구나 자기 자신에 관해서 생각에 잠기며 자기의 정체에 대해서 질문을 던져보기도 하는 것이다. 그러나 이 시기를 벗어나면 눈을 들어 세상을 바라보게 마련이고 다른 사람들과 어울려 삶을 엮어가야 하기 때문에 더이상 자기 자신에 대해서 집요하게 관심을 기울일 수가 없게 된다. 그러나 내 경우에는 그렇게 될 수가 없었다. '나'라는 덫에 걸려서 지금까지 헤어날 수가 없었고, 오히려 지금은 그 덫을 탐구하기에 여념이 없어서 헤어나게 될 것을 두려워하고 있는지도 모른다.

물론 내가 자아에 몰두해서 다른 철학적 주제를 도외시하는 것은 아니다. 나는 파르메니데스나 하이데거처럼 존재 그 자체의 탐구에 관심이 있으며 아우구스티누스나 스피노자처럼 절대자인 신에 관해서도 상당한 흥미를 가지고 있다. 또한 헤겔이나 마르크스처럼 역사의 법칙에, 그리고 로크나 루소처럼 사회구조나 정치현상에도 적잖은 관심을 가지고 있다. 더구나 에픽테투스와 사르트르가 그토록 심혈을 기울였던 인간의 자유와 운명에 철학도로서 어떻게 무관심할 수 있을까. 흄과 칸트가 몰입했었던 객관적 진리와 인식의 근거도 소홀히 할 수가 없고 프레게와 러셀, 비트겐슈타인이 제기한 언어와 의미의 문제는 요즈음 가장 큰 관심사 중의 하나다. 그러나 이러한 주제에 내가 접근하는 방식은 그들의 방식과 다르다. 나는 그 모든 주제들을 반드시 자아의 문제 혹은 주체와의 관계 속에서 다루기 때문이다. 그러한 뜻으로 나의 철학적 관심은 본질적으로 소크라테스적이며 심정적으로는 키에르케고어적이라고 말할 수 있다.

사실 나는 대학생활 4년 동안 거의 매일 소크라테스의 '다이몬'에게 일기 형식의 편지를 썼으며, 졸업논문으로는 키에르케고어의 〈세 가지 실존의 분석〉을 제출했었다. 소크라테스는 내면의 깊숙한 곳에서 어떤 음성, 말하자면 이성과 양심의 소리 같은 것을 들었는데 그는 그 음성의 주인공을 '다이몬'이라고 불렀다. 나는 그의 흉내를 내어 진정한 의미의 '나'와 대면하기 위하여 어떤 때는 한용운이 '님'을 부르듯, 또 어떤 때는 모윤숙이 '시몬'을 찾듯 다이몬을 불러대었던 것이다. 나는 그 다이몬과 함께 키에르케고어의 세 가지 실존적 단계, 즉 심미적 단계와 윤리적 단계, 그리고 마침내 종교적 단계를 넘나들며 방황을 계속해왔던 셈이다.

그러나 나의 탐구는 철학의 분야에 국한된 것은 아니었고 나의 방황도 추상적이고 낭만적인 차원에서만 맴돈 것도 아니었다. 관념적이고도 이론적인 추구는 군대를 거쳐 사회에 어이없이 내던져지자 갑자기 중단되고 말았다. 더구나 우리 민족의 역사적 상황과 남한의 정치적 현실이 '다이몬과의 방황'을 관념의 세계로부터 격동의 대지로 끌어내렸던 것이다. 나는 언론학 연구를 통하여 사회적 및 사회심리적 자아와 대면할 기회를 갖게 되었다. 서울대학교 신문대학원에 다니는 동안 지금은 중진 언론인이 되어 있는 여러 '행동하는 지성'들과 교우할 계기를 마련했고 그들과 함께 부정과 부패, 혹은 독재와 탄압을 매도하며 밤을 지새우는 날도 꽤 많았다. 결국 자아는 구체적이고도 현실적인 존재일 수밖에 없으며 그것은 역사적으로나 사회적으로 실존하는 '나'이지 않으면 안 된다는 사실을 깨닫게 된 것이다. 나는 대중사회에서 언론매체에 의해 변질되는 자아개념에 관한 논문을 제출하고 미국으로 유학의 길을 떠났다. 이 무렵 국제 로타리 장학생으로 선발되는 행운을 얻었던 것이다.

그러나 나는 즉시 철학으로 돌아오지는 않았다. 오래 전부터 심미적 자아에 관한 탐구가 필요하다고 느꼈기 때문에 그러한 욕구를 충족시킬 수 있는 공부를 하고 싶었다. 마침 웨인 주립대학교에 '인문학과'가 있어서 다시 석사과정에 등록하였다. 거기서 주로 역사와 미학과 문학과 심리학에 몰두하였는데 이 학과에서는 어떤 주제를 하나 정해놓고 이와 같이 여러 분야에서 다각적인 접근을 시도하였기 때문이다. 나는 나폴레옹과 예술가들의 관계를 심리적으로 분석한 논문을 제출하여 심미적 자아에 관한 탐구를 정리한 다음 마침내 철학으로 돌아왔다.

그러나 일반적으로 1970년대 미국 대학의 철학과는 내가 의도했던 소크라테스적 자아의 탐구에 적합한 장소는 아니었다. 거기에는 치열한 논쟁과 차디찬 분석. 그리고 극도로 절제된 주장들이 있었지만 예술적 열정과 종교적 영감 혹은 신비적 직관 같은 것이 끼여들 자리가 없었다. 나는 기호논리학과 언어분석, 과학적 설명의 논리와 구조, 논리적 역설의 해명 등에 열중했지만 진정한 의미의 자아는 좀처럼 그 모습을 드러내지 않았다. 심리철학에서 인격동일성, 언어철학에서 고정지시어나 고유명사, 그리고 데카르트와 흄, 칸트 등의 연구를 통해서 자아문제의 편린을 겨우 추적할 수 있을 뿐이었다. 나는 결국 〈자유와 결정론 논쟁에서의 신비적 자아개념〉을 학위 논문으로 제출한 다음 황량한 미시간 벌판에서 다이몬과의 고달픈 여정을 일단 마무리하고 귀국하였다. 공교롭게도 그때가 마침 광주항쟁이 일어났던 해 8월이었다.

철학은 철학적 문제를 철학적으로 해결하려는 지적인 작업이다. 내가 귀국했을 때 이 땅에 철학적 문제는 아무데도 없는 것같이 보였다. 문제가 있다면 그것은 온통 정치적 문제들뿐이었으며 그것을 대화와 타협을 통해 정치적으로 해결하는 것이 아니라 억압과 강제에 의해 무력적으로 대처하는 것이 관례처럼 되어 있었다. 이러한 상황에서 정치적 개념에 대한 논리적 분석이나 의미의 명료화 같은 분석철학적 접근은 가능하지도 않고 반드시 필요한 것도 아니었다. "너 자신을 알라"라는 소크라테스적 절규만이 아직은 철학적 기능의 명맥을 유지할 수 있을 뿐이었다. 대학의 캠퍼스와 시내의 중심가에는 연일 최루탄과 화염병이 난무하였고 마침 서강대학교의 내 연구실은 바로 시위 광장 옆에 위치해 있었기 때문에 소음과 가스로 뒤범벅이 되어 연구를 제대로 수행하기가 어려운 형편이었다. 결국 언어의 철학적 분석과 자아의 탐구도 분단된 조국의 정치적 혼돈 속에서 진행될 수

나는 이 땅의 지식인이 안고 있는 최대의 문제는
'민족문제'라는 것을 학생들로부터 배웠다.
그리고 그것은 이 산골 마을에서 다시 확인되었다.

밖에 없었다.

　이 무렵 나는 서울대 철학과의 이명현 교수를 만났다. 여기서 그를 '만났다'는 것은 적어도 나에게는 많은 의미를 함축하는 것이었다.

　그 당시 그는 해직교수로서 불안한 나날을 보내고 있는 방랑의 철학자였으며 투사적 지식인이기도 하였다. 그는 나에게 특별한 사람이었다. 그는 촌닭처럼 두리번거리고 있는 나에게 지적 탐구의 이정표가 되어주었고, 특히 이 땅에서 어떠한 식으로 철학을 해야 하는지를 가르쳐주었다. 우리는 자주 만났으며 평소에 사숙하던 김태길 교수를 모시고 김광수, 이한구, 황경식, 심재룡, 길희성 교수 등과의 교유를 통해 철학과 현실 사이의 엄청난 거리를 좁혀보고자 애썼다. 이러한 기회를 갖게 되었다는 것은 서강대학교 철학과의 첫 졸업생인 나에게 여간 큰 축복이며 행운이 아니었다.

　한편 나는 제3공화국 말기에 갑작스럽게 학생처장직을 맡게 되어 철학적 탐구를 제대로 전개하기가 어렵게 되었다. 물론 그 직책을 거절할 수도 있었지만 "폭풍 치는 언덕으로 가라! 반드시 얻는 것이 있으리라"고 한 톨스토이의 말에 솔깃해 있었다. 무엇보다 나는 군인과 학생 사이에 완충지대가 필요하다고 느꼈고 그 역할을 교수가 담당하지 않으면 안 된다고 판단했다. 학생처장직을 수행하는 동안 나는 얻은 것도 많았지만 잃은 것도 결코 적지 않다고 생각한다. 우선 건강에 자신이 없어졌고 철학적 탐구에서도 그 방향 감각이 희미해졌다는 느낌을 떨쳐버리기가 어렵다. 얻은 것 중에 중요한 것은 현실에 대한 인식이 좀더 구체화되었다는 점이다. 철학은 철학적 문제에 대한 철학적 대응이며 문제의식은 항상 현실에 대한 투철한 인식에서 출발해야 하기 때문에 요즈음 나는 비로소 철학할 준비를 갖추었다는 충족감에 젖어 있다. 그런데 그러한 문제의식은 주로 학생들로부터 얻은 것이다. 그들에 의하면 우리에게 국가가 있으나 돌아갈 조국이 없고 국민은 있으나 부둥켜안을 민족이 없으며 국토는 있으나 다스릴 강토가 없다. 개방화나 세계화는 허세이며 변칙이고 자기 기만일 수도 있다. '자아'가 실체로서 존재하지 않는데 무엇을 개방하고 어떻게 세계화를 시도한단 말인가.

나는 이 시대에 우리가 당면한 최대의 과제는 민족문제라고 생각한다. 그것을 우리는 해결하지 못하고 있고 또 외면할 수도 없다. 그런데 여기에는 분명히 철학적인 문제가 개입되어 있다고 확신한다. 그것은 정치학이나 인류학 혹은 생물학이 관여할 수 없는 부분으로서 나는 이 부분을 민족개념의 '선험성(apriority)'이라고 부른다. 그리고 그 선험적 주체를 '민족적 자아'로 규정한다. 이러한 자아개념을 도입할 때 한국의 현대사는 민족적 자아를 파괴하고 분열시키는 과정의 기록이 되며, 통일은 민족의 생존과 번영을 위한 공리적 결과주의가 아니라 이 자아를 회복시키고 확인하기 위한 동기적 의무주의의 표현이어야 한다. 그러한 형이상학적 자아의 개념을 명쾌하게 분석하고 설득력 있게 정립해내는 것이 나로서는 가장 시급하고 절박한 과제이다. 그것이 내가 철학도로서 이 시대에 태어나서 분단된 조국을 살아가는 이유라고 믿기 때문이다.

물론 나는 서양 철학 중에서 분석철학을 전공했기 때문에 이 분야를 좀 더 깊게 탐구하고 또 어느 정도 의미 이론에 새로운 견해를 제시해보고 싶은 욕심도 있다. 특히 존재와 사유와 언어 사이의 유기적인 관계를 좀더 명확하게 해명하고 싶은 철학적 야심이 있으며, 또한 분석철학의 중심 인물인 비트겐슈타인이 너무 다양하게 해석될 뿐만 아니라 심각하게 오해받고 있는 현상에 대해서 안타까운 심정을 억누르기 어려운 형편이다. 그러나 그것은 나에게 너무 벅찬 작업이며 내가 가장 잘할 수 있는 부분도 아니고 또 반드시 나를 필요로 하는 과제도 아니라고 생각한다. 그러므로 나는 당분간 철학과 현실 사이를 배회하며 민족적 자아의 행방에 관해서 좀더 집요한 관심을 기울여볼 계획이다. 그것이 바로 "철학을 현실화하고 현실을 철학화"하는 철학문화 운동에 적극성을 보여온 이유이며 지난 겨울 이 외딴 산골 마을의 한 농가에서 홀로 군불을 때며 한 달을 지낸 사연이기도 한 것이다.

15. 재해가 남긴 것

'정상'과 '이상'의 경계

나는 문득, 니체를 숭배하여 세계를 하나의
큰 병동으로 여기고 온 인류를 환자로 간주한 다음
나 홀로 고통스러운 의사임을 자처하던
그 치기 어린 시절을 회상하였다.

8월 27일

　벌써 며칠째 전국적으로 폭우가 내려서 전답이나 도로의 유실, 축대의 붕괴, 교통사고 등으로 인해 인명과 재산의 피해가 극심하다. 신문과 방송의 보도에 의하면 이번에 집중 호우가 충남에 특히 심하여 이 지역에 낡은 농가를 지니고 있는 나로서는 더욱 안절부절못하였다. 지난번에 무너져 내린 흙담과 차양을 수리하긴 하였지만 또 어디가 어떻게 되었는지 알 수 없는 일이다. 마치 사지(死地)에 가족을 남겨두고 온 사람처럼 조바심을 내며 오늘 새벽에 허둥지둥 이곳으로 달려왔다.

　원래는 어제 저녁에 무조건 내려와보려는 계획을 세웠었다. 기상 특보로 계속되는 텔레비전 방송을 지켜보니 사태는 점점 더 악화되어 삽교천이 범람할 위기에 처해 있다는 것이었다. 이것이 범람하면 육로가 완전히 두절되기 때문에 올 방법이 없어진다. 나는 충동적으로 주섬주섬 짐을 꾸려서 이곳으로 떠날 채비를 갖추었다. 그러나 아내가 기상 상태가 좋지 않아 지금 차를 몰고 떠나는 것이 위험하다고 만류하였다. 그런데 바로 그렇기 때문에 더 위험해지기 전에 이곳으로 와보아야 한다고 나는 주장했다. 그러한 나의 주장은 바람직한 것도 아니고 가능한 것도 아님이 드러났다. 어제 저녁에 이곳에 온다는 것은 단순히 위험할 뿐만 아니라 교통이 이미 차단된 뒤였으므로 사실상 가능한 일이 아니었기 때문이었다. 결국 우리는 하나의 같은 이유를 가지고 있었는데 서로 강조하는 점이 달랐다는 것을 후에 알 수 있었다. 공연히 나는 은곡에 대한 무모한 열정만을 노출시킨 셈이었다. 다행히 밤늦게부터 폭우가 멎고 강풍도 가라앉았으므로 새벽에나마 서울을 출발할 수가 있었다.

　버스의 창 밖에 비추어진 농촌 풍경은 참담한 것이었다. 평택지방 주위에 펼쳐진 광활한 농경지는 대부분 물에 잠겨 있었고 여러 군데 도로가 유

당진읍에 도착하여 택시를 잡아타고 은곡으로 향하였다.
그러나 마을 입구의 논과 도로가 유실되어 더이상 진입할 수 없었다.
박씨는 "다 그런 거지유, 뭐…"만 되뇌일 뿐이었다.

실되어 버스는 성환 쪽으로 우회하여 아산지방으로 접근할 수밖에 없었다. 삽교천의 제방도로는 겨우 통행금지가 해제되어 당진지방으로 통과할 수 있었다. 농민들과 군인들이 함께 어우러져서 수해복구 작업에 몰두하는 장면들이 여기 저기에 눈에 띄어 피해의 정도를 짐작할 수 있었다. 마침내 당진읍에 도착하여 택시를 잡아타고 은곡이 위치해 있는 원당리로 향하였다. 그러나 마을 입구의 논과 도로가 유실되어 더이상 진입할 수 없었다.

이 마을의 수해 상황은 의외로 심각하였다. 전국적으로 가장 피해가 심한 이 지방에서도 특히 혹심해서 읍장은 물론 군수까지 다녀가며 특별한 복구 지시를 하였다는 것이었다. 다행히 인명 피해는 없었으나 마을의 간선도로를 따라 흐르는 개천이 범람하여 도로가 여러 군데 유실되었을 뿐만 아니라 연변에 있는 전답이 동시에 휩쓸려 내려가서 이곳 주민들에게 심리적으로나 물리적으로 끼친 그 피해의 정도는 엄청난 것이었다. 나는 복구 현장에서 주민들과 어울려 일하며 동원된 군인들의 대민 봉사에 큰 감명을 받았다. 그러나 이들과 어울려서 복구작업을 계속할 수는 없었다. 일단 은곡으로 찾아가서 짐을 풀고 피해상황을 둘러보아야 했고 더구나 나 자신의 심신이 너무 피곤해 있었기 때문이다.

다행히 나의 농가는 큰 피해를 입지 않았다. 천장에 몇 군데 지붕이 샌 흔적이 있고 아궁이가 흥건히 물에 잠겼으며 마당이 여기저기 심하게 패이기는 하였으나 심각한 정도는 아니었다. 나는 짐을 대강 정리하고 박씨를 찾아가서 안부를 물었다. 그가 정작 이번 수해에서 가장 큰 피해자의 한 사람임을 알고 무척 놀랐다. 앞마당의 축대가 무너져서 길을 덮고 논에까지 흘러내리는 바람에 큰 공사를 벌였을 뿐만 아니라 마을 입구에 있는 논이 대부분 급류에 휩쓸려 내려갔던 것이다. 그러나 박씨의 표정은 의외로 담담해 보였다. 어쩌면 너무 엄청난 피해를 당해서 미처 감정을 표현할 겨를

이 없었는지도 모른다. 여하튼 그는 시종일관 말없이 미소만 지어 보일 뿐이었다.

이윽고 박씨는 나를 안으로 안내하고 툇마루에 술상을 마련하였다. 추석 때 쓰려고 담근 술을 주전자에 가득 담아 왔는데 벌써 잘 익었으므로 시간 가는 줄 모르고 그것을 둘이서 다 비웠다. 내가 위로의 잔을 건넬 때마다 그는 "걱정한다고 무슨 소용이 있나요? 다 그런 거지유, 뭐…" 하며 손을 내미는 것이었다. 그럴 때마다 나는 그의 얼굴에서 체념의 덕을 터득한 스토아 학파의 철학자들을 떠올렸다.

오솔길을 따라 집으로 돌아오면서 "다 그런 거지유, 뭐…"란 박씨의 말을 여러 번 속으로 되씹어보았다. 참으로 씹으면 씹을수록 감칠맛 나는 말이었다. 그리고 마침내 그것이 진정으로 무슨 뜻인지 알 수 있을 것 같은 느낌이 들었다. 그러나 곧 그러한 느낌이 이미 거나해진 술기운 때문이 아닐까 하는 의구심에 사로잡히고 말았다. 술을 찬양하여 천상병 시인은 이렇게 노래한다.

술 없이는 나의 생을 생각하지 못한다.
이제 막걸리 왕대포 집에서
한 잔 하는 걸 영광으로 생각한다.

젊은 날에는 취하게 마셨지만,
오십이 된 지금에는
마시는 것만으로 만족한다.

아내는 이 한 잔씩에도 불만이지만

마시는 것이 이렇게 좋은 줄을
어떻게 설명하란 말인가?

술 없이 살 수 없었다는 그 시인도 그것을 설명할 수 없다고 하니 "오늘은 이렇게 거나한 기분으로 잠이 드는 것이 좋겠다"는 생각을 해보았다. 그러나 박씨의 달관한 표정의 얼굴이 어른거리고 그의 "다 그런 거지 유, 뭐"란 말이 계속 귓가에 맴돌아서 좀처럼 잠을 이룰 수가 없었다.

10월 17일

아침 산책을 하고 있는데 마침 아랫집 김씨 노인이 닭을 쫓아 앞뜰까지 올라왔다. 우리는 한참 만에 그 닭을 잡을 수가 있었다. 그는 닭을 품에 안고 곧 되돌아갔는데, 그의 뒷모습을 보면서 나는 그가 농부로서는 웬일인지 어울리지 않는다고 느꼈다. 사실 그는 농촌에서 3대 독자로 태어나 오늘날까지 팔십 평생을 농사를 지으며 살아왔다. 그러나 그는 농사일에 헌신적인 태도를 보이지 않았고 또 그 일에 만족해하지도 않았다. 8년 전 내가 처음 그를 만났을 때도 그러한 인상을 받았고, 실제로 그 당시 그는 젊어서부터 농사일을 달갑게 생각하지 않았으며 틈만 있으면 다른 일을 해보고자 하였으나 여의치 않았다는 것을 실토한 적이 있었다. 특히 충격적인 사실은 그가 자기 자신을 한번도 '농부'라고 믿지 않았다는 사실을 털어놓은 점이었다. 그렇다면 그는 누구인가. 그는 자기가 무엇이며 어떠한 일을 한다고 자처하는 것일까?

자아 정체성을 확보하기 위해서는 자기가 하고 싶고 할 수 있으며 또 해야 하는 것을 하면서 살아가야 한다고 생각된다. 하고 싶지 않은 일을 하면 항상 남을 위해서 대신 살아간다는 생각에 젖어 있을 것이고 자기가 하는 일에 열중할 수 없기 때문에 능률도 오르지 않을 것이다. 또한 할 수 없는 일을 억지로 하면 최선을 다할 때 어느 정도 성과가 있겠지만 항상 무리를 범하기 때문에 건강을 해치기 쉽고 자주 실패하기 때문에 좌절감에 빠질 우려가 있다. 끝으로 자기가 해야 할 일을 하지 않고 하지 말아야 할 것이나 하지 않아도 될 것을 하면서 살아간다면 보람을 느끼지 못할 뿐만 아니라 주위 사람들로부터 비난을 면치 못할 것이 당연하다. 말하자면 진정으로 자기의 소망과 능력과 당위가 무엇인지 알고 그것을 하며 살아간다면 자기의 삶이 즐겁고 편안하며 보람있게 되므로 그러한 의미로 자아 정체성을 쉽게 확보할 수 있으리라는 결론을 얻게 되는 것이다.

만약 이것이 사실이라면 김 노인의 문제점은 어디에 있는 것일까. 한 가지 분명한 것은 그가 하고 싶지 않은 일을 하면서 한평생을 살아왔다고 믿는다는 점이다. 적어도 김 노인 자신은 그렇게 믿고 있었다. 그러한 상황에서는 이웃과도 원만한 관계를 유지하기가 어렵다. 따라서 김 노인은 외톨박이 신세를 면할 수 없게 되었고 하기 싫은 일을 억지로 하는데다가 주위의 눈총까지 받게 되니 자연히 스트레스를 많이 받아 오늘날 그가 당뇨병과 고혈압, 관절염 등 갖가지 병을 앓게 되었는지도 모른다. 그렇다면 김 노인의 경우 문제를 어떻게 해결할 것인가. 사실 대부분의 경우 우리는 하고 싶지 않은 일도 하고 때로는 할 수 없거나 해서는 안 될 일도 하면서 살아가게 마련 아닌가.

물론 우리는 자기가 하고 싶은 일과 할 수 있는 일만 하고 그것이 동시에 해야 하는 일이 되기를 바랄 수만은 없을 것이다. 얼마 전 이제 중년 부인이 된 여동생이 찾아왔다가 느닷없이, "오빠는 하고 싶은 일 하면서 사니까 좋겠수…" 하며 선망 섞인 말투로 한마디 한 적이 있었다. 그러나 과연 나

진정으로 자기의 소망과 능력과 당위가 무엇인지 알고
그것을 하며 살아간다면 자기의 삶이 즐겁고 편안하며 보람있게 되지 않을까.

는 하고 싶은 일만 하면서 살고 있는 것일까. 어느 정도 그것이 사실일지도 모른다. 그러나 나는 그 일들을 제대로 해내지 못하고 있다는 느낌을 떨쳐 버릴 도리가 없다. 반드시 너무 욕심을 많이 내기 때문만은 아니다. 내가 해내야 할 최소한의 임무도 충분히 수행하지 못한다는 심정 때문에 괴로울 때가 많다. 바로 그렇기 때문에 가정에서나 직장에서, 혹은 친척이나 친구 사이에서 의무를 제대로 이행하지 못한다는 생각에 자주 사로잡히게 되는 것이 아닐까.

여하튼 우리는 소망과 능력과 의무가 완전히 일치하는 삶을 살아갈 수는 없을 것이다. 그러한 상태에서는 분명히 행복을 만끽할 수 있겠지만 실제로 가장 행복한 상태에서 살아가는 사람은 없고 또 그것이 반드시 바람직하다고 볼 수도 없다. 렘브란트의 그림에서 짙은 흑갈색의 그늘 때문에 직사광선을 받는 부분이 더욱 밝게 빛나듯이 불행한 순간들은 우리가 그것을 잘 극복하고 삶 전체와 조화를 이루게 할 때 오히려 필요한 것이 될 수도 있기 때문이다. 그렇다면 김 노인의 경우 그의 입장에서 지금보다 더 생산적이고 행복한 삶을 살 수 있는 방도는 무엇일까.

무엇보다도 중요한 것은 소망과 능력과 당위가 서로 조화를 이루도록 조종하는 일이다. 좀더 구체적으로 말해서 해야 할 것들을 하고 싶어하도록 노력하고 그것을 해낼 수 있도록 능력을 기르는 일이다. 의무는 객관적으로 규정되는 구조를 지니고 있기 때문에 이것을 바꾸거나 부정하기보다는 욕구를 억누르고 능력을 증진시키는 것이 훨씬 더 용이하고 바람직할 것이다. 물론 여기서 객관적 상황을 수동적으로 받아들이고 자기 내면의 욕구와 소망을 무조건 억누를 필요는 없다. 자기가 처한 상황도 어느 정도는 조정이 가능한 것이기 때문이다. 그러나 이것은 자기 자신의 심성을 다스릴 수 있을 때 가능한 것임을 명심하지 않으면 안 된다.

이러한 관점에서 볼 때 김 노인의 문제는 객관적인 상황을 외면했을 뿐만 아니라 자기가 진정으로 하고 싶은 일을 실현하기 위해 능력을 기르는 데 전념하지 않은 채 불평과 불만으로 소일했다는 점에 있다고 분석할 수 있다. 그는 어느 날 나에게 자기는 학자가 되고 싶었고 또 아직도 그렇게 되고 싶다고 말한 적이 있었다. 실제로 그는 사서와 삼경을 틈틈이 읽어왔고 풍수지리에도 상당한 관심과 식견을 가지고 있다. 그러나 그의 입장에서는 이러한 관심을 충족시키기 위하여 농사일을 게을리하지 않고 이웃과 화목하게 지내는 등 농부로서 먼저 최선을 다했어야 하지 않았을까. 자기가 몸담고 있는 현실을 직시하며 대지를 굳게 딛고 있지 않으면 아무도 자기의 꿈을 실현하기 위해 도약할 수가 없기 때문이다. 개구리도 비약하기 위하여 스스로 몸을 움츠리지 않는가. 결국 김 노인은 논두렁에 숱하게 깔려 있는 개구리들의 모습을 진지하게 관찰하지 않았기 때문에 이 산골 마을로부터 한치도 벗어날 수 없었던 것이다. 역시 그렇다. 철저하고도 체계적인 자기 인식 없이는 아무것도 될 수 없고 할 수 없으며 삶은 무의미해질 뿐이다. 진정으로 원하는 것이 무엇이고 지금 할 수 있는 것이 무엇이며 또 무엇을 해야 하는지 진지하게 묻지 않았기 때문에 김 노인은 학자가 될 수 없었던 것과 마찬가지로 한번도 한 사람의 농부인 적도 없었는지 모른다. 동서고금을 막론하고 가장 중요한 것은 자기 인식이며 소크라테스 이래로 철학의 궁극적 목표도 바로 이것이 아니었는가.

맹자는 "자기 자신을 잃지 않고 능히 그 어버이를 섬기는 자에 관해서 들은 바 있으나 자기 자신을 잃고서 어버이를 섬기는 자에 관해서는 들은 적이 없다"라고 역설한다. 유교에서 가장 소중하게 여기는 효도조차도 자아의 정체성과 자기 인식 및 그 실현을 전제로 해야 비로소 의미를 지닌다는 뜻일 것이다. 그것은 반드시 윤리나 종교 혹은 예술의 문제에 국한되지 않는다. 사회과학이나 논리학 같은 형식과학에도 항상 자아의 존재가 전제되지 않으면 안 된다.

비트겐슈타인은 1919년, 그러니까 그가 30세 되던 해에 은사인 러셀에게 띄운 편지에서 다음과 같이 말한다.

> 저는 지난 6년 동안 작업한 것을 모두 수용하여 《논리철학논고(Logisch-Philosophische Abhandlung)》라는 책을 써내었습니다. 마침내 우리의 문제를 모두 해결하였다고 믿습니다. 이것이 건방지게 들릴지 모르겠습니다만 그렇게 믿지 않을 도리가 없는 것입니다. …그것은 모두 수정과 같이 명명백백합니다. 그러나 우리의 진리 이론을 뒤집어놓는군요.

사실 그는 그보다 5년 전에 러셀에게 "어떻게 한 인간이 되기 전에 논리학자가 될 수 있단 말입니까. 참으로 중요한 것은 나 자신에 관련된 문제를 해결하는 일입니다"라고 썼던 것이다.

나는 오늘 아침 닭을 쫓는 김 노인의 어설픈 모습을 보고 삶의 의미에 관하여 다시 한번 생각해보지 않을 수 없었다. 물론 아무도 삶에 관해서 자신 있게 말할 수 없다. 그것을 전체로서 객관화할 수 없기 때문에 기껏해야 비유를 통해 설명할 수 있을 뿐이다. 아니, 묵묵히 살아갈 수 있을 뿐이다. 참으로 삶이란 발 아래서 고통스럽게 뒹구는 낙엽들의 몸부림 같은 것인지도 모른다.

10월 19일

오늘은 옹달샘 옆에 헛간을 짓기로 하였다. 최씨와 박씨가 요즈음 몹시

아무도 삶에 관해서 자신있게 말할 수 없다. 그것을 전체로서 객관화할 수 없기 때문에 기껏해야 비유를 통해 설명할 수 있을 뿐이다. 아니, 묵묵히 살아갈 수 있을 뿐이다.

바쁘기 때문에 도움을 청할 수가 없고 혼자서는 도저히 할 수 없는 일이기 때문에 포기하려던 참이었다. 그런데 어제 반장인 송씨네 들렀다가 맏아들인 송 군을 만나 뜻밖에도 도움을 얻게 된 것이었다. 8천 원씩으로 정해진 반비를 내려고 갔었는데 마침 송씨는 읍에 나가서 만나지 못하였다.
　사실 송 군이 주로 집에 머물러 있다는 것을 모르는 바는 아니었다. 그러나 그는 신경쇠약 증세를 보여서 벌써 3년 전에 의병(依病) 제대한 이후로 줄곧 천안까지 통원치료를 하고 있었다. 아버지인 송씨는 그러한 사실을 될 수 있는 대로 숨기려 하였지만 어머니는 그 문제를 가지고 몇 번 나와 상의한 적이 있고 구체적인 도움을 청하기도 하였다. 그러나 나로서는 별로 대책을 마련할 수가 없었고 그럴 만한 겨를도 없어서 거의 신경을 쓰지 못하고 지금까지 지내온 셈이었다. 신경질환을 앓고 있는 사람을 위해서 할 수 있는 일이 과연 무엇인지 나로서는 알 수 없는 일이었다. 그러므로 아주 뚜렷한 증세를 보이지 않는다면 평소와 같이 자연스럽게 대하여 그를 편안하게 하는 것이 최선의 방책일 것이라고 충고할 뿐이었다.
　어제 만난 송 군의 모습은 매우 건강해 보였다. 조금 자주 눈을 깜박거리는 것 외에는 전혀 이상한 점을 찾아볼 수 없었다. 사실 눈을 자주 깜박거리는 것도 '이상한 점'이라고 볼 수는 없는 일이다. 대학생들 중에도 눈여겨보면 그러한 버릇을 가진 학생들이 있고 텔레비전 화면에서도 더러 목격할 수 있기 때문이다. 송 군은 아버지의 농사일을 많이 도왔음인지 창백했던 얼굴도 구릿빛으로 물들었고 체중도 약간 늘은 것 같았다. 농담도 잘 받아주고 자주 웃으며 말수도 다소 많아진 것 같은 인상을 받았다. 어떠한 관점에서 보아도 그에게서 나는 '비정상적'인 데를 전혀 찾아볼 수 없었다.
　아침에 송 군은 약속시간보다 조금 늦게 나타났다. 아버지가 읍에 나가는 것을 돕느라고 늦어졌다는 변명을 구차스럽게 늘어놓았으나 나는 전혀 개의치 않았다. 이런 산촌에서 시간을 엄격하게 지킨다는 것이 오히려 이상하지 않은가. 더구나 늦을 만한 이유가 있었다면 늦는 것이 당연한 일 아닌가. 우리는 곧 일에 착수하여 연장이며 필요한 재료들을 모아놓고 우선 의견을 모아보기로 하였다. 송 군이 전기 공사나 오디오 제품 등을 수리하는 데 어느 정도 전문적인 식견이 있음은 이미 알고 있으나 기둥을 세우고 슬레이트 지붕을 얹으며 벽돌로 담을 쌓는 건축 공사에는 별로 경험이 없는 모양이었다. 그는 필요한 연장을 가지러 집에 다녀오고 부족한 재료들을 구해 오는 성의를 보이기도 하였다. 공사는 온종일 계속되었지만 끝내 마무리하지는 못하였다. 헛간을 새로 짓는 것이 아니라 낡은 집의 벽에 기대어 세우기 때문에 어려운 문제가 더 많았다. 그러나 결국 기둥을 세우고 지붕까지 얹어놓았으므로 오래 버틸지 알 수 없는 일이나 일종의 건축물을 세웠다는 것만으로도 스스로 대견한 일이 아닐 수 없다. 점차 땅거미가 짙어지고 불현듯 피곤이 엄습해 오자 우리는 일손을 멈추었다. 연장과 재료들을 정리한 다음 나는 송 군에게 일당을 넉넉히 주고 작별인사를 하였다. 모처럼 수입이 생겼음인지 그는 무척 고마워하는 기색이었다. 나는 그가 산모퉁이를 돌아 완전히 사라질 때까지 그의 뒷모습을 지켜보았다. 온종일 그와 함께 보낸 셈이었지만 조금도 나는 '이상한 점'을 발견할 수가 없었다.

 송 군이 돌아간 다음 나는 샘터로 가서 저녁식사 준비를 하며 몸 속뿐만 아니라 마음 구석구석까지 세척해내려는 듯 맑고 찬 물을 실컷 들이마셨다. 사실 그러한 물맛은 요즈음 환경이 오염되어 생수를 만들거나 수입해서 마셔야 하는 상황에서는 결코 흔한 것이 아니다. 그토록 맑은 물이 끊임없이 솟구치는 옹달샘이 바로 뒷마당 한 모퉁이에 자리잡고 있다는 것은 여간 축복받은 일이 아니다. 그러한 '옹달샘'의 소중함과 아름다움에 관하여 김광규 시인은 이렇게 노래한다.

칠흑 같은 어둠 속에 파묻힌 산촌의 외딴 오두막집에서
낙엽 흩어지는 소리를 들으며 홀로 바흐의 무반주 첼로곡을 들으니까
갑자기 감당하기 어려운 적막감이 엄습해 왔다.

오늘은 코카콜라 대신
물을 마신다.
바위틈에서 샘솟는
차가운 맹물을 마신다.
합성수지 표주박으로
한 바가지 가득 떠서
오랫동안 잊었던 물
마시는 법을 배운다.
맑은 물에 나뭇잎 띄우고
마음 나누던 사람들
가버린 지 오랜 샘터에서
오늘은 석유 묻은 손으로
물을 마신다.
돈을 내지 않고
누구의 허락을 받지 않고
차가운 맹물을 혼자 마신다.

  저녁식사를 마치고 어두운 산길을 따라 잠시 산책을 한 후 요요다가 연주하는 바흐의 무반주 첼로곡을 들었다. 칠흑 같은 어둠 속에 파묻힌 산촌의 외딴 오두막집에서 낙엽 흩어지는 소리를 들으며 홀로 이 곡을 감상하고 있으려니까 갑자기 감당하기 어려운 적막감이 엄습해왔다.
  너무 피곤해서인지 쉽게 잠이 오지 않았으므로 나는 뒤뜰에 있는 평상에 몸을 눕히고 눈이 아프도록 영롱하게 빛나는 숱한 별들을 한동안 응시하였다. 바람에 낙엽이 흩날리고 제법 날씨도 싸늘하였으나 옷을 두둑하게 껴입고 옆에 모닥불도 피워놓았으므로 별로 추위를 느끼지는 않았다.

그러한 자세로 한동안 나는 이른바 '정상'과 '이상'의 경계가 무엇인지에 관해서 골똘히 생각해보았다. 푸코(M. Foucault)는 《광기와 문명》에서, "이제 광기는 관찰되는 대상으로서만 존재한다"고 주장하며, 따라서 "정신병원에서 발달된, 마음의 병을 치료하는 과학은 관찰과 분류의 기법이 만들어낸 질서일 뿐"이라고 단언한다. 그는 특히 정신치료학이나 정신분석학이 과학이란 미명 아래 인간의 영혼을 독점하고 정상과 이상을 구분하려는 태도에 대하여 반발한다. 푸코에 의하면 그동안 이러한 관행이 보편화되었지만 그 역사적 근원과 의미는 이미 사라져가고 있으며, "정신치료법은 의식(儀式)에 의해 보존되고 실증주의의 신화에 의해 은폐되었지만 사실 18세기부터 시작된 특정한 도덕적 전략일 뿐"이라는 것이다. 그러나 이러한 문제를 단순히 정치적인 과제로 환원하고 정신의학적 차원으로 해석하여 해결할 수 있을까. 여기에는 분명히 객관적인 사실의 규명과 개념적 혼동의 해명을 필요로 하는 문제가 개입되어 있는 것이 아닐까.

한편 사스(Thomas S. Szasz)는 정신병이나 광기는 존재하지 않으며 그 치료방법도 있을 수 없다고 주장한다. 그에 의하면 오늘날 정신질환자란 정신분열증과 뒤틀린 욕망에 기인한 편집증 환자들로서 정도의 차이가 있을 뿐 정상인과 다를 바가 없다는 것이다. 그런데 이들을 정신질환자로 규정하고 정치범으로 몰아세우는가 하면, 어설픈 정신분석학이나 정신의학은 그들의 자유의지를 부정하고 무리한 치료방법을 써서 범죄자들까지도 처벌하기보다는 치료로서 해결하려는 경향을 보인다. 이것이 사실이라면 정상과 이상의 구분에는 분명히 철학적인 문제가 개입되어 있다. 여기에는 인간의 자유의지를 부정하고 결정론적 측면을 확대시킴으로써 개인의 책임을 극소화하려는 경향이 나타나 있기 때문이다.

그러나 푸코와 사스의 접근방식에도 문제가 있다. '정상과 이상'이라는 유의미한 구분을 너무 급진적으로 철폐하려 들기 때문이다. 만약 병원에서 치료받고 있는 환자들이 정상적이라면 거리를 활보하거나 들에서 농사짓고 있는 사람들이 환자들이란 말인가. 나는 문득 젊은 시절 니체를 숭배하여, "나는 빛이기 때문에 외롭다"고 주장하며, 세계를 하나의 큰 병동으로 여기고 온 인류를 환자로 간주한 다음 나 홀로 고통스러운 의사임을 자처하던 그 치기 어린 시절을 회상하였다.

10월 29일

오늘은 일년 중 이 한적한 마을이 가장 떠들썩해지는 날이다. 어제까지 베어놓은 볏더미를 모두 풀어서 기계로 털고 낟알을 만들어내는 날이기 때문이다. 우리 집 마당이 비교적 넓고 또 주로 이 집 근처에 있는 논에서 볏단들을 수확했기 때문에 모두들 아침부터 여기에 모였다. 지난 6개월 동안 가뭄과 폭우와 폭풍, 그리고 각종 해충의 도전을 모두 이겨내고 오늘 비로소 묘판에서 옮겨진 새싹들이 수십 가마의 쌀들로 다시 태어난다고 생각하자 공연히 가슴이 설레었다. 벌써 몇 해째 경험하는 것이지만 이 순간이 되면 새삼스럽게 마음이 들뜨게 된다. 나는 흥을 돋구기 위해 이생강류의 농악을 산골이 울릴 정도로 크게 틀어놓았다.

모처럼 각지에 흩어졌던 친척과 친지들도 몰려들어서 은곡은 아주 흥청거리는 분위기가 되었다. 탈곡기의 모터 돌아가는 소리가 새로운 출발을 알리듯 흥겹게 탈탈거리고 남정네들은 무거운 볏단을 연신 나르며 아낙네들은 이미 이삭을 털어낸 볏짚을 모아 담장을 쌓았다. 마침 눈부시게 떠오른 아침 햇살이 사방으로 흩날리는 볏짚가루를 역광으로 비추어서 신비스러울 정도의 아름다운 정경을 연출해내었다. 여기 저기 뛰어 노는 강아지들마저 무엇인가 돕고 싶은 눈치다. 모두들 즐거운 표정들이었다.

지난번 수해 때문에 피해를 입은 박씨도 이번에 수확이 다소 줄었지만 그것을 별로 개의하는 것 같지는 않았다. 그는 수해를 당했을 때와 마찬가지로 여전히 담담한 표정으로 잔잔한 미소를 짓고 있을 뿐이다. 자연은 모든 것을 잠시 맡겼다가 다시 가져가고, 또 얼마 후 다시 돌려주는, 이것을 끝없이 반복할 뿐이라는 사실을 그는 깊이 깨닫고 있는 사람 같았다. 그것이 지난번 수해를 당했을 때 농주를 마시면서 "다 그런 거지유 뭐…"라고 한 말의 진정한 의미인지도 모른다.

16. 내가 나에게

나는 지금 어디쯤 서 있는가

나는 그 농가가 나 자신의 모습과 같다는 생각을 했다.
그리고 텅 빈 겨울 풍경을 바라다보며
나에게 엽서를 띄우고 싶은 충동을 느꼈다.

11월 9일

오늘은 거의 충동적으로 이곳에 왔다. 유네스코(UNESCO) 한국지부의 사무총장인 차인석(車仁錫) 교수의 요청으로 철학교육의 문제를 논의하기 위해 몇몇 교수들과 점심을 함께 하였는데, 그 장소가 선릉역 근처이므로 모임이 끝난 후 곧장 남부 터미널에서 당진행 버스로 갈아타고 여기까지 달려왔다.

거기서 은곡은 우리 집과 비교가 안 될 정도로 먼 거리에 있음에도 불구하고 오히려 이곳이 더 가깝게 느껴진 이유는 무엇일까. 예술철학에서 말하는 '심리적 거리(psychical distance)'라는 것이 '물리적 거리(physical distance)'와 마찬가지로 정말 실재하며 때로는 더 중요한 의미를 지니는 것일까.

유네스코 모임에서 우리는 철학교육의 중요성과 효과적인 실시 방안, 그리고 체계적인 파급의 전략 등에 관하여 집중적으로 논의하였다. 차인석 교수는 이것이 세계적인 추세이므로 우선 동아시아 지역에서나마 우리가 주도적 역할을 해야 한다고 역설하였고 남경희 교수와 황경식 교수는 윤리교육의 중요성을 지적하였으며 심재룡 교수와 백종현 교수, 이기상 교수 등은 철학교육 전반의 실시 방안을, 그리고 나는 철학의 개념을 새롭게 규정하고 그것을 널리 홍보하는 작업이 선행되어야 한다는 점을 강조하기도 하였다.

식사하는 동안 우리는 간간이 요즈음 항간에서 크게 화제거리가 되고 있는 전직 대통령의 비자금 사건과 이와 관련하여 그가 구속된 데 관해 의견을 나누기도 하였다. 그러나 이 사건이 철학적 관점에서 볼 때 별로 흥미가 없어서인지 혹은 철학교육이란 구체적인 사안이 있어서인지 혹은 정치적으로 너무 예민한 사건이어서 각기 언급을 피했음인지 이야기를 더 진전시

군불을 땔 때마다 느끼는 것이지만
지난 날짜의 신문지들을 쏘시개로 아궁이에 넣을 때마다
거기에 인쇄된 내용들도 보잘 것 없는
'쓰레기'에 지나지 않는다는 착각에 젖게 된다.

키지는 않았다. 사실 철학적 관점은 정치적 관점이나 역사적 관점과 다를 뿐만 아니라 이보다 훨씬 더 포괄적인 것이다. 따라서 중진 철학교수들이 이와 같이 예민한 문제에 관하여 일간 신문이 제공하는 자료를 근거로 해서 경솔하게 의견을 피력하는 것은 바람직한 일이 아닌지도 모른다.

그런데 오히려 이곳 산촌에서는 사정이 전혀 달랐다. 날이 이미 어두워서 더듬거리며 미처 집안을 정리하지도 못했는데 나의 텅 빈 농가로 최씨와 박씨, 그리고 거동이 불편한 아랫집 김 노인까지 찾아와서 '전직 대통령 구속'이라는 사건에 관하여 집요한 질문 공세를 퍼붓는 것이었다. 나로서는 이 문제에 관하여 아직 정리된 생각이 없으므로 먼저 이들의 의견을 들어보기로 하였다. 최씨는 매우 흥분한 어조로 전직 대통령을 매도하며 그를 극형에 처해야 한다고 주장한 다음 나에게, "그 사람이 수천억 원이나 되는 돈을 뭐한다고 혼자 챙겼대유? 말씀 좀 해보시어, 엄 교수님…" 하고 다그치는 것이었다. 나로서도 알 수 없는 일이었다. 그는 읍에 자주 드나들며 여러 가지 경로를 거쳐서 많은 정보를 입수했음인지 아주 확신에 찬 모습이었다. 한동안 망설이다가 내가 말했다.

"글쎄요. 아무리 생각해도 잘 모르겠는데요 사리사욕으로 그만한 돈을 모았다고 하기에는 너무 많고… 혹시 짐작이 가는 데라도 있나요?"

최씨가 머뭇거리고 있는 동안 박씨가 끼여들었다.

"우리가 이 산골 농촌에 앉아서 그런 엄청난 일을 다 알 수 있나유? 그저 너무 떠들썩하지 않게 마무리가 되었으면 좋겠시유… 허구한 날 이렇게 나라가 시끄러우니 마음놓고 농사를 지을 수가 있나유?"

이처럼 박씨가 다른 의견을 제시하자 지금까지 묵묵히 듣고만 있던 김 노인이 걱정스런 표정을 지으며 천천히 말을 꺼내었다.

"대통령이면 옛날의 상감님 심인디, 아무리 잘못한 게 있다손 치드래두 함부로 포도청에 올가 넣으면 되나유. 신중히 해야지. 윗사람 노릇 하려면 공과(功過)가 있기 마련인디 공은 제껴두고 과만 따질 수는 없지유……"

최씨가 바짝 신경을 곤두세우며 반격을 가했고 박씨와 김 노인도 지지 않고 각자 자기의 의견을 계속 개진해나갔다. 그들은 각기 사태의 어떤 일면을 부각시켜줄 뿐 아니라 진심으로 국가와 민족을 위하는 민초(民草)들의 충심을 표현하고 있기 때문에 듣는 사람의 심금을 울리는 데가 있었다. 이들의 대화를 귀담아들으면서 이 사건의 뿌리가 얼마나 깊고 우리 민족의 상처가 얼마나 심각한지 실감할 수 있었다. 우리는 모두 비극적 시대의 희생자들이고 역사 앞에서 피해자들임을 확인할 수 있었던 것이다. 사실 그들의 의견은 신문지상이나 방송매체에서 이미 개진된 것이기 때문에 거기에 더 보태거나 뺄 내용도 없었다. 이곳 사람들이 언론매체 덕분에 나라 안팎의 사정에 밝게 되고 또 나름대로의 의견을 가지게 된 것은 우리 나라의 민주주의 발전을 위해서 여간 다행스러운 일이 아니다. 그러나 언론매체나 유언비어 이외의 정보로부터는 차단되어서 이것이 이들의 신념을 형성하는 유일한 근거가 되는 것은 안타까운 일이 아닐 수 없다. 그것은 서울을 비롯하여 여러 도시에 사는 주민의 경우에도 마찬가지일 것이다.

마을 사람들이 못내 아쉬운 표정을 지으며 돌아가자 나는 집안을 마저 치우고 밥을 안쳐놓은 다음 군불을 지폈다. 군불 땔 때마다 느끼는 것이지만 지난 날짜의 신문지들을 쏘시개로 아궁이에 넣을 때마다 거기에 인쇄된 내용들도 보잘것없는 '쓰레기'에 지나지 않는다는 착각에 젖게 된다. 최근에 발행된 신문지들도 마찬가지이다. 대문짝만하게 실린 전직 대통령의 사진과 온갖 기사들도 아궁이 속에서 연기와 함께 어디론가 사라지고 고작 한 줌의 재를 남길 뿐이다. 사실 어떤 사건에 관한 갖가지 해석들은 연기처럼 사라져가는 다양한 관점들에 불과하다. 철학적으로 정작 중요한 것은 이러한 관점들이 아니라 이것들이 없어도 의연히 존재하는 진실일 뿐이다.

아궁이를 꽉 메우며 춤추듯 치솟는 불꽃을 바라보면서 문득 나는 신라 진평왕 때의 화랑인 검군(劍君)의 모습을 떠올렸다. 얼마 전 한국 고대사를 전공하는 서강대학교 사학과의 이종욱(李鐘旭) 교수가 그를 전직 대통령과 비교하며 이제 그러한 사람들이 추방되고 "검군적인 사람들이 우리 사회의 주인공으로 자리잡을 때가 되었다"고 주장하는 글을 썼기 때문이었다. 그는 '어느 화랑도와 사관생도'라는 글에서 이렇게 말한다.

두 사람은 공통점과 차이점이 있다. 두 사람은 각기 화랑정신과 사관정신을 몸에 익혔다. 그러나 옛사람은 화랑도로서의 자존심과 명예를 지켰다. 현재의 사람은 사관생도 출신으로서의 자존심과 명예를 포기하였다. 전자는 동료들이 벌받는 것을 원치 않아 스스로 죽기에 이르렀고, 후자는 동료들을 살상하였고 자신뿐만 아니라 부하들을 구속되게 만들고 있다.

그는 이어, "옛사람은 깨끗하게 살다 꽃다운 나이에 죽어 명예로운 이름을 역사에 남겼고, 오늘의 사람은 구차하게 살다가 구속 수감되어 더러운 이름을 역사에 남기게 되었다"고 덧붙인다. 이것이 정확한 '역사적' 평가인지 나로서는 확신할 수 없다. 더구나 러셀(B. Russel)이 지적하다시피 "역사학은 예술과 과학의 중간쯤"에 위치한다고 했고, 콜링우드(R. G. Collingwood)도 "역사가란 역사적 사실을 재구성하는 자인데 이때 사실들을 모두 나열하는 것이 아니라 그것을 선택하며 거기에 해석을 가해서 이야기를 만드는 사람"이라고 하지 않았는가.

정작 나의 관심을 끄는 것은 검군이라는 역사적 인물의 도덕적 결단과 그것을 정당화할 수 있는 합리적 근거가 무엇인지에 관한 질문이다. 그는 왜 거기서 그렇게 죽을 수밖에 없었는가. 그의 신념체계는 어떠한 것이며 그의 행동은 이 체계와 일관된 것인가. 그것은 오늘날 도덕성의 상실이 심각한 위기로 등장한 우리 사회에서도 여전히 적용될 수 있는 타당성을 지니는가. 만약 이러한 문제가 체계적으로 다루어진다면 그는 단순히 신라시대의 역사적 인물이 아니라 철학적으로나 도덕적으로 보편성을 지니는 소크라테스적 순교자의 지위를 차지할 수도 있지 않을까?

검군은 하급관리인 대사(大舍) 구문(仇文)의 아들로 태어났다. 그는 화랑인 근랑(近郞)의 낭도로서 풍류도를 수행하는 한편 사량궁(沙梁宮)의 창고를 지키는 사인(舍人)의 직책을 맡고 있었다. 마침 진평왕 49년(627) 가을에 서리가 내려서 곡식이 죽었으므로 이듬해 봄과 여름에 걸쳐 백성들이 크게 굶주려서 자식을 팔아먹고 살 정도였다고 한다. 민심은 흉흉해졌고 여러 사인들도 끼니를 때우기 위해 마침내 궁궐 창고의 곡식을 도둑질하여 나누어 먹기에 이르렀다. 그러나 검군은 풍류도를 수행하는 낭도로서 이에 가담하지 않았다. 의리에 어긋나면 천금의 이익이 있더라도 흔들리지 말아야 한다는 가르침을 실행하기 위해서였다. 이어 도둑질한 사실이 누설될 것을 염려한 사인들이 검군을 죽이려고 불렀다. 그는 이 사실을 미리 알았으나 피하지 않았다. 먼저 근랑에게 이별을 고한 다음 사인들이 마련한 잔치에 나아가 의연히 독이 든 음식을 먹고 죽었던 것이다. 이처럼 검군은 자기로 인하여 여러 사람이 벌받는 것을 원하지 않았고 대장부로서 도망하는 것도 바람직하지 않다고 판단하여 귀중한 목숨을 버렸던 것이다. 이것이 김부식(金富軾)의 《삼국사기》 열전에 실린 검군의 죽음에 관한 이야기의 전부이다.

검군의 죽음은 다른 화랑들의 장렬한 전사와 분명히 다른 데가 있다. 그것은 원광법사(圓光法師)의 세속오계(世俗五戒) 중에 어느 것에 해당하는지 분명하지도 않다. 그의 행동은 침나(沈那)와 소나(素那) 등의 무용담도 아니고 김유신이나 김춘추가 보여준 충효의 표시와도 다르며 거칠부(居漆夫)와 혜량법사(惠亮法師)의 미담에서 보여주는 신의의 문제만도 아니다. 그렇다고 해서 살생유택(殺生有擇)의 전형적인 예라고 보기는 더욱 어렵다. 그의 죽음은 '화랑도적'이라기보다는 차라리 '소크라테스적'이라고 보는 것이 더 나을 것이다. 그는 복합적인 윤리적 상황에서 개인적인 감정이나 충동이 아니라 합리적인 이유를 찾고자 하였으며 외부의 억압이나 위협에 눌리지 않고 자율적으로 행동하였다. 심지어 도망하라는 근랑의 권유도 뿌리쳤다. 그는 다만 자기의 이해관계를 초월하여 무엇이 의무인지를 확인하고 과감히 그것을 실천했을 뿐이었다. 이것이 바로 소크라테스가 독배를 마신 이유가 아니었던가?

나는 쉴 새 없이 아궁이에 장작을 밀어 넣으면서 검군의 죽음에 대해서 좀더 많은 사실들이 발굴되어야 하고 그것을 바탕으로 해서 더욱 세련된 실천적 추론이 마련되어야 한다는 생각에 잠겼다. 일반적으로 나는 우리의 그 풍요롭고 장구한 역사적 사실들이 좀더 치밀하게 분석되고 철저하게 음미된 다음 체계적으로 정리되어야 한다고 생각한다. 그리하여 그것이 심도 있는 철학적 통찰을 거쳐 마침내 보편적 의미로 승화될 수 있어야 한다고 믿는 것이다.

12월 17일

오늘은 대학 동창인 최 군과 이곳으로 왔다. 그는 프로볼링협회 이사이며 외국의 볼링 볼을 수입하여 국내에 보급하는 무역회사 사장이기도 하다. 마침 우리 나라의 볼링협회가 '프로' 단체로 인가가 나왔기 때문에 이

나는 대학 시절 '다이몬'이라는 또 하나의 내이름을 부르며 거의 매일 밤 나에게 일기 형식의 편지를 썼다.

것을 기념하기 위해 단체 훈련에 들어가게 되었는데 최 군은 이 행사에 나를 교양 강좌의 특강 연사로 초청했던 것이다. 볼링장에 한번도 가본 적이 없는 철학교수가 프로 볼러를 위해 무슨 얘기를 할 수 있는지 알 수 없어서 망설였으나 그는 막무가내였다. 어느 날 내가 인생이라는 경기에 임함에 있어서 한 인간으로서 '프로'가 된다는 것이 무엇을 의미하는지에 대해서 이야기할 때 큰 감명을 받았다고 하며 바로 그 얘기를 해달라는 것이었다. 그렇게 해서 나는 그의 요청에 응했고 그 행사가 진행되는 도고 온천의 한 호텔에서 오래간만에 그와 오붓한 시간을 가진 뒤 이곳 은곡으로 함께 달려온 것이다.

문을 열고 텅 빈 마당에 들어서려 할 때 발에 밟히는 것이 있었다. 그것은 흙과 물기에 더럽혀진 한 장의 연하장이었다. 내가 당황해하며 그것을 허겁지겁 집어들자 최 군이 신기한 듯 물었다.

"자네, 그거 뭔가?"

"연하장이지……"

"누가 어디서 보낸 거야."

"서울서 내가 보낸 거라네."

"뭐라구? 자네가 자네한테 보낸 거란 말인가?!"

"그렇다네. 왜, 못할 짓을 했나?"

"어디 좀 보세."

내가 며칠 전에 교내 우체국에서 부친 그 연하장을 펼쳐 보여주었다. 거기에는 간단한 안부를 묻고 새해에도 건강하고 다복하게 지내라는 결의 비슷한 당부, 그리고 어쩌면 최 군과 같이 가게 될지도 모르니 함께 즐겁게 지내자는 내용이 씌어 있었다. 최군은 그것을 훑어보더니, "자네, 여전하군. 조금도 변하지 않았어!" 하고 내 얼굴을 짓궂은 표정으로 바라보는 것이었다. 그 순간 우리는 어느덧 30여 년 전으로 되돌아가 있었다.

나는 대학 시절 '다이몬'이라는 또 하나의 내 이름을 부르며 거의 매일 밤 나에게 일기 형식의 편지를 썼다. 그것은 현실적인 욕구로서의 자아가 이상적인 의무로서의 자아에게 띄운 편지였다. 그 내용의 대부분은 외마디의 절규였고 자신과의 치열한 싸움에서 승부가 없는 처절한 투쟁의 기록이었다. 나는 총학생회 주최로 '다이몬과의 방황'이라는 제목의 특강을 한 적이 있고 또 교지에도 이에 관한 글을 쓴 적도 있기 때문에 그것은 학생들 사이에 널리 알려진 사실이었다. 최 군은 문득 그 때의 일을 회상한 것이었다. 그러나 이제 분명히 달라진 것이 있다. 지금도 여전히 그 '이상적인 자아'에 대한 그리움이 있지만 그것을 '다이몬'이란 소크라테스적 자아의 이름으로 부르지는 않으며 그토록 절박하게 또 자주 나 자신을 찾아 헤매지도 않는다. 그렇게 하기에 이제 나는 너무 지쳐 있는지도 모른다. 어쩌면 그렇게 할 필요가 없을 정도로 세속화되어 있거나 혹은 규격화되어 있는 것이 아닐까.

나는 최 군과 함께 농가의 주위를 둘러보고 곧 저녁 준비에 들어갔다. 그는 장작 패는 일과 군불 때는 일을 돕겠다고 나섰다. 처음에는 불이 잘 지펴지지 않고 아궁이에서 연기가 마구 쏟아져 나와서 포기하려고 하였지만 내가 틈틈이 도와주고 또 이른바 '군불의 철학'을 설파하자 용기를 내어 다시 시도하더니 재미가 붙었는지 최 군은 거의 한 시간 동안 꼼짝도 하지 않고 계속 불길이 타들어가는 아궁이를 응시하고 있었다. 나는 분위기를 돋우기 위하여 창가에 촛불을 켜고 마침 준비해 온 빙 크로스비의 '크리스마스 캐롤'과 로보트 쇼 합창단의 '크리스마스 특집' 테이프를 틀었다. 그것은 학창시절 이맘때쯤에 우리들이 즐겨 듣던 음악이었다. 이 추억의 멜로디가 마침 어둠이 짙게 깔린 겨울 산촌의 초저녁 하늘에 은은하게 울려 퍼

지니 가뜩이나 회상에 젖은 우리들의 흥취를 한층 돋우어주었다.

그러나 최 군의 모습은 마냥 즐겁기만 한 것은 아니었다. 옹달샘에서 물을 길어 나르다가 문득 바라보니 그는 아궁이 앞에서 두 무릎을 끌어안고 활활 타오르는 불길을 응시하며 깊은 시름에 잠겨 있었다. 나는 그의 심정을 이해할 수 있을 것 같았다. 그는 뉴욕 근교에 가족을 두고 와서 벌써 두 달째 이곳에 머물러 있다. 더구나 자기 사업의 성격상 얼마나 더 그러한 생활을 지속해야 할지 모른다. 젊은 시절부터 50대 중반에 이르도록 동분서주하며 객지생활을 해왔으니 얼마나 고달플 것인가.

사실 최 군은 내가 유학생활을 할 때도 그러한 생활을 하고 있었다. 한번은 그가 스웨덴의 수도인 스톡홀름에서 미시간 주립대학으로 엽서를 띄웠다. 한국산 신발류를 판촉하기 위해 시카고를 거쳐 뉴욕으로 갈 예정인데 그동안 너무 일에 시달려서 정서가 고갈되고 정체성 위기에 직면해 있으니 잠시나마 나를 만나지 않으면 안 되겠다는 것이었다. 며칠 후 우리는 랜싱의 유학생 숙소에서 만나 아내가 끓여준 찌개를 즐기며 밤을 꼬박 지새운 적이 있었다. 식탁 위에 초를 여러 개 켜놓고 음악을 들으며 밤새도록 숱한 이야기를 나누었다. 그 후 또 얼마나 많은 세월이 흘렀는가.

그런 일이 있은 얼마 후 나는 학위를 받고 박사과정을 마칠 수 있었다. 그러나 막상 귀국에 필요한 비용을 마련할 도리가 없어서 틈틈이 페인트칠과 교내의 창고를 청소하는 일을 하며 소일할 수밖에 없었다. 그때 마침 최 군이 이 사실을 알고 1천 달러라는 큰돈을 선뜻 내주어 겨우 돌아올 수 있었던 것이다. 그렇게 해서 최 군은 그의 길을, 나는 나 자신의 길을 지금까지 걸어온 셈이다.

최 군이 여전히 몸을 웅크린 채 아궁이를 응시하며 묵묵히 명상에 잠겨 있으므로 나는 슬며시 뒤뜰로 나왔다. 싸늘한 밤하늘에는 무수한 별들이 금방이라도 쏟아져 내릴 듯 광활하게 펼쳐져 있었다. 어느 물리학 교수가 모든 사람에게는 자기 별이 있고 사람과 별의 숫자는 정확하게 일치한다는 사실이 과학적으로 증명되었다고 주장했던 일이 문득 생각나서 실소를 머금었다. 그것은 사실일지도 모른다. 그러나 오늘 밤에는 〈하늘과 바람과 별과 시〉를 읊던 윤동주 시인의 노래가 더욱 어울린다.

정말 인간이 "하늘을 우러러 한 점 부끄럼이 없이" 살아갈 수 있는 것일까. 그렇게 할 수 없기 때문에 우리는 종교를 필요로 하는 것인지도 모른다. 또한 우리들 모두에게 각기 '주어진 길'이라는 것이 있을까. 저 무수한 별들이 제각기 주어진 길을 가고 있듯이 인간에게도 그러한 길이 있으며 또 그 길만을 걸어가야 하는 것일까. 나는 지금 그 길 위의 어디쯤에 서 있는가. 칸트는 별들의 길과 인간의 길을 구분하여 이렇게 말한다.

그것을 생각하는 것이 거듭될수록 또 그 기간이 길어질수록 더욱 새로워지며, 더욱 강한 감탄과 존경의 생각으로 마음을 채워주는 것이 두 가지가 있으니 그것은 내 위에 있는 반짝이는 별들과 내 안에 있는 도덕의 법칙이다.

최 군과 함께 저녁식사를 즐기면서 문득 그가 알퐁스 도데의 단편 〈별〉에 나오는 스테파네트 아가씨처럼 목동의 어깨에 기대어 별의 이야기를 듣듯이 내 이야기에 귀를 기울이고 있다는 착각에 빠졌다.

12월 18일

오늘 아침에는 거의 11시가 되어서 잠이 깨었다. 새벽녘까지 최 군과 이야기를 나누느라고 늦게 잠자리에 들었기 때문이기도 하지만 어젯밤에 군

목검을 들면 기합과 목검과 신체가 하나임을 경험할 수 있다.
그러나 그것이 곧 존재 그 자체의 체험임을 의미하는 것은 아니다.

불을 넉넉히 때어서 밤새도록 방이 설설 끓었던 것이 더 중요한 이유일 것이다. 최 군도 아주 흡족한 표정으로 눈을 비비며 일어났다. 이렇게 늑장을 펴며 하루를 시작하기는 철든 이후 처음일 것이라고 우리는 서로를 바라보며 너스레를 떨었다.

집안을 치우고 아침 겸 점심을 준비하고 있는데 박씨가 찾아왔다. 둘째 아들 혼사를 위해서 준비한 음식과 술이 많이 남아 있으니 자기 집으로 같이 가자는 것이었다. 평소보다 더 간곡히 청했지만 나는 그 요청에 응할 수가 없었다. 최 군이 서둘러 서울로 올라가야 하기 때문이기도 하지만 웬일인지 나는 그와 나만의 오붓한 시간을 더 많이 갖고 싶었던 것이다. 아니 그보다는 최 군이 처음 경험해보는 한적한 농가에서의 호젓한 시간을 너무도 아까워하는 것 같았기 때문이었다.

우리는 짐을 정리하고 집을 나섰다. 몸이 고달프고 마음이 외로울 때는 언제라도 이곳을 찾아와달라고 당부하였다. 그리고 나서 문패 위의 열쇠 보관해두는 곳을 가리켰다. 그는 그곳을 쳐다보며 쓸쓸한 웃음을 지었다. 나는 그의 차에 몸을 싣고 은곡을 서서히 빠져 나왔다. 문득 차창으로 뒤를 돌아다보니 밭에 아직 수북하게 쌓인 눈더미 너머로 나의 작은 농가가 한 눈에 들어왔다. 그것은 나지막한 야산 앞에 파묻혀 있어서 마치 엄마의 품 속에서 곤한 잠에 떨어진 갓난아기 모습과 같았다. 생각이 거기 미치자 나는 그 농가가 나 자신의 모습과 같다는 느낌이 들었다. 근래에 드물게 나는 내가 나 자신의 모습을 되찾았다는 안도감 같은 것을 느꼈기 때문이다. 차창 밖으로 계속 펼쳐지는 텅 빈 겨울 풍경을 바라보며 나에게 엽서를 띄우고 싶은 충동을 다시 느꼈다.

17. 은곡을 잠시 떠나며

영원한 고향

이제 은곡은 아버지와 나 자신뿐만이 아니라
자연을 사랑하는 모든 사람들,
그리고 깊은 사색에 잠기고 자기 자신으로 돌아오고 싶은
철학도들의 영원한 고향이 되어줄 것이다.

1월 20일

이곳 은곡에 올 때마다 늘 오래간만에 온다는 느낌이 들곤 하지만 이번에는 실제로 오래간만에 오는 것이다. 겨울방학 동안에는 주로 여기에 머물면서 밀린 논문도 쓰고 그동안 읽고 싶던 책도 실컷 읽으며, 무엇보다 생활에 쫓기지 않고 한가롭게 사색에 잠겨보려 했던 계획이 모두 수포로 돌아갔기 때문이다. 더구나 한 달이 넘도록 와보지 못하였으니 오히려 방학 동안에 더욱 적조했던 셈이다. 그러나 이것이 모두 예상하지 못했건 일은 아니었다. 딸 유진의 대학입시 날짜가 다가오는데다가 이광세 교수의 회갑 논문집 발간이 겹쳐 있었다. 이러한 중책을 외면하고 이곳에 와 있을 수는 없다. 여하튼 나는 승려도 될 수 없지만 마찬가지 이유로 속한(俗漢)도 될 수 없는 모양이다. 철학교수란 그러한 처지에 있는 사람에게 과연 적합한 직업인가.

갈증을 느끼며 달려왔기 때문인지 더욱 즐겁고 상쾌한 기분을 맛볼 수 있었다. 나는 존재의 본질을 규명하고 또 진리의 인식에 관심을 기울여야 하는 한 사람의 철학도이지만 그 이전에 하나의 가정을 가진 가장이며, 더구나 대학입시의 문턱에서 전력투구를 하고 있는 외동딸 유진의 아버지이기도 하다는 사실을 잊어서는 안 된다. 그래서 지난 일년 동안 거의 매일 자정 가까이까지 그림 그리기에 열중하는 유진이를 차에 태우고 다니며 온갖 정성을 다 쏟았다. 유진이 자신도 최선을 다했지만 엄동설한에 한 송이 매화꽃을 피우려는 듯 온 식구가 심혈을 기울였던 것이다. 이제 실기시험까지 모두 끝났으니 차분하게 마음을 가라앉히고 결과를 기다리는 수밖에 없다. 한때 화가 지망생이었던 나에게 유진이가 미술 대학교에 입학할 수 있게 되기를 바라는 마음은 각별한 것이다. 바로 그렇기 때문에 옆에 앉아 노심초사하는 모습을 감추기가 어려워서 훌쩍 이곳으로 떠나왔는지도 모른다.

사실은 그동안 은곡에 올 수 없었던 또 하나의 중요한 이유가 있었다. 이광세 교수의 회갑을 기념하는 논문집의 출판과 증정식을 준비하기 위해서 눈코 뜰 새가 없었던 것이다.

마침내 지난 18일, 서울대학교 부속시설인 호암관에서 성대하게 회갑논문 증정식이 거행되었다. 박이문 교수가 동료로서 축사를 해주었고 차기 회장인 소흥렬 교수가 철학회를 대표해서 축하해주었으며 정대현 교수가 회상에 섞인 약력을 소개했고 동국대 총장을 맡고 있는 송석구 교수는 동양 철학계를 대표하여 여러 가지 일화를 담은 축사를 했다. 이명현 교수는 필자를 대신하여 이광세 교수의 철학적 관심과 사상의 특징을 간단히 소개해 주었다. 마지막으로 《동서문화와 철학》으로 명명된 책을 증정하기 전에 내가 이 책을 만들게 된 동기와 내용을 소개하는 차례가 되었다. 나는 미리 준비한 대로 〈이 책을 내면서〉라는 글을 읽어 내려갔다.

"오늘날 서구가 주도하는 문화적 식민주의가 점차 그 빛을 잃어가면서 새로운 형태의 다양한 문화상대주의가 그 모습을 드러내기 시작하였다."

내가 서두를 이렇게 꺼내자 50여 명이 꽉 들어찬 식장은 갑자기 엄숙한 분위기에 휩싸였다.

곧이어 이광세 교수 자신의 답사가 있었다. 그도 다소 상기된 표정이었다. 특히 작고하신 부친을 회상하는 대목에서는 눈시울을 적시기도 하였다. 분위기가 갑자기 숙연해졌다. 그러나 그의 파격적인 언변과 태도 때문에 다시 자연스러운 축제의 분위기로 바뀌었다. 그렇게 해서 식이 끝나고 칵테일 파티로 들어가서 즐거운 담소를 나누었다. 참석자들의 대부분이 이광세 교수와 교분이 두터운 사이어서인지 늦게까지 떠날 줄을 모르고 아쉬워하는 표정들이었다.

그 다음날인 19일에는 이광세 교수와 점심을 나누면서 잔무를 처리하고 석별의 정을 나누었다. 역시 그는 미국으로 돌아가지 않으면 안 되는 입장이다. 내가 이곳에 오기를 목말라 하듯이…….

1월 22일

아침에 일어나니 매섭게 찬바람이 불고 어제 쓰다 남겨둔 물들이 꽁꽁 얼어붙어 있었다. 바가지며 대야, 양동이 등에 담겼던 물들이 얼어붙어 있는 것을 보니 모양이 모두 다르기 때문에 문득 이것들을 꺼내서 얼음 탑을 쌓고 싶은 충동을 느꼈다. 그러나 그것은 의외로 쉬운 작업이 아니었다. 거의 아침 나절을 다 보내면서 나의 키를 훨씬 넘는 얼음 탑을 마침내 쌓아 올렸다. 그 모습은 다보탑과 석가탑을 묘하게 섞어놓은 것 같았다. 햇빛이 역광으로 쏟아져서 더욱 아름다워 보이는 그 탑을 한동안 바라보며 나는 유진이 합격하기를 천지신명께 간절히 빌었다. 그와 비슷한 이유로 인간들은 그토록 많은 탑을 그렇게 오랫동안 높이 쌓아올렸나 보다.

5월 18일

지난 한 달 동안에 특히 많은 일이 벌어졌다. 학기중에 이곳에 자주 올 수 있기를 기대한 것은 아니었지만 강의를 준비하는 일 외에 학회에서의 발표와 특강 그리고 교환교수로 도미하기 위한 서류 작성 등으로 상당히 바쁜 나날을 보내었다. 더구나 하버마스(J. Habermas) 교수가 방한하여 철학문화연구소에서도 중앙일보의 후원으로 '철학과 현실'이라는 주제로 그의 특별 강연을 포함한 세미나를 준비해야 했기 때문에 숨을 쉴 틈도 없을 정도로 바쁜 나날을 보냈다. 나는 이 연구소의 총무이사직을 맡게 되어

불교에서 탑은 원래 부처의 사리를 보관하는 도구로 사용되었다.
그러나 이제 그것은 간절한 소망이 실현되기를 기원하는 상징이 되었다.
얼음으로 만든 탑도 예외가 될 수는 없다.

서 앞으로도 계속 바빠질 전망이다. 여하튼 이제 큰 과오 없이 대강 마무리를 할 수 있게 되었으니 여간 다행스러운 일이 아니다.

돌이켜보면 정말 많은 일을 해낸 셈이다. 과천의 정부 연수원과 인천의 한국은행 연수원에서 '현대 사상과 자아의 인식'이란 제목으로 특강을 했고 아시아 아프리카 철학자 대회에서 〈문화교류에 있어서의 문화적 동일성〉이란 논문을 발표하였으며, 무엇보다 한국철학회의 춘계 발표회에서는 영광스럽게도 기조논문을 발표할 기회가 주어졌던 것이다. 특히 〈문화 종합의 교차로에 선 한국 민족문화의 창달을 위하여〉라는 제목의 이 논문은 주로 은곡에서 썼던 것이기 때문에 이것을 발표한 후 즉시 이곳으로 달려오고 싶은 충동을 억제하기가 어려웠다. 다시 2주일이 지난 오늘 다행히 온 식구가 함께 여기 올 수 있게 되었으니 여간 흡족한 일이 아니다. 그래서인지 차를 몰고 오면서도 계속 그 논문의 내용을 되새겨보곤 하였다.

요즈음 특히 문화에 대한 담론이 유행처럼 번져가고 있다. 문화를 자연과의 관계에서 인간 공동체가 보여준 노력과 그 결과의 총체라고 한다면 인간이 자연과 어떠한 종류의 관계를 갖느냐에 따라 문화의 성격이 갈라질 것이다. 일반적으로 말해서 서양문화는 자연의 법칙을 발견하여 그것을 이용함으로써 물질문명을 강화하였고, 동양문화는 자연의 섭리를 터득하고 거기에 순응함으로써 갈등을 해소하려는 정신문화에 역점을 두었다. 공교롭게도 오늘날 우리 민족은 동양문화를 비판적으로 종합해온 전통 속에 있으면서 서양문화에 가장 무비판적으로 노출된 시대적 상황에 처해 있다. 이러한 문화적 특성은 우리 민족문화에 중대한 전환기를 맞이하게 하는데, 일찍이 유래가 없는 광범위하고도 파격적인 종합을 강요하고 있기 때문이다. 이러한 위기를 기회로 전환하기 위해서는 일종의 역사적 내성이 필요하다. 오늘날 당면한 민족사적 현실의 역사적 인식을 근거로 출발한다면 얼마든지 돌파구를 마련할 수 있기 때문이다.

이 논문에서 나는 그것은 새로운 자연관과 역사관, 인간관을 요구하는 작업임을 전제로 하여 우리 민족이 지닌 전통적인 입장과 서구문화의 특징, 그리고 동서와 고금이 만나는 현장에서 우리가 부딪히고 있는 문화적 위기가 수용되고 극복되는 차원에서 이루어져야 한다는 결론에 도달하였다. 그리하여 순응적이고 대응적인 자연관, 순환적이고 직선적인 역사관 및 유기적이고 개체적인 인간관이 변증법적으로 융화될 때 우리는 민족문화뿐만 아니라 세계문화의 큰 축을 확보할 수 있다고 주장했던 것이다.

이러한 주장이 얼마나 호소력이 있었는지 나로서는 알 수 없다. 그러나 그동안 열심히 준비했고 최선을 다해서 구성했으며, 여러 교수들이 말했듯이 '열정적으로' 발표를 했다. 이제 이곳에서 가족들과 함께 잠시 쉬고 싶을 뿐이다.

오는 길에 삽교천에서 저녁식사를 했으므로 도착하자마자 우리는 집안을 치우고 모닥불을 피우며 담소를 즐겼다. 초여름 밤하늘에는 무수한 별들이 총총히 빛나고 있었고 그 별들의 모습을 청각화하듯 모내기 준비로 물을 가득 받아둔 논가에서 숱한 개구리들이 목청을 돋구고 있었다. 자정이 가까워오자 모두 잠자리에 들었으므로 신록이 우거진 넓은 뒤뜰에 혼자 앉아서 계속 타오르는 불꽃을 지켜보며 온갖 상념에 잠겼다.

이 낯선 산골 마을, 이 낡은 농가는 나에게 무엇을 의미하는가. 정확히 무슨 의미를 지니는지 규명하기 어렵다. 그러나 한 가지 분명한 것은 매우 중요한 의미를 지닌다는 사실이다. 어느 날 김태길 교수는 사랑방 강좌에서 나를 소개할 때 "교수며 철학자요, 화가인 동시에 농부이기도 하다"는 표현을 써주셨다. 그때 나는 "그렇다. 나는 농부다!"라는 느낌이 들었었다. 작년 말 어느 '펠로우쉽' 선발 최종 인터뷰에서 앞으로 무엇을 할 계획인지 물었을 때 문득 비트겐슈타인이 은둔하던 시절의 모습이 떠올라서 "농사를 짓겠다"고 하여 질문자들을 몹시 당황하게 했었다. 그만큼 나는 이곳 은곡에 많은 시간과 정열을 쏟았고 또 앞으로도 계속 쏟을 것이다.

내가 여기서 무엇을 얻었는지 일일이 나열하기는 쉬운 일이 아니다. 너무 추상적이어서 그 대부분은 형상화하기 어려운 것들이기 때문이다. 그러나 무엇보다 나는 이 마을을 얻었다. 최씨와 박씨를 비롯해 전 이장과 현 이장, 그리고 여러 원로분들과 언제나 상냥하고 친절한 아낙네들, 산천초목과 아름다운 풍광… 또한 내가 원래 의도했던 대로 아버지께서 소년기에 떠난 이 고장을 다시 찾아서 돌려드린 셈이다. 이제 은곡은 아버지와 나 자신뿐만 아니라 자연을 사랑하는 모든 사람들, 그리고 깊은 사색에 잠기고 자기 자신으로 돌아오고 싶은 철학도들의 영원한 고향이 되어줄 것이다.

앞으로도 인간과 자연과 문화는 나의 철학적 주제로 남아 있을 것이다. 이곳에 머물러 있는 동안 서울에서의 현실과 어느 정도 거리를 유지할 수 있었고, 그래서인지 분단의 상황은 더욱 비통한 사실로 느껴졌으며 이곳 주민들과 밀착된 관계를 유지하는 동안 우리의 전통과 문화와 자연이라면 무조건 사랑할 수밖에 없었다.

이제 나는 당분간 이곳을 떠나 있지 않으면 안 된다. 안식년 휴가를 받아서 장기간 미국에 머물러 있게 되었기 때문이다. 다행히 풀부라이트 교환교수로 선발되었고 하버드 대학교 철학과의 퍼트남(H. Putnam) 교수가 기꺼이 나를 초청해주었다. 이 기간 동안 그의 도움을 받아서 '비트겐슈타인의 철학관' 해석에 천착할 예정이다. 특히 퍼트남과 로티(R. Rorty)의 입장을 비교하면서 바람직한 철학관이 무엇인지 검토해볼 것이다.

벌써 두 시가 넘었고 모닥불도 꺼졌다. 잠시 후 여명이 밝아올 것이다.